Hermine Moser-Rohrer

# Der Wolf von Gubbio

Roman

Die Drucklegung dieses Buches wurde unterstützt von der
Kunst- und Kulturförderung des Landes Salzburg.

Edition Garamond
A-1130 Wien, Elßlergasse 17
Tel. +43 (0)1 877 04 26
Fax +43 (0)1 876 40 04
D-45473 Mülheim a. d. Ruhr
Dr.-Simoneit-Straße 36
Tel. +49 (0)208 75 69 59
E-Mail: garamond@guthmann-peterson.de
Lektorat: Susanna Harringer
Gestaltung des Buchumschlags:
Manuela Knirschnig
Druck und Bindung: Melzer, Wien
© 2002 Alle Rechte vorbehalten

Die Deutsche Bibliothek – CIP-Einheitsaufnahme
Moser-Rohrer, Hermine:
Der Wolf von Gubbio : Roman / Hermine Moser-Rohrer. - Wien :
Edition Garamond, 2002
ISBN 3-85306-021-8

Die Edition Garamond im Internet:
http://www.guthmann-peterson.de

## Inhalt

| | |
|---|---|
| Erster Tag | 7 |
| Zweiter Tag | 38 |
| Dritter Tag | 66 |
| Vierter Tag | 91 |
| Fünfter Tag | 139 |
| Sechster Tag | 184 |
| Alltag | 223 |
| Epilog | 239 |

## Erster Tag

Sylvia schlägt die Autotür zu und lehnt sich zurück. Für einen Moment schließt sie die Augen. Sie ist noch verschlafen und gleichzeitig aufgeregt und wach, voll Vorfreude auf die Reise.
„Alles klar?" Benno dreht sich zu ihr um, bevor er startet. Sie nickt. „Von mir aus kann es auch losgehen", sagt Christof, der neben Benno den Beifahrersitz ausfüllt.
Es ist ein regnerischer, kalter Junitag, typisch für Salzburg. Umso mehr freut sich Sylvia auf die bevorstehende Woche in Umbrien.
Benno streift sich durch die schwarzen, ungemein dicken, kurz geschnittenen Haare. Er atmet laut aus, reißt am Knüppel, stößt ihn in die richtige Position und lässt den Motor aufheulen.
Du gütiger Himmel, denkt Sylvia, Benno ist wirklich ein lieber Kerl, aber im Auto verhält er sich aggressiv. Sie hätte doch bei Theo und Hilde im Golf mitfahren sollen. Sie rollen gemächlich von hinten heran, und Sylvia fühlt, als sie sich umdreht und winkt, einen kurzen Stich, der zwischen Bewunderung und Neid anzusiedeln ist, denn nicht Theo selbst, sondern Hilde sitzt am Steuer und fährt! Theo lümmelt im Beifahrersitz. Die schulterlangen Haare hat er sich achtlos zusammengebunden. Sein schmales Gesicht wirkt blass. Hat er nicht gesagt, dass er die Nacht durchgemacht hat? Das ist typisch für ihn. Sylvia lächelt den beiden zu. Theo könnte als Model bestimmt mehr Geld verdienen als als Sozialarbeiter

oder Therapeut, findet sie. Hilde und die anderen Frauen in der Gruppe denken das übrigens auch. Nur scheint er sich dessen überhaupt nicht bewusst zu sein. Er kuschelt sich in seinen dicken Norwegerpulli wie in eine Decke.

Benno fährt los, und der Golf wird kleiner und bleibt als grüner Punkt hinter einer Kreuzung zurück.

Sylvia hatte sich schon als Kind gefürchtet, wenn jemand zu schnell fuhr. Sie kann es nicht leiden, ständig am Heck des Vorderautos zu picken; sie hasst die Spiele mit der Lichthupe, das ständige Herausbiegen aus der Spur, ohne dass es eine reale Chance zu überholen gäbe.

Am meisten jedoch ärgert sie sich über sich selbst, denn sie erwischt es nie so, wie sie es gern hätte oder wie es gut für sie wäre. Gleichgültig, was es ist. Was immer sie sich in einem Gasthaus bestellt, sie hätte doch lieber das andere gehabt, den duftenden Topfenstrudel, den die Frau am Nachbartisch isst, statt ihrem Salat, oder umgekehrt den Salat statt dem Topfenstrudel, wegen der Kalorien, denn sie fühlt sich immer etwas zu dick. Dabei kann sie sich hundert Mal sagen, dass ihr Gewicht ganz normal ist. 62 Kilo bei 1,70 Meter Größe. Darum wird sie von anderen Frauen beneidet. Überhaupt liegt vieles bei ihr im normalen Bereich. Das erscheint ihr als ihr größtes Problem. Dass sie nie wirklich auffällt. Da reißt sie die tiefblaue Farbe ihrer Augen auch nicht heraus. Trotzdem sollte sie zufriedener mit ihrem Aussehen sein. Sie streicht sich die Haare hinter die Ohren. Es liegt an ihrem geringen Selbstwertgefühl. Sie weiß es. An ihrer Unfähigkeit, Entscheidungen zu treffen. Und noch grundlegender: an ihrer Unfähigkeit, überhaupt etwas zu wollen. Wieder einmal wird sie sich in der Gruppe damit beschäftigen müssen! Insofern zahlt sich das bevorstehende Seminar auf jeden Fall aus. Auch wenn es teuer ist. Auch wenn es vielleicht anstrengend sein wird und ihr die Auseinandersetzung mit sich selbst wieder einmal nicht erspart bleiben wird. Aber sie ist froh, ein paar Tage aus dem Trott herauszukommen: langweilige Sekretärinnenarbeit, um sich das Psychologiestudium und die teure Therapieausbildung zu finanzieren. Sie steht in beidem kurz vor dem Abschluss, aber sie hat ihre Diplomarbeit immer noch nicht fertig. Das Seminar ist ein Baustein der Psychotherapieausbildung, ihr zweites Standbein, das fast alle Psychologen brauchen, wenn sie freiberuflich oder in einer Institution im therapeutischen Bereich arbeiten wollen. Benno, Christof, Theo und Hilde sind ihr vertraut. Seit vier Jahren sind sie gemeinsam in einer Psychodrama-Ausbildungsgruppe. Sie haben sich das bevorstehende Seminar selbst organisiert und ein „antikes" Ferienhaus bei Orvieto gemietet, das im Prospekt wunderbar aussieht. Auf die Gruppenleiterin ist Sylvia auch sehr neugierig, weil sie in der Region Salzburg geradezu berühmt ist. Marion Wupper ist eine von den alten „Hasen" der Großelterngeneration, pflegt Benno zu sagen. Benno hat schon viel für die Gruppe getan. Man kann sich auf ihn verlassen. Aber all die Jahre ist Sylvia noch nie bei ihm im Auto gesessen. Ihr Oberkörper wird nach vorne und wieder zurück in den Polster gedrückt. Benno ist gerade heftig auf die Bremse gestiegen. „Trottel", schimpft er und tippt das Vorderauto mit der Lichthupe an, weil es vor einer grün blinkenden Ampel stehen geblieben ist.

„So eine Sauerei", sagt er zu Christof, „dass die anderen drei abgesagt haben. Die haben keine Ahnung, was das heißt! Ich telefoniere, schreibe, organisiere, und jetzt fahren sie nicht mit!"

Er läuft rot an. Aller Ärger scheint sich in seinem Kopf zu stauen. Feine Schweißtropfen sammeln sich unter seinem Oberlippenbart. Seine runden, fast schwarzen Augen wandern schnell hin und her, während sie sich auf den Verkehr konzentrieren. Trotz der Sperre des Tauerntunnels hat er sich für die Tauernautobahn statt dem Brenner entschieden. Jetzt kriechen sie nach einer Stunde zügiger Fahrt in einer endlosen Kolonne im Schritttempo die Katschbergbundesstraße den Pass hinauf. Schnee liegt bis tief in die Wiesen herab, nasse, weiße Flecken über Almrausch und hellem Grün.

„Naja, bei der Angi wurde das Kind krank", wirft Christof ein, „du weißt doch, dass es so schon schwierig genug ist, dass er bei jemandem bleibt, jetzt hat er auch noch Scharlach bekommen."

Benno beruhigt sich nicht.

„Ich muss mir auch die Dinge organisieren. Ich kann mir die Absenzen auch nicht erlauben. Jeder, der im Berufsleben steht, weiß das. Dann bist du weg vom Fenster, das weißt du so gut wie ich. Sie soll den Fratzen halt normaler erziehen. Dieses Getue, dass er angeblich bei niemandem bleibt, das inszeniert sie doch nur selbst!"

Christof geht nicht darauf ein.

„Die beiden anderen haben nie definitiv zugesagt", verfolgt er das Thema der Vollständigkeit halber und weil er ein ausgeprägtes Gerechtigkeitsempfinden besitzt, weiter. „Sie haben, als du uns wegen Umbrien gefragt hast, gesagt, dass es sie interessiert, aber nicht gewusst, ob sie frei kriegen können."

„Auf Peter", pfaucht Benno, „ist sowieso kein Verlass! Aber du! Du hast immer für jeden eine Ausrede oder eine Entschuldigung parat."

„Reg dich nicht immer so auf", mault schließlich Sylvia genervt von hinten hervor. „Ich bin auch sauer, weil es jetzt für uns teurer wird. Nur das Schimpfen nützt uns auch nichts mehr."

Benno steigt energisch auf die Bremse. Vor der Ortstafel Obertauern ist die Kolonne schon wieder zum Stehen gekommen.

„Aber ich will mich aufregen!", brüllt er. „Ich habe lange genug meine Aggressionen geschluckt. Ich zahle für meine Eigentherapie ein Schweinegeld, damit ich endlich aggressiver sein kann. Und ihr wollt mich wieder bremsen! Davon hab ich genug, kapiert ihr das nicht, es muss einfach raus!"

Christof packt nach einer Weile, wenn auch relativ spät, zwei Schokoladetafeln aus seiner Herrenhandtasche aus: die eine mit Trüffel-, die andere mit Mandelgeschmack.

„Wer will?", fragt er.

Benno schüttelt missmutig den Kopf. Obgleich sich der Stau aufgelöst hat und nur noch wenig Verkehr ist, sitzt ihm nach wie vor die Ungeduld in den Gliedern. Wenigstens hat er Theo und Hilde schon abgehängt. Er fährt gerne Auto, aber gleichzeitig steigert es seine Aggression.

„Schokolade beruhigt", fügt Christof gutmütig lächelnd hinzu.

Er hat im Laufe seiner Therapieausbildung für sein Bedürfnis, sich und andere mit Süßigkeiten zu verwöhnen, viel psychologischen Tadel einstecken müssen. Das heißt aber nicht, dass man seine Schokoladen nicht gerne angenommen hat. Wovon er ablenken wolle im Gruppenprozess, hat er sich anhören müssen; ob er glaube, dass die anderen käuflich wären; ob ihm das ständige Verschlingen von Süßigkeiten die darunterliegenden und dahinterstehenden seelischen Bedürfnisse tatsächlich ersetzen könnte; ob er sich wünschen würde, dass die Therapeuten nährender wären; dass er oral fixiert, ja stecken geblieben sei und einer infantilen Ersatzhandlung unterliege; seine Mutter habe ihm den unsinnigen Glauben eingepflanzt, dass Liebe durch den Magen gehe. Anstatt ihm wirkliche Liebe zu geben, habe ihn seine Mutter nur gestopft und sich dabei selber Befriedigung verschafft. Ja, vielleicht, dachte Christof. Bis ich 16 war. Eine abgrundtiefe Sehnsucht nach ihr pocht in ihm.

Keiner seiner Freunde, wurde ihm versichert, würde ihn mehr mögen, wenn er sie mit Schokolade verfolgte. Und, dicke Männer würden fast nie von Frauen begehrt.

Alle Einwände hat Christof ernst genommen und bearbeitet. Aber das hat seinen Bauch nicht beeindruckt. Was sein konkretes Verhalten bezüglich Schokolade betrifft, erwies er sich als therapieresistent. In jeder Pause in jedem Seminar holt Christof erneut eine Tafel hervor. Wie auch jetzt.

Er hält, nachdem Benno abgelehnt hat, die zur Hälfte ausgewickelten Schokoladetafeln nach hinten zu Sylvia.

„Lassen Sie sich verführen von der süßen Verlockung des Lebens!", bewirbt er sein Produkt und lacht dann sein eigentümliches, bei seiner ruhigen Stimme überraschendes, schallendes Lachen.

Sylvia greift zu, wenn auch zögernd. Sie lässt die Schokolade sehr langsam, ohne zu beißen, auf der Zunge zergehen. Ihre Mundhöhle kleidet sich mit einer weichen, klebrigen Süße aus.

Benno und Christof beginnen sich über die letzten Skandale der Kirche zu unterhalten. Was hat es da nicht alles gegeben: der sexuelle Missbrauch von Minderjährigen durch einen Kardinal, die Reaktionen der Bischöfe darauf, vor allem, dass kein klärendes Wort fiel ...

Sylvia hat im Augenblick keine Lust, sich an irgendeinem Gespräch zu beteiligen. Ganz im Gegenteil, die Stimmen der beiden Männer stören sie. Aber immer wieder schnappt sie einen Satz auf, der sie dann doch interessiert.

„Jeder, der nicht austritt", behauptet der sonst so vorsichtige Christof, „unterstützt die autoritären, patriarchalischen, diktatorischen und kranken Strukturen dieser Organisation. Da nützt alles karitative, menschliche Engagement der Basis überhaupt nichts."

Was ist denn da los? Soviel Sylvia weiß, ist Christof einer der wenigen aus ihrer Ausbildungsgruppe, der noch nicht aus der Kirche ausgetreten ist. Seltsam, sie hat ein Donnerwetter von Benno und eine Verteidigungsrede von Christof erwartet.

Sie lehnt sich tiefer in den Sitz zurück und beginnt zu träumen. Der Fahrtwind trocknet die zitternden Regentropfen der Fensterscheibe auf. Sie will wegfließen, aus der weichen Müdigkeit ihres Körpers heraus. Sie stellt sich eine Ebene vor. Nur ein Strand und das Meer. Sie genießt die Weite, blickt auf die endlose Wasserfläche bis an die Linie des Horizontes, wo sich zwei Zustandsformen des Lebens verbinden: Wasser und Luft, Himmel und Meer.

Jetzt taucht ihr Wunschmann gleich auf, ja, ja, sie weiß, kitschig ist das.

Sie hat diesen Tagtraum noch niemandem erzählt. Sie schämt sich genug vor sich selbst.

Die Fantasie, die sie so liebt und die sie fast suchtartig überfällt, steht erst am Beginn. Der Unbekannte kommt von der linken Strandseite auf sie zu, hohe Wellen zerbrechen schäumend. Sie nimmt zuerst seinen Geruch wahr, salzig, rauchig, herb. Der Mann ist dunkel und muskulös, aber sein Gesicht ist nicht zu erkennen. Als wäre der Vorgang wirklich ein Traum, den sie nicht beeinflussen kann, bleibt sein Gesicht während des ganzen Tagtraums verschwommen und unklar. Beide sind nackt, auch sie selbst.

Was sie dann fantasiert, ist weit entfernt von jeder Möglichkeit, jemals ausgesprochen zu werden.

Sie sehen einander an, sprechen nicht. Es liegt keine Zärtlichkeit in seinem oder ihrem Verhalten.

Das wundert Sylvia; bei all ihren Selbstanalysen stellte sich heraus, dass sie sich in ihren realen Beziehungen zu Männern sehr nach Zärtlichkeit, Geborgenheit, Sicherheit sehnt.

Anders in ihrem Tagtraum. Ein Holztisch steht auf dem Strand. Sie dreht sich wortlos um, beugt, die Füße im Sand, den Oberkörper auf die Tischplatte, und der Unbekannte beginnt sie von hinten zu ficken. Kein Streicheln, keine Zärtlichkeit, nichts.

Sogar hier im Auto, den Blick aus dem Fenster gerichtet, steigert sich ihre Erregung beinahe ins Unerträgliche. Und sie kann nichts tun, sie kann schließlich nicht hier onanieren. Trotzdem ist es schön. Die Fantasie saugt an ihr, kostet Kraft. Du lieber Himmel, bist du gestört, schimpft sie sich und versucht sich abzulenken, indem sie ganz bewusst die Landschaft wahrnimmt. Steinhäuser, Weingärten, felsige Hügel, ach so, Montegrotta, die Ausfahrt, sie müssen schon unterhalb von Padua sein.

„Hast du geschlafen?", wendet sich Christof freundlich zu ihr um. Sie lächelt ihn an.

„Gedöst habe ich", antwortet sie so harmlos wie möglich.

Sie streicht sich ihre dunklen, halblangen Haare hinter die Ohren. Sie berührt ihren Scheitel und ärgert sich, weil sich der Haaransatz leicht fettig anfühlt. Hat sie sich nicht erst gestern die Haare gewaschen? Warum hat sie nicht eine dichte, lockige Mähne wie Hilde! Ob sie sich einen Kurzhaarschnitt zulegen soll? Plötzlich muss sie innerlich lachen und überlegt, ob sie nicht eines Tages ihren Tagtraum, getarnt als wirklichen Traum, in der Gruppe besprechen und psychodramatisch bearbeiten soll. Für Träume kann man schließlich nichts. Natürlich meint sie es damit nicht ernst. Sie hat keine Lust, als geile, unbefriedigte Frau dazustehen. Wirklich nicht.

Aber die Idee, ihren Tagtraum „in Szene zu setzen", nachzuspielen, in ein Spiel mit konkreter Rollenverteilung umzusetzen, amüsiert sie doch sehr.

Die „Psychodrama-Gruppe" würde sich in zwei einfach getrennte Bereiche des Raumes, in „Bühne" und „Zuschauerraum", aufteilen.

Am Anfang wäre sie allein mit dem Therapeuten auf der „Bühne". Er müsste erst herausfinden, was überhaupt ihr Problem sein könnte. Zum Beispiel, dass wieder einmal eine Beziehung ein Flopp war. Er müsste fragen, ob ihr nicht eine Szene dazu einfiele.

„Ein Traum, der mich schon lange beschäftigt, taucht ganz spontan auf", könnte sie antworten. Sie würde zögern und dann, vom Therapeuten ermuntert, den Traum doch erzählen. Das wäre steil!

Was würde er tun, wenn sie den Traum dann nachspielen wollte?

Wie sagte doch der Begründer des Psychodramas, Moreno: Die Wahrheit der Seele muss man mit Handeln erforschen, oder so ähnlich. Das hatten sie jetzt davon!

Die Szene, der Strand mit dem Tisch, müsste nachgebaut werden. Die Linie zwischen Sand und Wasser und zwischen Meer und Himmel z. B. mit einem Tuch angedeutet. Sie könnte, je nach Intuition des Leiters, auch den Tisch mit einer Person aus der Gruppe besetzen; eine etwas ungewöhnliche Rolle, die vor allem unbequem werden würde ...

Sylvia lacht in sich hinein.

Welcher Psychodrama-Leiter würde sich trauen, diesen Traum in Szene zu setzen? Und wen würde sie für die Rolle des großen Unbekannten auswählen? Die Augen über die Gruppe gleiten lassen, jeder senkt den Blick, das traut sich nun doch niemand zu ... Oder würde sich jemand wünschen, ihr großer Unbekannter zu sein?

Das Ziel des Spieles, aus der Sicht des Therapeuten, wäre klar: Sie würde das Gesicht des Unbekannten erkennen wollen müssen. Und auch das Ergebnis am Ende des Spieles könnte ihrer Erfahrung nach nur auf eine bestimmte Weise befriedigend gelöst werden: In einer langen, berührenden Szene würde sie das Gesicht ihres Vaters erblicken und weinen.

Die Sache wäre wirklich ein Spaß.

Aber top secret, nicht mit ihr, nicht mit ihr im Mittelpunkt.

Marion Wupper blinzelt in die Sonne. Sie liebt die Sonne erst vom Nachmittag an, dann aber maßlos. Am Morgen ist ihr das Licht zu hell, es legt sich blendend über alle Flächen und steigert sich in die unerträglichen Strahlen des Mittags hinein. Marions Teint ist blass, sie neigt zu Kopfschmerzen. Ohne Kopfbedeckung wagt sie sich um die Mittagszeit selten hinaus. Die Hitze selbst, die oft am Nachmittag noch zunimmt, macht ihr nichts aus.

Vor einer halben Stunde ist sie aus dem Haus getreten, überrascht und glücklich über die warme Helligkeit der Nachmittagssonne. Die Notizen für das Seminar – Ideen, Methoden, Fragestellungen – liegen auf dem Tisch im ersten Stock, dazu Schere, Kleber, Papierbögen, Musikkassetten, alles was man für kreatives Arbeiten braucht. Marion hat die Vorbereitung für sich schon abgeschlossen. Letztendlich verlässt sie sich auf ihre Intuition.

Sie hat den Liegestuhl im Garten vom Schatten in die Sonne gerückt und sich darauf niedergelassen. Nun spürt sie, wie ihr Körper schwer und müde auf der Oberfläche des Holzes aufliegt; wie sich die Müdigkeit fast wohlig von den Beinen, den Körper entlang bis in den Kopf und vor allem in die Augen ausbreitet, vor denen ein flammendes Feld glüht: orangerot, von der Sonne auf die Innenseite der Lider gemalt. Insekten brummen und summen um ihr Ohr, und sie erinnert sich, dass sie am frühen Morgen vom Gebrüll der Vögel erwacht ist.

Sie ist schon am Vortag angereist; sie hat das Haus „in Empfang genommen", die Kaution ausgelegt und die Schlüssel samt allen Erklärungen übernommen. Anschließend hat sie den Abend allein mit einer Flasche Rotwein unter den Sternen verbracht. Mit einer Flasche Rubesco, der hat ihr ausgezeichnet geschmeckt, und so hat sie trotz der Gelsen gut geschlafen.

Sie atmet tief ein und aus. Der Wind mischt eine Prise von Lavendel und Nadelholz in die Luft. Es tut ihr unendlich gut, alleine zu sein. Sie hätte noch sehr gerne ein paar Tage auf diese Weise verbracht, ohne Arbeit, ohne Selbsterfahrungsgruppe, jedenfalls weit entfernt von ihrer Familie, von Bernhard, ihrem Mann, und vor allem von Elvira, ihrer 15-jährigen Tochter.

So anstrengend hat sie sich eine Pubertierende nicht vorgestellt! Ob sie als Mutter zu alt ist? Schließlich hat sie Elvira erst mit 40 bekommen. Witzig – zumindest in den Augen eines Unbeteiligten – ist Elvira natürlich auch noch: ungehobelt, frech, aber sofort beleidigt und bis in die tiefste Seele gekränkt, wenn ihr jemand „zurückgibt"; kratzbürstig, dann wieder kuschelig und liebebedürftig wie ein Teddybär; schrecklich intolerant, auch gegenüber Gleichaltrigen; undifferenziert im Denken und Fühlen, mit Meinungsversatzstücken und Vorurteilen bewaffnet. Dass die Erwachsenen, vor allem die Eltern, „das Letzte" sind, versteht sich von selbst.

Man müsste sie einfrieren, denkt Marion, und nach zehn Jahren wieder auftauen.

Vor einer Woche wurde endgültig klar, dass Elvira nicht in die nächste Klasse aufsteigen darf. Sechs Fünfer. Ihr schulischer Misserfolg liegt nach Elviras Meinung an der persönlichen Rachsucht zweier Lehrerinnen, die ihr „aufsitzen"; daraufhin hatte sie den Spaß verloren und gleich noch vier weitere Fünfer kassiert. Marion schüttelt lächelnd den Kopf. In Wirklichkeit war dieses Jahr für Elvira das „Jahr des Freundes". Sie hat sich verliebt; sie ist mit Hannes „zusammen", sozusagen ein Jahr der Hormone. Fast immer, wenn Marion an ihre Tochter denkt, schwankt sie zwischen Ärger, Belustigung und Zärtlichkeit. Die Zärtlichkeit überwiegt aber. In Anbetracht der Weite des Himmels wiegen die schlechten Schulnoten ihres Kindes nicht schwer.

Wenn Marion den Himmel betrachtet, fliegt ihre Seele auf wie ein Kormoran über dem Meer. Sie vergleicht sich gerne mit diesem Vogel, der die Freiheit und Wendigkeit des Fluges liebt und zugleich auf dem Wasser zu Hause ist: sich blitzschnell hinabstürzt auf die glitzernde Oberfläche des Meeres und die Beute herausholt, silbern glänzende Fische, die der unergründliche Schoß der Urmutter Meer birgt.

In diesem Sinn versteht Marion auch ihre therapeutische Arbeit. Sie gleitet mit ruhigen Flügelschlägen über die Seele ihrer Klienten dahin, bis sie ein bestimmtes, für den Betreffenden nicht bewusstes, aber wichtiges Thema spürt. Sie weiß nie genau, wie sie das macht. Riecht sie „den Fisch", lange bevor ihn die Augen wahrnehmen können? Bemerkt sie ihn an der kaum spürbar veränderten Schwingung der Luft oder des Wassers? Jedenfalls ist sie, wenn „das Problem" als dunkler Schatten an der Oberfläche sichtbar wird, schon längst bereit: gesammelt zum Sturzflug, angespannt, konzentriert bis in die letzten Fasern hinein.

Rock und T-Shirt hat Marion achtlos neben dem Liegestuhl ins Gras fallen lassen. Ordentlich wie die Männer und Frauen, die die Kleidung am Abend zusammenfalten oder das Geschirr abtrocknen und wegräumen, ist sie nicht. Auch ihre Zerstreutheit nimmt zu. Jeden Tag aufs Neue sucht sie ihren Schlüsselbund, und unlängst hat sie – zur Belustigung ihres Mannes – sogar die frisch gewaschenen Socken in den Kühlschrank gelegt.

Nun streckt und rekelt sie sich. Ihre schweren Brüste kleben auf ihrem Bauch. Das Licht der Sonne ist noch weicher geworden. Es erscheint ihr wie Honig, mit dem sie sich einseifen will. Langsam streicht sie ihren Körper entlang: die Beine, den Bauch, die Arme, die Achselhöhlen, die Brüste, den Hals, die Stirn. Das Gesicht fühlt sich fremd an, wie zu jemand anderem gehörig, und zugleich vertraut. Sie spürt an ihrer Fingerkuppe die Halsschlagader pochen. Genüsslich massiert sie ihren Bauch, der weich und schwabbelig, mit einer dicken Schicht Fett überzogen ist.

Sie mag ihren Körper, diese große, schwere, etwas träge und schläfrige Basis ihres Lebens.

Mit einem Mal schreckt sie hoch, schaut auf die Uhr. Sie erwartet die Gruppe gegen sechs, es ist bereits fünf; schließlich sollen die Teilnehmer ihre Therapeutin nicht gleich halbnackt sehen. Außer Benno Wörter, der mit ihr in Kontakt getreten ist, weil er das Seminar organisiert hat, kennt sie keinen von ihnen.

Ein Selbsterfahrungs-Seminar mit fünf Leuten, drei Männern, zwei Frauen, die in einer Psychotherapieausbildung stehen, das kann sehr spannend sein, versucht sie sich zu motivieren. Sie hat spontan zugesagt, ohne viel Hin und Her. Im Grunde ist sie zufrieden mit ihrem Beruf. Hier soll sie als Lehrtherapeutin für Psychodrama eben diese Methode vermitteln. Manchmal wird es schwer sein, für bestimmte Spiele mit den wenigen Personen auszukommen. Wegen der geringen Anzahl der Teilnehmer hat sie sogar ihre Honorarvorstellung etwas zurückgeschraubt. Dass der Seminarort so weit von zu Hause entfernt liegt, freut sie am meisten.

Orvieto, Domplatz, zwischen 14.00 und 15.00 Uhr, ist als Treffpunkt ausgemacht. Es ist geplant, noch gemeinsam einkaufen zu gehen. Von hier ist das Ferienhaus nur noch zwölf Kilometer entfernt.

Die Fahrt ist ohne Zwischenfälle verlaufen. Heiße, von den Steinen und Mauern noch weiter aufgeheizte Luft steht zwischen den Häusern. Benno schaut verschwitzt und etwas müde die Zuckergussfassade des Doms an und rührt seinen Kaffee um. Er ist zufrieden mit sich. Obwohl es ihm kindisch erscheint, freut es ihn, dass er das Ziel vor Theo und Hilde erreicht hat. „Duomo Santa Maria Assunta", liest Christof aus dem Umbrienreiseführer vor. Er erzählt etwas von einem mit Christusblut benetzten Messtuch und schüttet Unmengen von Mineralwasser in sich hinein. Sylvia hört ihm zu, als wäre er ein

Radiogerät, das zufällig läuft. Ihre Knie und Hände vibrieren. Sie ist erleichtert, dass die lange Fahrt vorbei ist, und schließt die Augen, um ein wenig zu dösen, als sie von der Kennmelodie ihres Handys aufgeschreckt wird. Es dauert eine Weile, bis sie das Telefon aus ihrer Handtasche hervorgekramt hat. „Wir sehen euch schon sitzen", hört sie Hildes fröhliche Stimme und blickt auf. Die beiden kommen über den Platz, Hilde winkt. Eine große, auffällige Sonnenbrille sitzt auf ihrer Nase, ihr dichtes, rotblondes Haar hat sie zu einem Knoten geschlungen, sie trägt Sandalen mit hohem Plateau, einen kurzen Rock, eine weiße, lockere Bluse, die wie eine Jacke aussieht. Sie wirkt wie aus einem Modejournal. Man sieht ihr die 35 Jahre nicht an, denkt Sylvia neidisch, dafür aber die Top-Managerin. Was heißt denn Top-Managerin, schimpft sie im selben Augenblick mit sich selbst. Was muss sie auch immer so übertreiben! Hilde arbeitet als Juristin in einer großen Firma und ist beruflich erfolgreich, das ist alles. Immerhin ist sie acht Jahre älter als sie.

„Una birra grande", stöhnt Theo und lässt sich auf den Sessel fallen. „Das ist vielleicht anstrengend gewesen!" Er fängt seine Haare, die sich aus dem Gummiband gelöst haben, mit der Hand wieder ein.

„Also es klappt ja alles wie am Schnürchen", lächelt Hilde und begrüßt Christof, Benno und Sylvia mit einem Kuss. „Fein, euch zu sehen!" Mit einer freundlichen, bestimmten Geste winkt sie dem Kellner. „Will außer mir noch jemand ein Glas Prosecco?" Christof nickt. Theo bestellt, wie angekündigt, ein großes Bier. „Mir ist die Fahrt wie im Flug vergangen. Ich habe mit Theos Hilfe sogar schon Einiges an Selbsterfahrung betrieben." Theo nickt schmunzelnd. Hilde hat ohne Übertreibung fast während der gesamten Strecke geredet. Sie spricht sehr schnell. Ab und zu scheinen ihre Worte zu stolpern, so schnell sprudelt sie alles heraus. Sie pflegt beim Sprechen weite Umwege einzuschlagen und verliert sich in Details, um das, was sie erzählen will, eindeutig zu machen. Als Zuhörer hat man es manchmal schwer, ihr zu folgen, aber sie selbst verliert kaum den roten Faden. Sie ist nicht sprunghaft. Sie ist nur genau.

Benno gähnt, dann streckt er sich, die Arme im Nacken verschränkt. Christof liest einige Passagen über Orvieto vor. Die Gespräche pendeln müde und freundlich zwischen Kunst, Urlaub und Psychologie hin und her. Um 20.00 Uhr ist die erste Einheit des Seminars mit der Gruppenleiterin geplant, vielleicht war das doch keine so gute Idee, denn im Moment rafft sich niemand zu irgendeiner Aktivität auf. Theo schaut auf die Uhr und bestellt ein weiteres Bier. Schließlich steht Hilde auf.

„Zeit, einkaufen zu gehen", stellt sie fest, „ich möchte mir ohnehin etwas die Füße vertreten." Nur Benno schließt sich ihr an.

„Überraschung!", ruft Hilde von weitem. Sie hält rosa Papierstreifen in der Hand und winkt den anderen damit zu.

„Auf geht's, Faulsäcke!", ruft Benno.

Was haben die beiden vor? Theos Augen verengen sich zu einem misstrauischen Schlitz.

„Cinque biglietti!", erklärt Benno, als er außer Atem vor dem Tisch steht. „Offizielle Kulturförderung für einen früheren Stadtbewohner von Linz", fügt er mit einem leicht boshaften Unterton hinzu und klopft dabei Theo auf die Schulter. Ob man ihn überreden kann, in eine Kirche zu gehen? Für Theo ist der Katholizismus ein rotes Tuch. Er war schon als Schüler in der linken Szene engagiert und hat bestimmt gegen den Papstbesuch demonstriert.

„Bist du jetzt vollkommen durchgedreht, oder wie?", fragt ihn Theo. Er ahnt nichts Gutes. „Die beste Kulturförderung ist, wenn du mir ein paar Biere spendierst."

„Also hört zu", beginnt Hilde, „vor Jahren waren Gerald und ich mit meiner Tante, einer Malerin, die auch Kunstgeschichte studiert hat, in Rom. Sie ist eine wirklich reizende alte Dame ..."

O Gott, denkt Sylvia, die Erklärung wird jetzt mindestens die nächste halbe Stunde dauern.

„In Rom haben wir, wie jeder, die Sixtinische Kapelle besichtigt", fährt Hilde fort. „Meine Tante hat uns alles erklärt, es war wahnsinnig interessant ..."

„Und was hat das mit eurer Überraschung zu tun?", unterbricht sie Christof. Er lächelt freundlich und ohne Ungeduld.

„Naja, langer Rede kurzer Sinn, die Tante hat uns damals geraten, dass wir, sollten wir jemals nach Orvieto kommen, unbedingt eine Kapelle im Dom mit ganz großartigen Fresken besichtigen sollen. Und genau das – nicht wahr, Benno? – ist mir beim Einkaufen eingefallen. Ich konnte nicht mehr widerstehen. Wir haben schon die Biglietti für den Eintritt gekauft."

„Kultur kann niemals schaden", grinst Benno schadenfroh. Es ist seine Rache für die Schlepperei.

Christof schaut unschlüssig auf die Uhr. Er macht sich Sorgen wegen der Zeit. Es ist schon gegen fünf; um sechs, halb sieben spätestens sollten sie im Haus sein. Freilich, weit entfernt ist das Haus nicht mehr; sie würden es hoffentlich auch ohne viel Herumsuchen finden.

„Die Fresken", erklärt Hilde, „stammen von dem Maler Luca Signorelli, und von ihm hat sich Michelangelo bei der Bemalung der Sixtinischen Kapelle inspirieren lassen. Sie sind wirklich berühmt."

„Na dann gehen wir", sagt Theo, winkt der Kellnerin und steht auf, „hinein in die hehre Stätte der Kunst."

Damit hat wirklich niemand gerechnet.

Sie betreten die Capella di San Brizio, die sich in einer der Ecken des Domes befindet. Ein alter Mann mit blauem Sakko kontrolliert ihre Karten. Die Decke und die Seitenwände sind mit den berühmten Fresken bemalt. Es ist anstrengend, lange nach oben zu schauen.

Die einzelnen Fresken zeigen jeweils eine Art Bühne, auf der sich hinter zwei Säulen, unter einem weiten Bogen, das himmlische oder das höllische Drama abspielt.

Der Titel des Zyklus: Das Ende der Welt.

*„Dannati all' Inferno" (Die Verdammten in der Hölle)*

Der Himmel ist von Wesen erfüllt: Hoch oben im Osten stehen drei gepanzerte Engel mit großen Flügeln, Helm und Schwert, Soldaten Gottes, die Eingang und Ausgang bewachen: Kein Verdammter kann das Inferno verlassen. Dämonen mit Hörnern fliegen heran und stürzen Menschen in die Hölle hinab. Der Dämon in der Mitte des Bildes, in ruhigem Flug, trägt auf seinem Rücken eine Frau, die er an den Händen festhält. Er wendet den Kopf zurück, um mit ihr zu sprechen. Wirkt er besorgt? Die Frau, die Hure Babylon, ruht schwer, wie gelähmt auf seinem Rücken und blickt nach Osten.

In der Hölle ein Menschengewühl, nackte Körper, dicht aneinandergepresst, von Dämonen und Höllenknechten gequält. Ein Albtraum: im Westen ein Feuer, zahlreiche Dämonen, mit Händen wie Krallen, die den Geschundenen Qualen zufügen, aber die Menschen tun sich auch gegenseitig weh: Sie würgen, fesseln, schlagen, reißen. Angst, Schmerz, Schrecken steht auf ihren Gesichtern.

Im Vordergrund eine auf dem Bauch liegende Frau, nackt, mit abgewinkelten, geöffneten Beinen, schutzlos ausgeliefert, die sich verzweifelt mit den Ellbogen abstützt und den Kopf zu heben versucht, während ihr ein Knecht mit dem Fuß das Gesicht auf den Boden drückt und gleichzeitig an ihrem Haar reißt. Schmerzensschreie in ihrem Gesicht.

Benno starrt diese Frau unentwegt an. Dabei spürt er, dass ihn das Bild erregt. Das Blut pocht in ihm. Sein letzter Sex mit einer entfernten und nicht sehr vertrauten Bekannten fällt ihm ein, und plötzlich hat er ihr und auch sein Keuchen im Ohr. Er lässt seinen Blick nach oben wandern und nimmt den Dämon wahr, der die Hure Babylon auf seinem Rücken trägt. Er spürt dessen Macht, die Frau fallen zu lassen oder zu tragen.

Als Kind hatte er eines Tages, nur so, nur aus Neugierde und einer Laune heraus, seine Katze vom Balkon hinunter fallen lassen. Er war damals etwa acht Jahre alt, und dieser eigenartige Moment fällt ihm wieder ein: Er hat die kleine Katze so lieb. Er drückt sie fest an sich. Dann aber, plötzlich, er weiß selbst nicht warum, hält er sie über das Geländer des Balkons. Er genießt das Entsetzen in ihrem Gesicht, hört das ängstliche Miauen. Er zögert, kämpft mit sich, lässt dann aber tatsächlich los. Er hat seine kleine, geliebte Katze hinuntergeworfen. Warum nur? Gott sei Dank hat das Tier den Sturz vom ersten Stock überlebt, aber es lief von nun an immer weg, wenn es ihn sah.

Kinder lieben es, Tiere zu quälen, rechtfertigt Benno seine damalige Grausamkeit, es verleiht ihnen das Gefühl von Macht aus der Ohnmacht heraus. Ohnmächtig hat er sich als Kind oft gefühlt. Er ist ein gedemütigtes, unterdrücktes Kind gewesen und musste erst mühselig lernen, zu seinen Aggressionen zu stehen. Sonst hätten ihn die eigenen Gefühle vernichtet. Lange Jahre wusste er nicht, was er mehr liebt, gequält zu werden oder zu quälen. Wegen seiner Depressionen hat er einen ausgesprochen masochistischen Zug entwickelt, zumindest in seiner Fantasie.

Benno erschrickt vor sich selbst, als er dieses sadistisch-masochistische Gemisch von Lust in sich aufsteigen fühlt, diese Orgie der Gewalt.

Hilde ist begeistert. Der gesamte Zyklus beeindruckt sie, aber am meisten ist auch sie vom Fresko „Dannati all' inferno" fasziniert. Dass die Darstellungen der Hölle immer so viel interessanter und lebendiger sind als die des Himmels! Trotz aller Gewalt und Verzweiflung! Ihre Tante hat sie damals auf diesen Umstand aufmerksam gemacht. Die Ordnung des himmlischen Lebens lässt einen frösteln.

Dennoch stechen ihr immer wieder gerade die auf diesem Bild dargestellten Engel des Ostens in die Augen. Sie stehen statisch und kalt. Ist Gott tatsächlich so grausam, dass er von seinen himmlischen Soldaten den Ausgang bewachen lässt? Kein Fluchtweg, wie ein KZ.

Die Engel lassen sie nicht los. Das ist ein schöner Beruf, denkt sie, an diesem Platz Engel zu sein. Hüter des Todes, Hüter der Grausamkeit und der Qual. Gehorsame Schergen. Da will sie lieber ein Dämon sein, der den Schmerz, den er zufügt, wenigstens genießt.

Was denkt sie da nur? Ist sie verrückt?

Sie nimmt ihre Nervosität zuerst in den Fingerspitzen wahr, die leicht gegen die Daumen klopfen. Recht, Ordnung, Gehorsam – das sind schon immer ihre Themen gewesen; das Jusstudium war ein Stein in diesem Gebäude.

Hilde hört ein Rauschen in ihren Ohren, das aus ihrem eigenen Körper kommt. Sie starrt unentwegt die Engel auf dem Bild an: gepanzerte Beine, ein Harnisch, ein gepanzerter Bauch, eine gepanzerte Brust, Armschienen – ist das nicht sie? Helle blonde Locken unter dem Helm, Sonnenschein, Fröhlichkeit, große, prächtige Flügel?

Sie fühlt sich bis tief in die Seele erstarrt. Sie spürt, wie ihr die Tränen aufsteigen. Die Verzweiflung beginnt in ihr zu pochen.

Warum? Warum hat es diesmal auch nicht geklappt? Die Hoffnung, wenn die Regel ausbleibt, die Freude, die Ängstlichkeit, die Baby-Kleidchen-Fantasie, und dann jedes Mal nach ein paar Tagen erneut eine Enttäuschung. Ich hätte es mir ohnehin denken können. Hilde und ihr Mann wünschen sich schon lange ein Kind. Sie haben schon alle Tests mit sich machen lassen. Beide sind gesund. Einer Schwangerschaft steht eigentlich nichts im Weg.

Sie setzt sich in eine der Sitzreihen und betrachtet weiter das Bild. Unten, im Inferno, in der Hölle, spielt sich ab, was Menschsein bedeutet. Sie gehört nicht dazu.

*„Predicazione e Fatti dell' Anticristo" (Einsagung und Taten des Antichristen)*

Ein Stadtplatz. Sieben Trauben von Menschen darauf, im Hintergrund ein Palazzo, vor ihm schwarze Schergen, politische Macht. In den rechten Bildrand treten zögernd zwei ernste, schwarz gekleidete Gestalten. Es ist der Maler selbst, Luca Signorelli, der sich mit seinem Kollegen Fra Angelico hier dargestellt hat. Wie die Ansager eines Stückes erscheinen sie, die nicht involviert, aber besorgt das Dargestellte vermitteln: So sieht unsere Welt aus, bedeuten sie uns und verharren an einer imaginären Linie, die zwischen Publikum und den Akteuren des Dramas verläuft.

Die Bühne des Lebens stellt Gewaltszenen vor.

Feuerpfeile tanzender Engel – Zeichen des Weltuntergangs – schießen auf eine Gruppe Menschen herab. Pferde bäumen sich auf, Getroffene stürzen zu Boden. Eine öffentliche Hinrichtung findet statt: Ein alter Mann mit langem weißem Bart wird enthauptet. Leichenhaufen, vorne im Bild, übereinandergeschichtet. Ein Mann liegt auf dem Bauch, eine Blutlache vor seinem Kopf. Ein anderer liegt auf dem Rücken und wehrt sich gegen die kräftigen Arme eines Schergen, der sich tief hinunter in seine Hilflosigkeit beugt, aber nicht um zu helfen, sondern um zu töten. Die Welt ist vergiftet von falschen Propheten, Verführern, Angst und Gewalt.

Auf einem Sockel im Zentrum des Bildes der Vorbote des Endes: der Widersacher des Christus, der Antichrist.
 Er trägt Haare und Bart wie der wirkliche Christus. Zu seinen Füßen Schätze von Gold. Zwei Gruppen von Menschen, die eine Sprechpause nutzen, um Geschäfte zu tätigen: Vermehrung von Reichtum, Austausch von Eitelkeiten. Denn der Antichrist spricht im Augenblick nicht, sondern er horcht. Ein Teufel mit roten Hörnern steht dicht hinter ihm; er hat seinen Arm unter den Mantel des Antichristen geschoben, er umarmt ihn und flüstert ihm Verführungsworte ins Ohr. Zauberworte, mit denen der Antichrist die Menschen zum Ende der Welt und ins Weltgericht lockt.

Theo ist beim Anschauen der Fresken nachdenklich geworden. Nicht wegen der Bilder selbst, denn er betrachtet die einzelnen Szenen nicht allzu genau, sondern eher oder zumindest auch wegen der Stille, der Atmosphäre.
 Er denkt darüber nach, wie sehr er es liebt zu reisen. Weit fort, wenn es geht. Ein Rucksack, zwei Unterhosen, zwei T-Shirts, eine Jean, eine Zahnbürste, ein Schlafsack, eine Hütte am Strand, das genügt. Nach dem Zivildienst ist er vier Monate durch Indonesien gereist. Vor sechs Jahren, nach dem Abschluss der Sozialakademie, war er fünf Monate in Ostasien, in Indien, Nepal und Thailand. Die letzte größere Reise hat er vor drei Jahren gemacht, ein Monat quer durch Marokko. Seither nichts.
 Auf seinen Reisen ist er glücklich. Das Gefühl von Weite und Freiheit stellt sich sofort ein, wenn er ein Flugzeug besteigt. Aufatmen. Alles Belastende rinnt von ihm ab, bleibt zurück.
 Seit Theo arbeitet und die Psychotherapie-Ausbildung macht, hat er kaum an Reisen gedacht. Einerseits wegen dem Geld; andererseits hat er jetzt andere Ziele: irgendwann die große Kohle verdienen, weitere Qualifikationen erwerben, ins Geschäft hineinkommen; sein Manager-Traum. Denn das wirk-

liche Geld wird in der Wirtschaft gemacht. Da möchte er dabei sein. Endlich so viel verdienen, dass er auftrumpfen kann. So wie die anderen auch. Jemand sein. Nicht nur der dünne, schmächtige Kerl, dessen Vater sich abgesetzt hat.

„Er ist nicht abgehauen, er ist gestorben!", hat er seinen Freunden erklärt.

Er hat genug davon, dass seine Mutter mittellos ist, immer nur sparen, immer zu wenig Geld, um dies oder jenes zu tun. Nicht einmal auf einen Schulschikurs konnte er mit.

Bin ich verrückt?, fragt er sich jetzt. Schließlich ist er aus seiner politischen Überzeugung heraus Sozialarbeiter geworden. Zumindest hat er sich das so zurechtgelegt. Er hat sich immer für die Ausgebeuteten engagiert. Wo bleibt jetzt sein Engagement? Will er selber zu den Ausbeutern gehören, den Kapitalisten, den Konsumsklaven? Glücklich war er in Bali oder auf Krabi.

„Hin und hergerissen sollst du sein", flüstert ihm in diesem Moment der Teufel ins Ohr.

Theo ist verwirrt. Plötzlich spürt er sehr klar, dass er auf dem falschen Weg ist, dass er dabei ist, seine ursprünglichen Ziele und Einstellungen zu verraten. Er merkt, wie der Zorn in ihm aufsteigt.

Volksverblödung, denkt er, als er die Bilder betrachtet, Teufel, Antichrist, so ein kirchlicher Scheiß.

Am liebsten würde er die Gemälde zerfetzen.

Er verlässt als erster die Kapelle, „Kunstbanause" würden sie ihn nennen, wieder einmal. Als er auf den Platz tritt und die Helligkeit und die Hitze über ihn herfallen, würde er am liebsten „Arschlöcher" in die Menschentrauben brüllen.

Was macht er hier? Warum ist er nicht weit fort, an einer Strandbar, ein hübsches Mädel, das er gerade kennen gelernt hat, bei sich und ein Singha-Bier in der Hand?

Sylvia hat sich sehr auf die Besichtigung der Kapelle gefreut. Sie mag Kultur und kommt leider viel zu wenig dazu, Ausstellungen und Museen zu besuchen. Sich Zeit für etwas nehmen, was man gern tut, das steht auch noch auf ihrem psychologischen Lernprogramm.

Sie lässt den Blick über die Gemälde schweifen. Bei der Betrachtung der einzelnen Bilder bleibt sie seltsamerweise innerlich leer. So als würden ihr Fleisch und auch ihre Seele im Kühlschrank liegen. Nichts spricht sie an.

Nur bei der Szene, wo der Teufel mit seinen roten Hörnern den Antichrist umfasst, fällt ihr der große Unbekannte am Strand wieder ein. Allein der Gedanke an ihn erregt sie. Mein Gott! Wenn sie schon sein Gesicht nicht erkennt, wer weiß, vielleicht flüstert er ihr eines Tages auch etwas ins Ohr!

*„Resurrezione della Carne" (Auferstehung des Fleisches)*

Signorellis Vorstellung vom jüngsten Tag: Posaunenschall wird von mächtigen Engeln auf die Erde geblasen, der Tag der Auferstehung bricht an. Kindliche, quallenartige Geisterengel bevölkern die Luft; die Erde ist mit einer weißen, aschigen Schicht bedeckt.

Gerippe mit Totenköpfen kriechen aus ihren Gräbern heraus, stemmen sich hoch, stützen sich auf; eines ist noch bis zum Kinn, andere sind bis zu den Schultern oder zur Brust in die Erde versunken. Eine Gruppe von Gerippen steht im rechten Eck; zahlreicher als sie, mit ihnen neu zum Leben erwacht, sind die vielen „fleischgewordenen Toten", vom Künstler ausmodellierte Muskelpakete, nackt oder mit einem Lendentuch um die Hüfte. Sie brechen hervor, sie arbeiten sich aus der Tiefe der Erde heraus und helfen einander, das Totsein zu verlassen. Man spürt noch die Kälte des Todes. Die Fassungslosigkeit in den Gesichtern und Körpern. Das Erstaunen über das Leben in ihrem Blick. Eine Gruppe tanzender junger Menschen hebt die Hände zum Himmel, einander umarmend. Nach oben gerichtete Blicke; Köpfe, in den Nacken gelegt. Die Menschen gehen noch wie Marionetten umher. Das Leben in ihren Körpern ist ihnen fremd. Es ist der Tag, an dem sie Gottes Posaune zur Wiederfleischwerdung ruft.

Christof fühlt sich müde und schwer. Die Fremdheit der Körper auf dem Bild hat auf ihn übergegriffen. Es befremdet ihn, was er sieht. Er fühlt sich fremd. Immer wieder tastet er wie nebenbei mit der Hand an sich selbst herum. Bin das ich, der hier steht?

Wie in einem Horrorfilm, denkt er beim Betrachten des Bildes. Monster kommen aus der Erde gekrochen. Die Auferstehung der Toten als Horrorvision? Das passt nicht in sein Glaubens- und Weltbild.

So gefühllos und fahl hat er sich die Wiederauferstandenen nicht vorgestellt. Dabei sind es heile, junge Körper. Alle Spuren von Alter und Krankheit aus ihrem einstigen Leben sind ausgelöscht. Muskelprotze, Bodybuilder. Christof greift unwillkürlich auf seinen dicken, weichen Bauch. Da passt er nicht dazu. Als Kind hat er sich immer gewünscht, schlank und muskulös zu sein. Nicht der Dicke, über den die anderen lachen. Bedrängt ihn das Bild deshalb? Sozusagen als das eigene schlechte Gewissen? Soll er zu joggen anfangen oder sich in einem Fitness-Center eintragen? Aber so wie diese Modell-Auferstandenen möchte er nicht sein. Um was geht es ihm denn? Er ist der, der er ist. Sein Körper ist ihm gut. Er genießt es zu fühlen, zu essen, zu trinken, zu sehen, zu hören, zu riechen, zu schmecken. Außerdem soll man die Hoffnung nicht aufgeben. Es soll doch auch Frauen geben, die dicke Männer mögen. Die Frauen haben ihn eigentlich immer gemocht, aber oft nur als

Freund. Einige Male folgte bald nach dem ersten Ausgehen das gefürchtete, ernste Gespräch: „Doch, ich mag dich sehr gern. Aber ich will nicht lügen, dir nichts vormachen. Ich will dich aber auf keinen Fall als guten Freund verlieren, versteh mich bitte nicht falsch ..." Fast ein Jahr lang war er einmal der Mann zweiter Wahl. Er hatte einige Zeit gebraucht, bis er es merkte. Gleichzeitig hatte er sich selbst in dieser Beziehung nicht frei gefühlt, sondern eingeengt durch sein starkes Verantwortungsgefühl. Seiner damaligen Freundin war es wegen der Trennung von ihrem früheren Freund lange sehr schlecht gegangen.

Christof versucht das leidige Thema zu verdrängen, zu vergessen. Wann hat er eigentlich zum ersten Mal daran gedacht, dass er Arzt werden will? Als Kind schon? Aber ist es nicht egal, wann? Einer seiner beiden Brüder ist Techniker, der andere ist Künstler geworden, seltsam ist das. Wie viele Möglichkeiten zu wählen hat der Mensch eigentlich?

Was ist denn Leben? Ist es mehr, als eine Marionette zu sein, aus dem Bauch einer Frau oder dem schwarzen Grund der Erde gezogen? Die Menschen auf dem Fresko zerren sich gegenseitig aus der Erde. Warum? Ist das Leben so schön? Wie heißt es bei Oscar Wilde über die Ruhe des Todes: „In der weichen, braunen Erde schlafen, dem Leben vergeben und Frieden finden ..."

Danach sehnt er sich. Er weiß, es hat mit dem Tod seiner Mutter zu tun. Ein Aidspatient, auf der Dermatologie, wo er bis vor kurzem den Turnusdienst gemacht hat, fällt ihm ein. Er war so fahl und grau wie die Menschen auf dem Bild. Aber ausgemergelt, dünn, nur noch Haut und Knochen, ein zitterndes, elendes Stück Mensch, von dem Christof viel gelernt hat. Er könnte nicht sagen, was. Nichts Bestimmtes. Vielleicht die Gespräche über den Sinn. Der Patient ist nicht ruhig und versöhnlich gestorben. Sein Tod liegt wie ein Riss da, der sich nicht schließt. Christof fühlt Leere und Angst, wenn er an den Mann denkt.

Warum ist er Arzt geworden? Er konnte dem Patienten nicht helfen.

Faszinieren ihn Krankheit, Alter, körperlicher Verfall? Braucht er das Hässliche, um sich selbst annehmen zu können? Braucht er die Schwachen und Kranken, weil dann seine eigenen Schwächen erträglicher werden? Hat er Freude an dem, was abstoßend ist? Liebt er die Menschen oder gebraucht er sie nur?

Er schaut das Bild noch einmal an. So wie diese Auferstandenen will er nicht sein. So vollkommen, aber blutleer; so schön, aber unmenschlich. Und plötzlich ergreift ihn ein warmes Gefühl. Wieder fallen ihm einige Patienten ein, auch der Aidskranke, dann eine alte Frau, ein Kind mit einer blutenden Neurodermitis, und unwillkürlich greift er sich noch einmal auf seinen Bauch. Er ist vielleicht zum ersten Mal in seinem Leben zufrieden mit seinem Schwabbelkörper. Er ahnt, dass sich gerade im Unvollkommenen, Erbärmlichen das Leben in seiner tiefsten Lebendigkeit zeigt.

Marion stellt Gläser und eine Flasche Wasser auf den Holztisch im Garten und beginnt anschließend zu warten. Es ist schon nach sieben, als sie das Knirschen des Schotters hört. Die geplante erste Einheit von acht bis zehn erscheint ihr nicht mehr realistisch. Sie ärgert sich, wenn sich etwas nicht so entwickelt, wie es vereinbart war. Chaotisch bin ich selbst, pflegt sie das vor ihrem Mann und den Freunden zu kommentieren, die ihr dann vorwerfen, selbst unpünktlich zu sein und alles Mögliche kurzfristig umzustoßen und zu verändern.

Benno Wörter entschuldigt sich schon bei der Begrüßung für die Unpünktlichkeit der Gruppe.

Seine etwas hektische, unsichere Art belustigt sie, aber sie kann nicht sagen, dass er ihr besonders liegt. Überrascht nimmt sie wahr, dass die Männer erschöpfter wirken als die Frauen.

Theo Bilsen – Marion schätzt, dass sie seine Mutter sein könnte – sieht mitgenommen aus. Dunkle Schatten liegen unter seinen Augen. Er sieht auffallend gut aus, und zugleich interessant. Wie ein Philosoph oder Künstler. Aber dieser Wahrnehmung traut Marion nicht. Gewisse Männer sehen interessanter aus, als sie sind. Man fängt ein Gespräch mit ihnen an und – nichts. Man findet keinen einzigen Gedanken, der fasziniert. Ein langweiliger Typ ohne Eigenschaften steckt häufig unter der schönen Oberfläche.

Völlig anders wirkt Christof Müller. Er ist ihr auf Anhieb sympathisch. Er gefällt ihr auch als Mann, und das, obwohl er dick ist. Er scheint ebenfalls erschöpft zu sein, allerdings ist er stärker als Benno und im Gegensatz zu Theo um Höflichkeit bemüht.

Insgesamt scheint die Gruppe nicht gerade fröhlich zu sein. Das Barometer steht auf nachdenklich bis bedrückt.

Am wenigsten angeschlagen wirkt Sylvia Haglmeier, bei der Marion eine große Anzahl vermischter Komplexe wahrnimmt, obwohl sie wenig spricht und Marion nur misstrauisch und etwas skeptisch mustert.

Umso mehr spricht Hilde Lasser. „Dass wir so spät dran sind, ist meine Schuld", erklärt sie, „die Kapelle in Orvieto ..." – von der hat auch Marion schon gehört. Bernhard, ihr Mann, der Bildhauer ist, hat ihr von diesen Fresken erzählt.

Marion wundert sich, dass Hilde nicht kindlich regressiv wirkt, sondern interessiert und voll Energie. Solche Frauen beneidet sie. Sie selbst ist nicht gewandt. Ihre eigene Energie ist keine sprudelnde, sondern eine ruhige, glühende, die bei Überforderung auch einmal erstarrt und nicht mehr zugänglich ist.

„Mir ist es egal, wo ich schlafe", sagt Benno, „teilt mich nur in eines der Zimmer ein!" Er will aus dem Sessel im Garten, mit einem Glas Wasser vor sich, nicht mehr aufstehen.

„Ich rühr mich auch um kein Arschlecken mehr", fügt Theo

hinzu. „Auch wenn ihr mich einen reaktionären Macho nennt."
Er grinst, aber sein Lächeln wirkt müde und ernst.

Marion führt also Hilde, Sylvia und Christof durch das Haus. Genauer gesagt, durch den mittelalterlichen Turm, der, frisch renoviert, als Ferienhaus vermietet wird.

Er steht mitten im Wald. Man zweigt von der schmalen Landstraße rechts in eine Schotterstraße ab und erreicht nach 500 Metern ein Landgut, in dem die Vermieter leben. Davor liegt in unwirklichem Türkis ein Pool, von Liegestühlen gesäumt; offenbar werden auch hier Zimmer vermietet. Dann geht es weiter einen engen, schattigen Waldweg hinab: Eichen, Pinien, Zikadengeschrei. Plötzlich steht man vor dem Turm. An der Nordseite befinden sich ein Parkplatz und ein Eingang in das Obergeschoß, in dem das „Wohnzimmer" liegt, ein schöner Raum mit offenem Kamin, einem Schreibtisch, einer Sitzecke, einer Couch.

Ein Turm: das bedeutet viele Stufen, Hinaufsteigen, Hinabsteigen. Einen Stock tiefer, wo der Ausgang in den Garten führt, liegt die Küche. In diese schleppen Christof, Hilde und Sylvia die Lebensmittel.

Die Küche ist düster. Links steht ein langer schwarzer Holztisch mit zwei Bänken. Rechts befinden sich ein kleiner Gasherd und wieder ein offener Kamin, mit Eisenwerkzeug und Geräten zum Grillen. Es riecht nach Moder und Dunkelheit. Von der Küche führt eine Tür zu einem engen schmalen Gang, wo ein großer Kühlschrank steht. Dort gibt es eine weitere Tür, dahinter liegt eine winzige Kammer.

Früher war dieser Raum das Verlies, erklärt Christof, der gut Italienisch kann, einige Stunden später, nachdem er die Broschüre mit der Beschreibung des Turms und seiner Geschichte genau durchgelesen hat. Tatsächlich sehen sie ein Loch im Boden, mit einem Eisengitter bedeckt, wo es hinab in einen Schacht geht. Kühle, modrige Luft quillt herauf.

„Ein idealer Ort zum Versteckenspielen", lacht Christof, „da wird man so leicht nicht wieder gefunden!"

„Na, hoffentlich entwickelt sich keine psychodramatische Rittergeschichte, in der man da hinuntergeworfen wird", meint Sylvia und wendet sich fröstelnd ab.

„Das kann ja eine spannende Woche werden!", sagt Hilde vergnügt.

Besonders witzig findet sie das Hinaufsteigen in die anderen Räume, bei dem man einen „Drehwurm" bekommt: Auf glatten, rutschigen Stufen aus Stein geht es eine enge Wendeltreppe hinauf; rundherum, rundherum, Stiege für Stiege, Stock für Stock. Zuerst zum Obergeschoß, dem „Wohnzimmer", dann zu den Schlafräumen, zwei im ersten und drei im zweiten Stock, und schließlich weiter hinauf in ein Turmzimmer, von dem aus man endlich über die Wipfel der Wälder hinwegsieht: ein herrlicher Ausblick, weit über die umbrischen Hügel.

Sylvia spürt ein leichtes Ziehen in den Oberschenkeln. Wenn sie hier öfter auf und ab liefe, würde sie sich jede Gymnastik ersparen. Der Turm gefällt ihr nicht schlecht. Er kommt ihr reizvoll und unheimlich zugleich vor. Vielleicht spukt es sogar in diesen alten Gemäuern, und sie sieht Marion aus den Augenwinkeln bewundernd an. Sie selbst würde nicht eine einzige Nacht allein in diesem Haus verbringen wollen.

„Hat es heute Nacht gespukt?", erkundigt sich in dem Moment Hilde bei Marion. Die lächelt genießerisch, denn sie denkt an die Sternennacht, den Rotwein, das geliebte Alleine- und Bei-sich-selbst-sein, den Flug des Kormorans über das Meer.

„Nein, Geister habe ich heute Nacht keine gesehen, keine einzige verstorbene Seele."

„Na ja, vielleicht haben die Geister gewartet, bis die Gruppe komplett ist", meint Christof. Das Fresko mit den unheimlichen Toten, die aus der Erde steigen, fällt ihm wieder ein. Er nimmt sich vor, während des Seminars über dieses Bild zu reden, und zieht sich in den nachdenklichen, ernsten Teil seiner Seele zurück.

Marion hat sich im ersten Stock, wo es zu jedem der zwei geräumigen Zimmer ein kleines Bad gibt, einquartiert. Hilde und Sylvia ziehen zu zweit daneben ein. Die Männer besetzen die drei Zimmer des zweiten Stocks, wo sie sich ein großes Bad teilen. Die Aufteilung erfolgt vollkommen problemlos.

Gegen halb neun ist alles verstaut, aber keiner hat mehr die Energie für eine Abendsitzung.

Marion zieht sich in ihr Zimmer zurück. Sie hat keine Lust, „privat" mit der Gruppe zusammen zu sein und bei jedem Gespräch ihrer Rolle als Leiterin des bevorstehenden Seminars und als punktuelle Therapeutin dieser Menschen zu entsprechen. Sie kann dann nicht sein, wie sie ist. Sie muss durchgängig darauf schauen, was sie bei wem auslösen könnte. Das ist das Anstrengende an dieser Arbeit, dass man sich nie, bei keiner Pause, bei keinem gemeinsamen Essen wirklich gehen lassen kann.

Sie rückt sich ihren Polster zurecht. Sie will nicht mehr an die Gruppe, an ihre ersten Eindrücke, an die Erwartungen oder Befürchtungen denken. Deshalb nimmt sie eine Lebensbeschreibung des Franz von Assisi zur Hand. Im Urlaub hat sie meistens Bücher, die in irgendeiner Weise mit der jeweiligen Gegend verknüpft sind, mit. Es sind kurze, eindrucksvolle Legenden. Immer wieder ist sie vom Verhalten dieses seltsamen Heiligen überrascht.

Nach einer Weile schließt sie die Augen. Die Stimmen aus dem Garten dringen noch einmal deutlicher an ihr Ohr, dann sinken sie zurück in das Rauschen der Blätter und Zweige.

Wie lange wollen die noch sitzen bleiben, denkt sie und erinnert sich an ihre eigene Mutter, die nie einschlafen konnte, wenn sie mit Freunden noch länger aufbleiben wollte. Wie lange ist das schon her? Das Gesicht ihrer Mutter taucht einen kurzen Moment vor Marion auf, ihr letztes Gesicht, der Augenblick ihres Todes, in dem ein Mensch alle Geschlechtlichkeit verliert und hinaustreten muss. Erfüllt von großer Zärtlichkeit und Sehnsucht schläft Marion ein.

## Zweiter Tag

Marion liegt reglos im Zwischenbereich von Schlaf und Erwachen. Langsam öffnen sich ihre Ohren.

„Nicht die, bitte nicht diese Betten!", hört sie jemanden klagen. Dieser Satz hängt noch in ihrem Gehör, dann fließt auch er mit den restlichen Bildern ihres Traumes fort. Das Geschrei der Vögel dringt in ihre Wahrnehmung. Als hätte der Himmel plötzlich alle Vögel der Erde zu einem Konzert losgelassen. Hat nicht Franz von Assisi den Vögeln gepredigt? „Seid bitte leiser!", möchte sie ihnen sagen. „Ihr weckt ja das ganze Haus auf."

Sie öffnet die Augen. Es dämmert, die Helligkeit nimmt zu.

Marion rekelt und streckt sich und atmet ein paar Mal bewusst und tief. Sie fühlt sich frisch und ausgeschlafen und entschließt sich zu einem Morgenspaziergang.

Das Licht fließt in den Wald; glitzernde, kühle Tautropfen zittern an den Blättern der Eichen. Sie schlendert den schmalen Weg entlang, der in eine offene, weite, hügelige Weinlandschaft mündet, und als sie aus dem Waldstück tritt, fliegt Marions Seele hoch auf vor Glück: Ein Sonnenblumenfeld liegt vor ihr! Eine weite Fläche von sattem, kräftigem, leuchtendem Gelb! Die braunen Blumengesichter mit ihrem leuchtenden Haarkranz, ein Sonnenlichtmeer, aus der Erde geboren! Ein Flug für die Augen!

Sie ist überwältigt und setzt sich auf einen Baumstumpf, um das Blumenfeld zu genießen. So ähnlich haben schon Franz von

Assisi und seine Gefährten diese Landschaft betrachtet. Die Geschichten über ihn faszinieren sie. Spontan beschließt sie, die Vorbereitung für das Seminar umzustoßen und nicht mit den üblichen „Erwartungen und Befürchtungen" zu beginnen.

Plötzlich bemerkt sie, wie ein Mann von der anderen Seite des Weges das Feld betritt. Er ist etwa gleich groß wie die Blumen, nur dass ihre Köpfe größer und leuchtender sind als der seine. Er streicht einer der Blumen mit den Fingerkuppen übers Gesicht. Prüft er, wie reif die Kerne sind? Seine Haltung ist leicht gebückt, sein Körper wirkt knorrig und hart. Wie ein alter Baum sieht er aus. Die graue Hose ist ihm weit die Hüften hinuntergerutscht, ein kariertes Hemd hängt ihm halb aus der Hose heraus. Wie ein sehr fremdes, verlorenes Wesen aus einer anderen Welt bewegt er sich unter den Bällen aus Sonnentau.

Er wird der Bauer sein, der sich sein Feld anschaut. Für einige Augenblicke blickt er in ihre Richtung.

Eigenartigerweise hat sie das Gefühl, er könnte ein Freund ihres Mannes sein. Bernhard ist Bildhauer, genauer gesagt Holzschnitzer, und hat etwas von diesem geerdeten Stehen in der Welt.

Der Mann zupft Blütenblätter ab und füllt sie in einen Sack. Hat nicht Signor Marcelli, der Vermieter des „Torre", von einem etwas eigenartigen Nachbarn erzählt?

9.00 Uhr. Nahezu gleichzeitig betreten alle fünf Teilnehmer das Wohnzimmer und nehmen im Sesselkreis Platz. Marion blickt aufmerksam in die Runde.

„Ich hoffe, Sie haben gut geschlafen", beginnt sie, „und sich während der Nacht und in Ihren Träumen von der anstrengenden Reise erholt." Ihre Augen sind ernst, aber auf ihren Lippen liegt ein Lächeln.

Zuerst steht Organisatorisches auf dem Plan. Eine Zeitstruktur, die eine südländisch lange Mittagspause vorsieht, wird aufgestellt.

Danach tritt betretenes Schweigen ein. Immer wieder ist Marion darüber erstaunt. Die Gruppe kennt sich bereits so lange, aber niemand spricht. Theo unterdrückt ein missmutiges Gähnen. Christof sitzt wie ein Stier da, die Schultern nach oben gezogen, die Arme über dem Bauch verschränkt, irgendwie trotzig, verschlossen und ernst. Benno hat beinahe bei jedem Wort, das sie bis jetzt gesagt hat, genickt, so als wolle er ihr aus irgendeinem Grund unter allen Umständen gefallen. Sie spürt einen Anflug von Verachtung in sich und nimmt sich vor, bewusst darauf zu achten. Hilde schaut sie immer wieder fragend an, als würde sie auf die Erlaubnis warten, endlich sprechen zu dürfen, während Sylvia den Blick gesenkt hält.

Die Stille verdichtet sich. Mit einem inneren Schmunzeln erinnert sich Marion an ihr eigenes erstes Gruppendynamikseminar. Wie schrecklich für sie damals das Schweigen am Beginn jeder Sitzung war! Jetzt fühlt sie aber, dass ihre Energie warm und positiv ist, und freut sich darauf, diese Menschen ein Stück auf ihrem Weg zu begleiten.

„Ich möchte diesmal nicht mit einer üblichen Eingangsrunde anfangen", beginnt sie schließlich. „Wir sind Psychodramatiker, also schlage ich vor, wir steigen unmittelbar mit einem Spiel ein. Sie haben sicher schon von Franz von Assisi gehört?"

Die Gruppe sieht sie verständnislos an.

Haben wir jetzt Religionsstunde?, denkt Theo und rutscht noch unwilliger in seinen Sessel.

„Ich verknüpfe gerne das eigene Leben mit dem Ort, wo ich bin", fährt Marion fort, „Franziskus hat ja, wie Sie vielleicht wissen, hier in Umbrien gelebt."

Sie liest Überraschung in den Augen der Teilnehmer; das ist nicht schlecht, besser zumindest als Widerstand.

„Sie wollen doch gewiss den psychodramatischen Umgang mit Symbolgeschichten erproben", fügt sie schließlich hinzu und ärgert sich im selben Augenblick über sich selbst. Muss sie denn so lehrerinnenhaft sein?

In dem Moment hört sie ein lautes Rumpeln, ganz kurz nur, dann ist es wieder still. Das muss unten in der Küche gewesen sein. Auch die anderen haben aufgehorcht. Benno hat sich schon halb von seinem Sessel erhoben, offenbar um hinunterzugehen und nachzuschauen, aber dann setzt er sich wieder hin. Es bleibt still.

„Naja, jetzt geistert es doch noch", lacht Christof, „ich habe Ihnen ja gesagt, die Gruppe muss vollzählig sein."

„Wir könnten ja Walpurgisnacht spielen", schlägt Theo vor und meldet damit seinen Widerstand gegen das vermutete Franziskus-Spiel an.

Marion wartet noch ab und sagt einstweilen nichts.

„Da interessiert mich Franziskus schon mehr", entgegnet Sylvia. „Ich weiß nicht warum, aber er hat mich immer schon fasziniert."

„Das war doch der, der mit den Vögeln sprechen konnte?", denkt Hilde laut.

„Ja, ja", sagt Christof, „im Mittelalter. Ich war einmal mit einem Franziskaner befreundet. Der war sogar noch dicker als ich."

Das Interesse der Gruppe steigt.

Marion ist dankbar für Sylvias Brücke.

„Wenn Sie einverstanden sind, werde ich etwas über Franz von Assisi erzählen", sagt sie. „Sie können dann noch immer entscheiden, ob Sie eine seiner Geschichten nachspielen wollen."

„Ich glaube, Franziskus wäre ein großartiger Psychodramatiker gewesen", beginnt sie, um die Gruppe zu motivieren, „auf ihn gehen etwa die Krippenspiele zurück. Er war ein ganz besonderer Mensch. Zuerst ein verwöhnter Jugendlicher aus reichem Elternhaus. Dann hat er sich merkwürdig verändert. Er begann das Geld seines Vaters zu verschenken. Bei einem öffentlichen Streit mit dem Vater zog er sich sogar nackt aus und gab ihm die Kleider zurück. Angeblich hatte er Christus von einem Kreuz herab sprechen gehört. Er renovierte die umliegenden kleinen Kirchen, predigte und versammelte Gleichgesinnte um sich. Es gab da auch eine Liebesgeschichte; ein Mädchen namens Klara wollte so leben wie er; die beiden haben auf die sexuelle Liebe verzichtet; sie hat dann den weiblichen Zweig des Ordens gegründet ..."

Wer's glaubt, wird selig, denkt Theo während Marions Bericht, aber er hört genau zu. Er ist befremdet über den kirchlichen Touch der Seminarleiterin. Die Indoktrination der Menschen erfolgt also auch über die Psychotherapie. Man kann sich gar nicht genug in Acht nehmen vor der katholischen Kirche. Plötzlich stiehlt sich ein Lächeln auf seine Lippen. Wie wäre es, wenn die Gruppe die Entkleidung dieses Franz spielen würde! Z. B. Christof als Franziskus? Der würde aussehen wie ein dickes, nacktes Baby. Oder noch besser: Wenn sich Hilde ausziehen würde! Da würde er wahrscheinlich auch gerne die Kleider ablegen ... Langsam dringt Marions Stimme wieder in seine Fantasien herein.

„Franziskus war oft sehr krank; man erzählt sich, dass er am Ende seines Lebens die Wundmale bekam ... Nun", lächelt sie, „wollen Sie sich auf diese Gestalt einlassen?"

Sie spricht jeden Einzelnen an. Sie glaubt, hinter einigen Antworten Vorbehalte zu hören, aber letztlich kann sich jeder vorstellen, ein Franziskus-Spiel zu probieren.

„Ich möchte Ihnen zwei Begebenheiten aus dem Leben dieses Mannes erzählen.

Die erste handelt zu einem Zeitpunkt, als Franziskus als

Jugendlicher auf der Suche nach einem neuen Lebenssinn ist. Seit seiner Kindheit hat er sich vor Aussätzigen geekelt. Die lebten damals vor den Toren der Stadt, in Leprosenheimen, von der Bevölkerung wegen der Ansteckungsgefahr isoliert. Der Aussatz beginnt am kleinen Finger, breitet sich dann über Hände und Füße aus, schließlich treten Knoten im Gesicht auf. Später stinkt ein Kranker angeblich ganz furchtbar. Von Franziskus erzählt man, dass er sich in zwei Kilometer Entfernung die Nase zuhalten musste, wenn er nur ihre Häuser sah. Dazu findet sich folgende Geschichte ..."

Marion liest nun vor.

„Franz begegnete einem Aussätzigen. Von fürchterlichem Ekel erfüllt, tat sich Franz Gewalt an, stieg vom Pferd, gab dem Mann ein Geldstück und küsste ihm die Hand. Auch jener gab ihm den Friedensgruß. Kurz danach nahm Franz eine größere Summe Geldes und begab sich in das Heim der Leprosen. Alle Siechen liefen zusammen. Franz reichte jedem ein Geldstück und küsste ihm die Hand. Als er von dannen ging, war wirklich in Süße verwandelt, was vorher bitter gewesen war."

Marion wartet einige Augenblicke lang. Die Gruppe hat sich entspannt. Benno hebt die Lider, schaut sie an, sagt aber nichts. Die anderen halten die Augen geschlossen.

„Ich habe das Gefühl, dass Sie im Moment gern zuhören. Stimmt's?"

Ein Lächeln von Hilde, sonst schläfriges Nicken.

„Also schließe ich gleich eine weitere Geschichte an. Sie spielt viel später, als Franziskus schon der berühmte Bettelmönch ist und während seiner Wanderungen nach Gubbio, eine Stadt in den Bergen, kommt."

Marion fällt in den Tonfall, mit dem man Märchen erzählt.

„Etwas Wunderbares geschah in der Stadt Gubbio. Dort trieb

sich nämlich ein großer und sehr gefährlicher Wolf herum, der Menschen anfiel und fraß. Alle Bürger der Stadt hatten panische Angst, es waren schließlich schon viele Menschen gestorben, und keiner verließ unbewaffnet die Stadt. Als nun Franz einmal nach Gubbio kam, empfand er großes Mitleid mit den Menschen. Er beschloss, sich auf den Weg zu diesem gefährlichen Wolf zu machen. Die Menschen aber stiegen auf die Dächer der Häuser, um zu sehen, was geschah … Schon rannte der schreckliche Wolf mit offenem Rachen auf Franz zu, da ließ eine göttliche Kraft das Untier innehalten."

Marion wirft einen Blick auf die dösende Gruppe.

„Franz schlug das Zeichen des Kreuzes über das Tier, rief es zu sich und sprach also zu ihm: Komm zu mir, Bruder Wolf! Im Namen Christi befehle ich dir, weder mir noch sonst jemand ein Leid anzutun! Der Wolf legte sich still vor die Füße des heiligen Franz. Da predigte Franz also dem Wolf: Viel Schaden richtest du an in dieser Gegend, Bruder Wolf! Du hast schlimme Taten verübt und Gottes Geschöpfe erbarmungslos umgebracht. Du wagst es sogar, Menschen zu töten, die doch nach Gottes Bild geschaffen sind. Sicherlich hast du verdient, als Räuber und Mörder mit einem schlimmen Tod bestraft zu werden. Ich aber will zwischen dir, Bruder Wolf, und den Menschen Frieden herbeiführen. Du wirst niemandem mehr ein Leid antun. Dafür werden dir alle Missetaten vergeben, und weder Menschen noch Hunde sollen dich hinfort verfolgen. Da wedelte der Wolf mit dem Schwanz und nickte, auf diese Weise sein Einverständnis bekundend. Und wirklich", fährt Marion lächelnd fort, „Franz gelingt es, Frieden herzustellen. Die Bewohner von Gubbio haben sich sogar verpflichtet, dem Wolf täglich zu essen zu geben, und sie gewannen den Wolf lieb, der sie an die Geduld und Güte des Franziskus erinnerte, solange sie lebten."

Jetzt schweigt sie und beobachtet. Jeder scheint bei sich selber zu sein. Zögernd, als würden sie noch auf eine Fortsetzung warten, beginnen sich die Einzelnen zu regen.

„Ach, das war angenehm", sagt Christof gähnend und streckt sich.

Benno nickt erneut. Er scheint nach wie vor unter Stress zu stehen.

Theos Stirn ist in Falten gelegt. Seine Gesichtszüge drücken ein Gemisch von Verachtung und Nachdenklichkeit aus. Vielleicht ist er doch interessanter, als Marion ihm zugestehen will.

Hildes Augen sind aufmerksam und wach.

Sylvia massiert ihre Fingergelenke. Ein Lächeln wächst aus ihrem Mund.

„Der Benno soll den Wolf spielen!", sagt sie plötzlich und lacht.

„Und Christof soll Franziskus sein!", fügt Hilde hinzu. „Das passt genau!"

Christof sieht Hilde kopfschüttelnd an. „Weil ich der immer Gute bin oder was?"

Hilde lacht verschmitzt, und Marion stellt erfreut eine fröhlich anmutende Vertrautheit und Offenheit fest.

„Ihr kennt euch aus vielen Ausbildungsseminaren", nimmt sie den Faden auf. „Benno und Christof, wie geht es Ihnen, wenn Ihnen diese Rollen zugeteilt werden? Ist das o. k.? Sollen wir jeweils die Gruppe entscheiden lassen, wer welche Rolle spielt?"

Benno funkelt Sylvia zornig an. Aber er sagt nichts. Er möchte noch so wenig wie möglich von sich preisgeben.

„Benno als Wolf ist wirklich ideal", stimmt Christof ein. „Das mit der Rollenzuteilung durch die anderen halte ich für eine gute Idee. Theo, du könntest der Aussätzige sein. Magst du?" Christof möchte unbedingt, dass diese Geschichte gespielt wird.

„Mir ist das egal", antwortet Theo.

„Wir beide könnten die Bürger von Gubbio sein", schlägt Sylvia Hilde vor, aber jetzt widerspricht Benno: „Das täte euch so passen, dass ihr euch heraushalten könnt!"

„Was heißt heraushalten", will Sylvia zu streiten beginnen, aber Theo unterstützt Benno.

„Ich finde", sagt er, „die heiligen Geschichten brauchen einen libidinösen Kern. Auch wenn sie zuerst nicht vorgekommen ist, Sylvia, du könntest doch die heilige, keusche Schwester Klara spielen, die ihren Franziskus liebt und nicht darf. Sie ist geil und muss sublimieren."

Das ist ein wenig zu stark ausgefallen. Theo merkt es und erwartet eine heftige Reaktion der beiden Frauen, aber sie sagen nichts.

Sylvia ist peinlich berührt, doch sie will es sich nicht anmerken lassen.

„Du hast recht, reine Männerspiele sind langweilig und verzerren das Bild der Welt", sagt sie deshalb und lächelt.

Marion wird sehr hellhörig. Die Spannungen innerhalb der Gruppe erscheinen ihr plötzlich beträchtlich. Normalerweise mag sie Spannungen gern. Wenn sie nur nicht dazu führen, dass keiner mehr etwas von sich herzeigen will.

„Aber ich bin trotzdem ein Bürger von Gubbio", greift Hilde den Faden von vorhin wieder auf, „sonst können wir die Geschichte mit dem Wolf unmöglich spielen."

Marion schlägt vor, dass jeder noch einmal ganz bewusst in sich hineinhorcht. „Passt die Rolle, die Ihnen zugeteilt wurde? Können Sie sich vorstellen, diese Rolle auszuprobieren?" Und sie schaut jeden Einzelnen ruhig an.

Als niemand Widerstand anmeldet, beginnt sie mit der Gruppe die Schauplätze einzurichten. Es wird ein sogenanntes Stegreifspiel nach einem Symboltext mit festgelegten Rollen sein. Wohin sich das Spiel entwickeln wird, ob es nahe am Text bleibt oder sich weit von der Vorlage entfernt, weiß man im Vorhinein natürlich nicht.

Einige Sessel stellen die Stadt Assisi dar, links davon wird mit einem Tisch das Leprosenheim angedeutet. Hier werden sich Franziskus und der Aussätzige begegnen. An der Wand gegenüber wird mit einem Teppich der Wald markiert, in dem der böse Wolf sein Unwesen treibt. Davor bauen Hilde und Benno die Stadt Gubbio auf.

Beim Einrichten der Stationen und Plätze beginnen sich die Teilnehmer für das Spiel und die Geschichte zu erwärmen. Mit dem Eifer spielender Kinder schleppen sie die Möbel hin und her. Geübte PsychodramatikerInnen entwickeln dabei eine Begeisterung, die der von Kindern kaum nachsteht. Marion lächelt fasziniert und sucht sich eine Position, von der aus sie gut beobachten kann.

Christof geht als Franz in „Assisi" umher. Er führt einen inneren Monolog. Die anderen spielen noch nicht, sondern hören ihm zu. Nur Benno fletscht als Wolf in dem ihm zugedachten Waldstück die Zähne.

„Mein Leben passt nicht mehr", sagt Christof, „ich muss es verändern. Mir ist so komisch zu Mute. Wie sinnlos die Menschen hier leben! Mein Vater z. B., außer seinem Geschäft hat er nichts im Kopf. Oder Mama. Sie will nur schöne Kleider, sonst nichts. Sogar meine Freunde gehen mir schon auf die Nerven."

Er setzt sich und seufzt. „Wie schön die Natur ist! Wenn ich nur wüsste, was ich anfangen soll mit meinem Leben!"

Plötzlich tritt Sylvia als Klara auf ihn zu.

„Hi, Franziskus", lächelt sie. „Was ist denn mit dir los?"

Christof fühlt einen Stich im Herzen. Eine Frau, die auf ihn zugeht?

„Ach Klara", sagt er, „bitte lass mich in Ruh. Ich komm mit meinem Leben nicht mehr klar."

„Erzähl mir doch davon", fordert sie ihn auf. „Weißt du, mir gehen auch alle auf die Nerven, die Eltern, die Männer. Weißt du übrigens, dass ich mich verheiraten soll? Aber" – sie zögert – „ich liebe nur dich."

Christof als Franziskus sieht sie erschrocken an. Aber dann nimmt er ihre Hand.

„Ich liebe dich auch", murmelt er.

„Holla!", ruft Theo, „so geht aber die Vorlage nicht!" Die anderen lachen, Marion lächelt auch.

„Wir könnten doch abhauen!", schlägt Klara vor, „irgendwohin, ins Ausland, wo uns niemand kennt. Steigen wir doch aus. Ich stelle mir einen einsamen Strand vor, eine Hütte, die Sonne, das Meer."

„Ja, das wäre schön", murmelt Franziskus, „aber Klara, meine Liebste, ich kann nicht."

„Aber warum denn nicht?"

„Weißt du, ich will nämlich Gott dienen."

Theo grinst, Hilde schüttelt entsetzt den Kopf.

„Aber Franz", sagt Klara – jetzt ist Sylvia verärgert und schon ein bisschen verzweifelt –, „das kannst du ja auch mit mir. Du kannst beten, so viel du willst. Ich störe dich nicht. Oder glaubst du, dass Gott etwas dagegen hat, wenn zwei Menschen sich lieben?"

Christof in seiner Rolle als Franz ist hin und hergerissen zwischen seinen Gefühlen. Vielleicht sollte er wirklich mit Klara gemeinsam fliehen und Aussätzige und Wölfe und Menschen in Ruhe lassen.

„Ich folge dir, wohin immer du willst", hört er Klara sagen.

Er spielt mit ihrer Hand, streichelt sie.

„Ich weiß noch nicht, wohin ich will", sagt er schließlich. „Ich will nicht heiraten, Kinder kriegen, ein Leben anfangen wie unsere Eltern. Ich weiß nicht, wie das gehen soll mit uns beiden. Ich kann die Verantwortung für dich nicht tragen. Ich müsste dich erhalten, ernähren. Unsere Kinder auch. Frauen haben keinen Beruf, es gibt noch keine Verhütung, mach dir nichts vor, wir würden Kinder bekommen. Versteh mich nicht falsch, ich liebe dich, aber ich kann so ein Leben nicht führen."

Christof versteht Franziskus nicht: Er selbst sehnt sich nämlich brennend nach einer Familie. Er würde gerne für Frau und Kinder die Verantwortung tragen. Aber etwas tut dabei weh. Jedes Glück führt in eine schreckliche Leere. Jedes irdische Glück ist nur Schein. Er kann nicht erklären, was er meint. Er müsste von seiner Mutter erzählen. Zärtlich streicht er Klara über den Arm. Dann wendet er sich abrupt ab und geht.

„Spinner!", flüstert sie kopfschüttelnd. „Ich kann es einfach nicht glauben!"

Sie ist wütend. Tränen steigen ihr in die Augen. Diese verdammte Rolle hat sie notwendig gehabt. Immer ist sie es, die den Männern nachrennen muss. In ihrem Kopf werden wie in einem Film ihre Männergeschichten abgespult, und es waren immerhin zwei Verheiratete und ein Priester dabei.

Zornig zieht sie sich in die aus Sesseln bestehende Stadt Assisi zurück, setzt sich und starrt auf den Boden.

Marion hat sich in die Nähe von „Assisi" gestellt und beobachtet Sylvia und Christof genau. Sie spürt, dass das Spiel bei Sylvia alte Wunden berührt. Typisch Mann, denkt sie und schaut Sylvia an. Diese erwidert den Blick. Marion lächelt ganz leicht.

„Brauchst du etwas?", fragt sie mit den Augen.

Sylvia schüttelt kaum merklich den Kopf. „Ich komme schon klar", soll das heißen, und Marion nickt. Trotzdem bleibt sie in Sylvias Nähe stehen. Sie würde das Spiel unterbrechen und Sylvia stützen, wenn sie es braucht.

Alle haben die stumme Interaktion zwischen Sylvia und Marion mitverfolgt. Jetzt ist sie abgeschlossen. Es kann weitergehen.

„Helft mir", ruft Theo als der Aussätzige vor dem Leprosenheim außerhalb der Stadt, „gebt mir etwas zu essen, ich habe Hunger!"

Er bettelt. Er versucht die Aufmerksamkeit von Franziskus auf sich zu ziehen. Das Spiel würde ihn sonst langweilen. Obwohl er die sexuelle Verklemmtheit der Kirche verachtet, versteht er Franziskus in seiner Ablehnung Klaras sehr gut. Es hat genug Frauen in seinem Leben gegeben, die ihn verfolgten. Auch er will sich nicht binden. Das verstehen allerdings die wenigsten Frauen.

Theo macht es nichts aus, die Rolle eines Aussätzigen zu spielen, denn Krankheit und Hässlichkeit sind ihm fremd.

Christof als Franziskus blickt auf.

Jetzt wird es ans Eingemachte gehen, befürchtet er, denn es geht um sein Thema. Und er sieht in diesem Aussätzigen seinen Aidspatienten. Wird er Ekel empfinden? Er will sich nicht drücken. Er will sich seinem Ekelgefühl stellen. Er nimmt das Spiel sehr ernst. Was hat es auf sich mit seiner Berufung zum Arzt?

Er hört Theo als Aussätzigen rufen und spürt förmlich den Gestank. Noch wartet er, noch geht er nicht hin.

Hilde, die Bürgerin der Stadt Gubbio, macht sich auf den Weg zum Aussätzigen. "Pfui Teufel, du stinkst!", schreit sie ihn an. „Halt endlich den Mund! Hör auf zu jammern! Jetzt habt ihr eh schon so ein tolles Leprosenheim, das wir Steuerzahler bezahlen, wo ihr euch durchfüttern lasst, und euer Gejammere hört noch immer nicht auf!"

Die anderen lachen, aber das Lachen gefriert ihnen im Mund.

Theo blickt verdutzt auf. Damit hat er nicht gerechnet. Sein Sozialarbeiter-Gewissen erwacht.

„Das ist doch nicht zu glauben!", fährt er auf, aber in diesem Moment spuckt Hilde als Bürgerin vor ihm auf den Boden.

„Das Leprosenheim stinkt!", schimpft sie. „Glaubst du etwa, man hat uns Anrainer gefragt? Und jetzt sitzen angeblich Kranke wie du erst recht auf der Straße herum. Eine Bürgerinitiative werde ich starten. Damit ihr endlich verschwindet."

Hilde dreht sich um und stampft nach „Gubbio" zurück.

Das war ein Auftritt! Alle haben den Atem angehalten, sogar Sylvia schaut überrascht her.

Theo als der Aussätzige stößt wütend mit dem Fuß gegen einen Sessel.

„Arschloch!", brüllt er Hilde nach. Sie droht ihm mit der Faust.

Ihm wird bewusst, dass ihm so etwas noch nie passiert ist. Von Hilde hätte er ein solches Verhalten nicht erwartet. Aber sie hat immer schon gerne Pfeffer ins Spiel gebracht. Damit es nicht langweilig wird, pflegt sie zu sagen. Normalerweise schätzt er das ja an ihr. Dass sie sich nicht scheut, sich in die unsympathischsten Rollen zu versetzen. Warum macht sie das, überlegt er, aber er weiß zugleich, dass er das tut, damit er nicht über die eben erlebte Situation nachdenken muss. Über dieses beschämende Gefühl, sich das gefallen lassen zu müssen, ohne sich wehren zu können. Mit einem Mal versteht er die zornigen, fordernden Randgruppen-Jungs, mit denen er arbeitet, die sich niedersaufen und über den Staat herziehen, der sie erhält, und die dann die FP wählen. Aus dieser beschissenen Ohnmacht heraus. Es ist zum Kotzen!

Und jetzt kommt noch Franziskus daher! Der soll sich bitte schleichen mit seinem kirchlichen Schleim! Er legt keinen Wert auf eine schwammige Begegnung, die vor Mitleid trieft! „Verputz dich!", wird er dem verrückten Heiligen sagen, der ihn als

Sprungbrett zu einer kirchlichen Karriere benutzen will. Er hätte lieber den Wolf spielen sollen und dabei diese Bürgerin zerfleischen, und den Franziskus dazu! Aber Franziskus bleibt in einem Abstand von zwei Metern vor ihm stehen, starrt zu ihm her und hält sich die Nase zu. Theo traut seinen Augen nicht. Immer wieder scheint es Christof leicht zu würgen.

„Was glotzt du denn so?", schreit ihn Theo als der Aussätzige an. „Geh heim zu deinen Eltern! Verwöhnter Depp! Verschwinde endlich, hau ab!"

Christof spürt die Ablehnung, spürt den Hass. Der Aidskranke, dessen Tod wie ein Riss in ihm liegt, ist ganz nahe bei ihm. Die Gespräche über den Sinn. Das hat Christof schon damals zu schaffen gemacht. Ein zitterndes Stück Fleisch, das vor Hass glüht.

„Ich komme, um zu helfen", hätte er gerne gesagt, „ich will dein Leid lindern, ich will mitleiden mit dir", aber er schweigt. So geht das nicht. Der andere nimmt das nicht an. Der andere ist nicht bereit, sein Leiden, das unendlich ist, mit einem Fremden zu teilen.

Christof sieht, wenn er Theo ansieht, das hilflose, unkontrollierbare Zucken seines Patienten vor sich; die Schwellungen am Hals, die trockenen Lippen, rote, offene, entzündete Geschwüre, an den Händen, an den Lidern, um den Mund. Der Geruch. Die Scham.

Und Theo als der Aussätzige sieht, dass Christof als Franziskus zu weinen beginnt. Die Augen haben sich mit Tränen gefüllt. Einige Tropfen rinnen ihm über das Gesicht. Was soll das?, denkt Theo, soll ich ihn jetzt trösten?

Und er zieht sich noch stärker in sich zurück. In Christofs Augen hat Theo den Ekel gelesen. Das tut weh. Die Scham steigt langsam in ihm auf. Es sind alte Gefühle, die sich nun in ihm ausbreiten. Wie er als Kind ein Glas umgeworfen hat, und der rote Himbeersaft ist über seinen Bauch getropft; und alle haben gelacht. Was soll das?, denkt er zugleich, jeder Mensch schüttet in seiner Kindheit unabsichtlich etwas aus.

Trotzdem kann sich Theo jetzt nicht mehr bewegen. Er kann sich nicht mehr wehren. Er kann auf niemanden mehr zugehen. Er fühlt sich gelähmt, wie aus Watte. Er kann nur noch abwarten, was passiert, und starrt Christof an. Der macht immer noch keinen Schritt auf ihn zu oder von ihm weg, sondern schaut ihn nur an. Schweigend. Weinend. Er weint vor Entsetzen. Er weint nicht aus Mitleid. Er weint vor Ekel und Angst.

„Ich will dich nicht sehen", sagt Christof ernst. „Ich will dir nicht begegnen. Ich will dich nicht anrühren. Ich will weit weg von dir sein." Mit deutlicher Stimme fährt er fort. „Du erinnerst mich an meinen eigenen Tod. Aber das ist nicht das Schlimmste. Du erinnerst mich daran, dass auch ich ein ekliges, hilfloses Stück Fleisch bin. Dein Gestank erinnert mich an meinen Menschengestank."

Theo starrt Christof fassungslos an. Dann schließt er die Augen. Er versteht nicht, was vor sich geht. Er ist traurig geworden; die Traurigkeit umgibt ihn wie eine warme, dunkle Nacht.

„Wir sind alle arme Schweine", flüstert er, aber dieser Satz umfasst nicht einmal einen Bruchteil seiner Traurigkeit. Theo hat sich fallen gelassen, er sinkt tief in seine eigene Seele hinab, in einen schwarzen, weichen, moorigen Teich.

Mit einem Mal spürt er, wie Christof oder Franziskus ganz nahe bei ihm ist. Offenbar hat er sich neben ihn hingekniet und beginnt ihn zu streicheln. Er fährt ihm über die Haare, die Schultern, die Brust, den Bauch; er streichelt seine Oberschenkel und Waden. Er streichelt seine Füße und Zehen. Seine Hände sind fest und liebevoll.

Am liebsten hätte Theo zu stöhnen begonnen, weil ihm Christofs Hände unendlich gut tun. Er fühlt, wie sein Penis steif wird. Seltsam, dass er noch nie daran gedacht hat, dass Homosexualität etwas Schönes sein könnte. Aber die Erregung steht nicht im Vordergrund. Noch ist er ja wie aus Watte und wund. Plötzlich fühlt Theo Lippen, die seine Lider berühren, ganz sanft, und dann das Gesicht hinunterwandern, über sein T-Shirt, die Schultern, die Arme, und schließlich drückt sich dieser Mund auf seinen Handrücken.

Franziskus küsst die Hand des Aussätzigen.

Theo ist das nicht unangenehm. Langsam öffnet er die Augen. Er hat gar nicht gewusst, dass ein Mann so zärtlich sein kann. Christof lächelt. Er scheint unsicher zu sein und sich zu schämen.

„Ich danke dir, Fremder", sagt Theo als der Aussätzige mit lauter, klarer Stimme. „Ich danke dir, dass du mir Gutes getan hast."

Der Satz kommt ihm lächerlich vor, aber trotzdem, es stimmt. Er steht auf, drückt Christof noch einmal die Hand, küsst ihn auf die Wange und zieht sich ins Leprosenheim zurück.

Christof bleibt auf seinen Schenkeln hockend zurück. Er hätte jetzt gerne zu spielen aufgehört, so betroffen ist er. Er hat das Gefühl, eine Antwort gefunden zu haben, ohne dass er sie in Worte fassen könnte. Er möchte nachdenken. Irgendwie ist er zufrieden mit sich; er hat nicht geschummelt. Er hat die Abwehr gespürt, den Ekel. Er ist ehrlich gewesen. Und als er zu dem Aussätzigen ging, um ihn zu streicheln, ist es keine Lüge und kein falsches Mitleid gewesen. Theo hätte ihm sonst gewiss einen Tritt in den Hintern versetzt.

„Wie sieht's aus?", hört er von ferne Marions Stimme. „Das Spiel war bis jetzt sehr intensiv. Wollen Sie, dass wir zuerst einmal unterbrechen und reden?"

Einige Augenblicke herrscht Schweigen. Marion ist offenbar selbst nicht sicher, was im Moment das Bessere ist.

„Ich bin dafür, weiterzuspielen", hört Christof Hildes Stimme, „ein so intensives Spiel habe ich schon lange nicht mehr erlebt; es wäre schade aufzuhören. Aufarbeiten können wir später."
Auch Sylvia, die sich wieder in der Hand hat, und Benno sind dafür. Theo kann ohnehin „rasten".
„Also Christof, wie sieht's bei Ihnen aus?"
Er seufzt und nickt. In seinem Beruf ist er ja gewöhnt durchzuhalten.

Er macht sich auf den Weg in die Stadt Gubbio und sieht dabei müde und erschöpft aus. Einmal dreht er sich noch um und schaut nach „Assisi" zurück. Der Leprakranke liegt auf dem Boden ausgestreckt und scheint zu schlafen. Zwischen den Gassen „Assisis" beobachtet ihn Klara.
Sylvia hat inzwischen über ihre Rolle nachgedacht. Die wirkliche Klara folgte ihrem Geliebten, indem sie seine extreme Lebensform annahm. Nur so konnte sie ihm nahe sein. Aber sie konnte niemals mit ihm zusammenleben, nie mit ihm schlafen. Sylvia überlegt, ob sie als „keusche Schwester Klara" mit ihrem Franz mitgehen soll. Es hätte etwas absolut Verrücktes an sich. Die Szene zwischen Franz und dem Aussätzigen hat sie weich gemacht und erneut für ihn eingenommen. Aber dann tut sie es nicht. Sie scheut ihre eigene Verletzlichkeit. Sie will keinen Mann mehr, der sich nicht für sie entscheiden kann.
Franziskus sieht sie noch eine Zeit lang an, fragend und traurig zugleich. Sie hebt die Hand und winkt ihm zu. Er scheint noch zu warten, aber dann wandert er weiter.

Als er in die Nähe von Gubbio kommt, beginnt ein lautes, starkes Wehklagen. Hilde, die Bürgerin, jammert sich ihre Angst und ihr Entsetzen über den Wolf aus dem Leib. Der fletscht die Zähne und springt gegen die Wand.

„Er hat schon die halbe Stadt gefressen", plärrt Hilde, als Franziskus durchs „Stadttor" tritt. Christof als Franziskus bemüht sich, Anteil zu nehmen.

„Nur ruhig, meine liebe Bürgerin von Gubbio." Er schaut salbungsvoll in die Runde, als wäre außer Hilde noch jemand in der Stadt. „Rede doch, was ist denn alles geschehen?" Er spricht beschwichtigend wie mit einem ängstlichen Kind, das sich vor der Dunkelheit fürchtet, und scheint dabei den knurrenden Wolf nicht einmal wahrzunehmen.

„Heiliger Franz, schau halt hin!", stößt Hilde genervt hervor und zeigt auf Benno. „Da treibt der Wolf sein Unwesen!"

Die anderen lachen. Christof bzw. Franziskus scheint nicht ganz orientiert. Benno springt knurrend umher und stößt Flüche und Schimpfwörter aus. Sein Kopf ist hochrot.

„Na gut", sagt Franziskus schließlich, „ich werde zu dem Ungetüm hinausgehen."

Hilde stellt sich auf einen Sessel, der das Dach ihres Hauses darstellt, um zu beobachten, was geschieht.

Benno der Wolf blickt, als Franziskus in sein Gebiet tritt, grimmig und zugleich stark verunsichert zu ihm hin.

„Komm zu mir, Bruder Wolf!", ruft Franziskus. „Du hast den Menschen viel Böses angetan! Aber jetzt komm her, ich muss mit dir reden, damit du dich besserst."

Der Wolf fletscht die Zähne. „Verschwinde!", knurrt er.

Aber Franziskus kommt predigend näher. „Ich fürchte mich nicht, liebster Bruder Wolf, obwohl du viel Böses getan hast, komm nur her zu mir, damit ich dich lossprechen kann. Hör auf, ein Wolf zu sein. Komm, sei sanft wie ein liebes kleines putziges Lamm!"

Das war provokant! Großes Gelächter. Christof benimmt sich wie die Karikatur eines Priesters.

„Ich hab gar nicht gewusst, dass unser Wolf so ein Feigling ist", spottet die Bürgerin vom Dach ihres Hauses herab.

Jetzt wird Benno erst richtig wütend. Er beginnt, die Kontrolle zu verlieren, gleichzeitig steigt das Gefühl einer lähmenden, verzweifelten Ohnmacht in ihm auf.

„Hau ab", schreit er in Richtung Franziskus, „du schleimiges Arschloch, hau endlich ab!" „Blöde Kuh!", brüllt er in Richtung Hilde. „Drecksau, Trampel, Arschloch!"

Es wird fast peinlich. Es ist, als wäre eine sonst fest verschlossene Kammer seiner Seele aufgeplatzt.

„Trampel, Sau, Arschlöcher, Affen!"

Bennos Halsschlagader pocht. Seine Augen sind glasig und stumpf. Er wird heiser. Er gerät vollkommen außer sich.

Dann aber tritt Marion nahe an ihn heran und berührt ihn an der Schulter.

„Benno!", sagt sie, „Sie befinden sich in einem Spiel."

Benno stockt, zuckt zusammen. Er saugt bewusst einige Male Luft ein und atmet sie konzentriert wieder aus.

„Scheiße", sagt er leise, „es ist immer dasselbe mit mir."

Marion mustert ihn aufmerksam. „Was ist immer dasselbe?"

Benno schüttelt den Kopf. Es ist ihm peinlich.

„Ich möchte gerne das Spiel zu Ende bringen", sagt er.

Marion ist unbehaglich zu Mute. Diese seltsame Mischung aus Offenheit und zugleich Verschlossenheit in der Gruppe macht ihr zu schaffen. Während des Spielens springen die Einzelnen, fast ohne sich zu schützen, mitten in die verwundbarsten Teile der Seele. Wenn es aber dann darum geht, sich diesen alten Wunden zu stellen, folgt der Rückzug. Ist das die Norm dieser Gruppe? Widerstand, sobald ein Einzelner im Zentrum steht? Vertraut einer dem anderen doch nicht genug?

In diesem Moment kommt Christof Benno zu Hilfe, indem er einfach weiterspielt. Marion gibt nach und tritt zur Seite.

„Bruder Wolf", sagt Franziskus, „ich habe gehört, dass du viel Schaden unter den Menschen angerichtet hast. Wenn du willst, kann ich zwischen dir und der Stadt Frieden herstellen. Die Bewohner sind in großer Angst."

Benno sieht Christof nachdenklich an.

„Wie könnte der Friede aussehen?", fragt er, und Christof als Franziskus erklärt, dass ihm alle Missetaten nachgelassen und verziehen werden würden.

„Du musst nur versprechen, lieber Wolf, dass du niemandem mehr etwas zu Leide tun wirst. Dafür verpflichten sich die Einwohner, dir jeden Tag etwas zu essen zu geben."

Franziskus winkt die Bürgerin her. Hilde nickt, ohne wirklich überzeugt zu sein, denn sie will keine neuen Komplikationen. Weder für Benno noch für sich selbst.

„Ich danke dir, Bruder Franz", sagt Benno ruhig. Er hat sich wieder vollständig unter Kontrolle. „Ich kann dein Angebot leider nicht annehmen", fährt er fort, „du wirst es verstehen. Ich bin nun einmal ein Wolf und kein Schaf. Die Bewohner von Gubbio werden sich weiter fürchten müssen."

Christof grinst. Theo klatscht. Das Spiel hat ein stimmiges Ende gefunden. Und die Gruppe baut die „Bühne" ab und setzt sich in den Kreis.

Mit der Besprechung und Aufarbeitung des Spiels vergeht der ganze Vormittag bis zur Mittagspause. Entgegen Marions Befürchtungen ist die Atmosphäre offen und angenehm.

Sylvia erzählt von ihren verkorksten Affären mit Männern. Christof berichtet von seinem Aidspatienten und von den Zweifeln und Fragen bezüglich seines Berufs. Marion ist aber auch, was die Gruppenebene betrifft, mit dem Umgang zufrieden. Christof teilt Sylvia mit, dass sie ihm sehr gut gefällt und dass er sie als Franziskus gerne geheiratet hätte. Theo sagt Christof, wie angenehm und schön es für ihn war, von ihm gestreichelt zu werden. Nur Benno tut sich weiterhin schwer, über seine Aggressivität zu reden. Es kommt Marion so vor, als würde er eine Geschichte aus seiner Kindheit als Abwehr verwenden, um sich seiner Scham über den Wutausbruch nicht stellen zu müssen. Hilde war während des Spiels am wenigsten involviert. Obwohl sie viel spricht, weiß Marion von ihr noch sehr wenig.

Aber wie dem auch sei: Als Gruppenleiterin nimmt sie genug Themen wahr, an denen man weiterarbeiten kann.

Marion zieht sich in ihr Zimmer zurück und streckt sich genüsslich auf ihrem Bett aus. Schon ganz zu Beginn hatte sie der Gruppe mitgeteilt, dass sie die Pausen alleine verbringen will, damit sie sich vorbereiten und auch wirklich abschalten kann. Nun sollte sie sich überlegen, wie sie am sinnvollsten weiter vorgehen kann. Vermutlich wird sie die übliche Psychodrama-Frage stellen: Wer möchte spielen? Das bedeutet: Wer möchte eines seiner Probleme oder Themen in Form eines sogenannten Protagonistenspiels bearbeiten? Das ist das eigentliche therapeutische Instrument des klassischen Psychodramas, in dem ein Einzelner im Mittelpunkt steht.

Aber zuerst entspannt sich Marion, indem sie mit autogenem Training beginnt: Ruhebild, Schwere, Wärme, Atmung, das Sonnengeflecht, der Puls und die Kühle der Stirn. Am liebsten ist ihr der Augenblick, in dem ihr Bauch „strömend warm" wird, ihr Sonnengeflecht, ihr Zentrum, aus dem sie in ihrer Vorstellung Energie schöpfen kann. Fast immer gelingt es ihr, unruhige Gedanken, Herzklopfen oder emotionales Fieber in ihr Ruhebild, einen leuchtenden Abendhimmel, aufzulösen.

Danach ist sie erholt und fährt in Richtung Orvieto, um in einer Trattoria zu essen.

Als sie zurückkommt, läuft ihr Hilde entgegen.

„Entschuldigen Sie, dass wir Sie während der Pause stören. Wir möchten Ihnen etwas zeigen. Vielleicht wissen Sie ja Bescheid."

Christof tritt verlegen und gleichzeitig aufgeregt hinzu. Marion folgt den beiden in den Garten, wo die anderen sitzen.

„Wir sind schon bei den Vermietern gewesen", fährt Hilde fort, „aber es war leider niemand oben. Wahrscheinlich hat das Ganze gar nichts zu bedeuten. Sie erinnern sich doch auch, wie es am Anfang der ersten Einheit unten, in der Küche, ziemlich gerumpelt hat."

Marion nickt. „Was ist denn passiert?", fragt sie vorsichtig und fühlt sich ein bisschen wie die Mutter, die zu ihren Geißlein heimgekehrt ist.

Als sie mit ihnen die Küche betritt, zwingt die Dunkelheit alle, still zu stehen, damit sich die Augen umstellen können. Christof öffnet zuerst die Tür in den Gang, danach die zum Verlies. Dann erst knipst er das Licht an, und in diesem Augenblick sieht Marion, dass der Fußboden über und über mit Sonnenblumenblüten bestreut ist. Sofort fällt ihr der alte Mann ein. Sie ist sicher, dass er etwas damit zu tun hat. Aber sie versteht nicht, was sie hier sieht.

„Das ist noch nicht alles", sagt Benno, „es war jemand hier, der das Gitter über diesem Schacht aufgemacht hat. Es ist noch immer verschoben. Das muss der Krach in der Früh gewesen sein."

Rund um das Eisengitter sind mehrere kunstvoll gelegte Ringe aus Sonnenblumenköpfen zu sehen.

„Eigentlich könnte man ja vermuten, dass die Vermieter hier waren, um etwas herzurichten oder zu holen. Aber wozu dann die Blüten?", überlegt Sylvia besorgt. „Außerdem würden die uns wohl Bescheid sagen, wenn sie etwas erledigen müssen." Sie lehnt in einem Badeanzug, ein buntes Tuch um die Hüften gewickelt, an der Tür und streicht sich die Haare hinter die Ohren.

„Wir werden die Vermieter fragen", schlägt Hilde vor, „sonst fantasieren wir herum, was zwar sehr spannend sein mag, aber nicht zielführend, weil es, wie ich mir denke, eine ganz einfache Erklärung für alles gibt."

„Eine ganz einfache Erklärung für Sonnenblumen, die in einem Muster angeordnet sind?", zweifelt Sylvia.

„Vielleicht haben Erwachsene gearbeitet", lächelt Christof, „und ein Kind war mit und hat inzwischen gespielt." Er erinnert sich an eine Geschichte von Ilse Aichinger, die er in der Schule lesen musste. „Fenster-Theater" hieß sie, und eine vereinsamte alte Frau hatte das merkwürdige Verhalten eines alten Mannes, der ihr gegenüber wohnte, missverstanden und völlig falsch interpretiert.

„Macht doch kein Theater! Es ist ja nichts passiert", wirft Theo ein. „Wahrscheinlich war es wirklich ein Arbeiter, der sich einen Spaß erlaubt hat. Oder, Sylvia, glaubst du, dass es spukt?"

„Also mich beunruhigt so etwas", deponiert Sylvia noch einmal, obgleich ihr das ohnehin jeder ansehen kann.

Marion hat immer noch kein Wort gesagt. Die nervöse Stimmung hat sie angesteckt. Sie versucht innerlich Abstand zu gewinnen und „in die Höhe" zu gehen, sozusagen als Kormoran über das Meer. Von dort sieht sie auch nicht mehr, als sie bereits dachte, nämlich das leuchtende Sonnenblumenfeld von heute Morgen und den knorrigen alten Mann.

„Maria", fragt der Mann ruhig, „liegst du gut? Bist du glücklich, dass ich dich aus der Dunkelheit des Turmes befreit habe? Habe ich dich so gebettet, wie du es gern hast? Du bist immer auf drei Polstern im Bett gelegen, immer mit dem Tuch um den Kopf und der warmen wollenen Jacke. Sogar im Sommer."

Er lächelt. Er schüttelt den Kopf. Er atmet tief durch die Nase, als könnte er sie riechen.

„Ja, das ist lange her. Ich habe jetzt den Roten, du weißt schon, Maria, den Rubesco aus unserem Weinberg im Keller. Er reift, Maria, er reift. Er trägt die Kraft der Sonnenblumen in sich. Alle haben sie gelacht, damals, über diesen Weingarten. Kein goldener Orvieto, sage ich dir, der innerlich leer ist. Ein ganz neuer. Er sollte ausgereift sein, bevor ich zu euch komme. Ich bringe diesen Wein mit. Die Sonnenblumen werden nicht blühen, wenn es so weit ist, fürchte ich. Einen Sack Kerne lasse ich für die Vögel zurück.

Der Winter wird streng werden dieses Jahr. Es wird schwer sein, den Frost aufzubrechen. Die Schwalben ziehen ja fort. Weit, in den Himmel hinaus. Sie sind die Boten der Mutter Gottes, Maria, du hast ihren Namen getragen. Sie ist so schön ... "

Es ist Abend. Die Dunkelheit steigt vom Boden herauf, während der Himmel rosa leuchtet. Die Schwalben sirren in der Dämmerung. In den Bäumen flimmert das Zwitschern Hunderter Vögel. Die Grabsteine leuchten. Ruhig stehen die Schüsseln mit Blumen auf den hellen Grabplatten.

Benno starrt in die Dunkelheit, die Arme unter dem Nacken verschränkt. Es ist heiß, und er kann nicht schlafen. Im Nebenzimmer hört er Christof schnarchen. Das beruhigt ihn. Sonst ist es still.

Im Rückblick erscheint ihm der Tag unendlich lang. Es ist ihm, als wäre er bereits eine Woche lang hier. Hat er wirklich erst heute Vormittag den Wolf von Gubbio gespielt? Er konnte diese Rolle, die ihm die anderen zugeteilt hatten, nicht leiden. Warum hetzen sie ihn immer in seine Schwachstellen hinein? Irgendwo hat er einen bösartigen Punkt, von dem sein Leben ausgeht wie von einer geheimen, rätselhaften Quelle.

Er ärgert sich, wenn er in diesen metaphysischen Verzweigungen denkt. Bösartiger Punkt, rätselhafte Quelle? Mit Philosophie hat er sich vor einigen Jahren intensiv beschäftigt, weil er im Bekanntenkreis seiner mittlerweile von ihm geschiedenen

Frau nicht dumm oder ungebildet dastehen wollte. Das ist lange her. Der Ursprung der Existenz, das Seiende, die Geworfenheit des Seins, Heidegger oder wie der Philosoph nun hieß, der angeblich ein Nazi gewesen sein soll. Eigentlich liegt ihm das Reale, Erfahrbare, Greifbare mehr. Was heißt da „eigentlich", Heidegger würde sich bei dem Gebrauch dieses Wortes im Grab umdrehen. Das hat sein Philosophieprofessor im Gymnasium immer gesagt. Benno schmunzelt bei dem Gedanken. Nein, nein, das philosophische Denken würde ihm schon liegen. Schade, dass er in seinem Leben so wenig daraus gemacht hat.

Ausgerechnet Krankenpfleger ist er geworden! Also das passt realiter nicht zu ihm. Dabei hat er doch die Matura gemacht! Er weiß gar nicht mehr, wie er auf diesen Beruf kommen konnte. Seine Großmutter und Mutter haben es aber gerne gesehen. „Er ist ja so ein lieber Bub, so weich, so herzensgut, das ist bestimmt das Richtige für ihn." Die wollten ihn auch noch für ihre Alterskrankheiten benutzen! Seine Großmutter war eine dicke, irgendwie unsaubere Frau. Er denkt nicht gerne an sie zurück. Er hat auch keinen Tag gerne als Pfleger gearbeitet. Nicht dass es ihm gegraust hat wie dem Franziskus. Aber er fand keinen Bezug zu diesem Beruf. Keine Verbindung, keinen Faden, eigentlich – schon wieder eigentlich – keinen Sinn. Aber diesmal stimmt „eigentlich".

Irgendwie verständlich, dass die anderen in der Gruppe beim Spiel mit dem Aussätzigen gar nicht daran dachten, dass ja er eigentlich der Krankenpfleger von Beruf ist. Er hat ja nicht einmal selbst daran gedacht, nicht einmal bei der Nachbesprechung des Spiels. Immerhin ist er schon bald in die Verwaltung umgestiegen. Das kann er. Das liegt ihm. Buchhaltung, Organisieren, Karteien, EDV. Das ist etwas Konkretes. Da weiß man, was man tut, auch wenn es ein undankbares Geschäft ist.

Wie Signor Marcelli, der Besitzer, der gemeinsam mit seiner

Cousine Giovanna den Ferienturm vermietet, so möchte er eigentlich sein. Eigentlich? So gebildet, so weltgewandt ... Sie haben am Abend oben im Haupthaus mit ihm gesprochen, um die Sache mit den Sonnenblumen zu klären.

Benno weiß immer noch nicht, was er davon halten soll, und geht den Inhalt des Gespräches noch einmal durch.

Marcelli hat niemanden in den „Torre" geschickt, um etwas zu holen oder zu reparieren. Wahrscheinlich hat wirklich Pietro Bernardo, der Nachbar, den Marion am Morgen gesehen hatte, die Sonnenblumenblüten ausgestreut. Früher hat er mit Marcellis Einverständnis Geräte im halb verfallenen Torre untergestellt. Der Turm wurde erst vor zwei Jahren renoviert.

„Der Mann hat sich schon als Kind im Turm versteckt, wenn er Angst hatte", erinnerte sich Marcelli. „Ein eigenwilliger Mensch, aber er kann keiner Fliege etwas zu Leide tun. Von klein auf hat er auf dem Gut meines Vater gearbeitet. Er hat erst sehr spät den Hof seines Onkels geerbt. Dort wohnt er nun und pflegt die Weingärten und Sonnenblumenfelder. Zusätzlich arbeitet er als Friedhofsgärtner in Prodo. Sie müssen seinetwegen nicht besorgt sein ..." Marcelli lächelte versonnen. „Er ist ein harmloser Spinner. Seit ein paar Jahren plagt er sich, einen bestimmten Rotwein herzustellen; aus einer Rebsorte, die für unsere Gegend nicht typisch ist. Giovanna, hast du nicht erzählt", fügte er hinzu, „dass er ziemlich krank ist? Hat er nicht Krebs?"

Pietro weiß, dass er den Turm nicht betreten darf, wenn Gäste da sind. Marcelli hat versprochen, ihm das noch einmal eindringlich zu sagen.

Benno dreht sich auf die Seite. Und dieser Mann hat uns so einen Schrecken eingejagt, dass der Nachmittag zugleich zäh und unruhig verlief. Wie unter Bienengebrumm. Als würde sich eine Schulklasse vor dem Krampus fürchten! Benno lächelt, als er an Marions Hilflosigkeit denkt. Immer wieder freut es ihn, wenn andere ohnmächtig sind.

Wenn er nur endlich einschlafen könnte. Ein leeres, fremdes Gefühl hält ihn wach, stundenlang, auch zu Hause. Alles belastet ihn und wird ihm gleichzeitig egal, die Ausbildung, die Arbeit, die Kollegen. Wirkliche Freunde hat er ohnehin kaum. Er ruft nicht an. Er wartet, bis seine Freundschaften vertrocknen.

In diesem Moment erstickt ihn der Schmerz darüber, dass er kein Kind hat, keinen Sohn. Keine Familie. Er fühlt sich einsam.

Vielleicht wird er auch ein verrückter alter Mann wie dieser Pietro ...

Der Alte hat Krebs. Wenn erst einmal alles vorbei ist und dem Ende entgegengeht, wird es ruhig und weit sein, denkt Benno. Er ist 38 Jahre alt. Er macht eine Therapie-Ausbildung, weil er nach seiner Scheidung ein neues Leben beginnen will. Mit einem neuen Beruf.

# Dritter Tag

Wieder wacht Marion vom Lärmen der Vögel auf. Diesmal ist es aber kein langsames Anschwellen des Klanges, das sie allmählich aus der Tiefe des Schlafes in den Wachzustand hebt, sondern sie schreckt hoch. Sie fühlt sich wie aus dem Bett gekippt.

Hat sie sich etwa von der Hysterie der Gruppe anstecken lassen?

Pietro, der Mann mit den Sonnenblumen, geht ihr nicht aus dem Kopf. Ob er ein Psychopath ist? Plötzlich glaubt sie, draußen ein Kratzen oder Schaben zu hören. Es ist noch nicht einmal fünf. Sie lehnt sich aus dem Fenster, um nachzusehen, aber da ist nichts. Die Luft ist kühl und klar und schwingt vom Singen der Vögel. Im Ein- und Ausatmen die Flügel heben und senken, in den Himmel steigen als Teil der sirrenden, wispernden, klingenden Luft, dann, wenn man noch höher fliegt, als weiter, einsamer Ton. Marion träumt, fantasiert. Sie denkt an den Flug eines Adlers, der über den Singvögeln kreist. An der Unterseite seiner weit ausgespannten Flügel spürt er bereits die Klarheit des aufgehenden Lichtes, das er braucht, um zu jagen.

Ist Pietro wirklich so harmlos, wie Marcelli behauptet?

Adlerjunge hacken auf schwächere Geschwister ein, bis diese tot sind. Wozu kommt ein solches Geschöpf auf die Welt? Es wird den stolzen Jagdflug niemals erleben. Hilflos kauert es im Nest und duckt sich vor den Schnäbeln, die es zerfetzen, bis es vor Schwäche oder an den Verletzungen stirbt.

Es gibt nichts Harmloses in der Natur.
Marion spürt die Angst in den Innenflächen ihrer Hände. Wie so oft in solchen Augenblicken möchte sie Elvira beschützen. Immer noch. Das weiche Kindergesicht, das sich in die Senke über ihrem Schlüsselbein schmiegt.
Rilkes berühmtes Gedicht vom Panther, der hinter Gitterstäben gefangen ist, fällt ihr jetzt ein. Sie liebt Gedichte und hat viele von ihnen so oft gelesen, dass sie sie auswendig kann. „Ein Tanz von Kraft um eine Mitte", flüstert sie und spürt, dass das eigene Leben einen solchen Tanz darstellen sollte. Gleichzeitig weiß sie, dass auch ihr Leben von Fesseln behindert ist.
Müd gewordene Blicke, Gitterstäbe, Betäubung.
Was hindert uns denn daran, fragt sie sich, frei und furchtlos zu leben? Was heißt Leben für mich? Für andere? Und was bedeutet es, am eigenen Leben vorbeizugehen? Es zu verweigern?
Vor einem Jahr ist Lena, eine Freundin aus ihrer Schulzeit, gestorben. An Krebs. Marion hat noch die verzweifelte Stimme von Lenas Mutter im Ohr: „Warum sie? Warum? Sie hat doch so ein harmloses Leben gelebt!"
Langsam tritt Marion vom Fenster zurück.

„Warum ist es uns so wichtig, dass der alte Mann harmlos ist?", fragt Marion. „Was heißt Harmlosigkeit? Wie harmlos oder wie gefährlich wollen wir eigentlich sein?"
Sylvia erzählt von der Beunruhigung, die Pietro Bernardo in ihr ausgelöst hat. Von ihrer schrecklichen Angst vor allem Verrückten. Sie wirkt noch immer nervös.
Christof schaut sie aus den Augenwinkeln an.
Während der Nacht ist er lange schlaflos dagelegen und hat sich Sylvia vorgestellt. Über jedes Wort, über jedes Lächeln, über ihren Mund, ihre Augen, ihren Körper hat er nachgedacht. Wie sie ihn im Spiel Spinner genannt hat! Wie sie ge-

weint hat! Wie sie ihm dennoch zugewinkt hat, als er als Franziskus nach „Gubbio" ging! Hat er sie in diesem dummen Spiel verletzt? Gerade er, der sich nichts sehnlicher wünscht, als mit ihr zusammen zu sein. Was denkt er da? Mit ihr? Mit Sylvia? Christof erschrickt. Seit wann denn? Er kennt sie doch schon so lange.

Christof ist darauf bedacht, niemanden merken zu lassen, was in ihm vorgeht. Er tut so, als sei er nur auf sich selbst konzentriert, obwohl er jedes Wort und jede Geste Sylvias in sich aufsaugt.

„Über mich weiß ich, dass ich keineswegs harmlos bin", hört er Benno sagen. Die anderen lachen ein wenig, aber Benno lässt sich nicht beirren. Er verschränkt die Arme über seinem Bauch und erzählt von seinen Aggressionen. Ohne zu beschönigen, redet er über sich. Zuerst beschreibt er das Bild von Orvieto, die auf dem Bauch liegende nackte Frau, der ein Mann mit dem Fuß das Gesicht auf den Boden drückt.

„So was erregt mich. Es erregt mich, wenn ich in meiner Fantasie anderen körperlichen Schmerz zufügen kann."

Der Benno outet sich, liegt Theo auf den Lippen, aber er schweigt. Er würde gerne lachen, aber er kann nicht. Dass gerade Benno, der immer auf seine Wirkung auf die anderen und besonders auf die Leiterin bedacht ist, so ehrlich und offen über so etwas spricht, rührt ihn an.

„Was du sagst, finde ich schrecklich", sagt Sylvia mit heiserer Stimme. „Ich will von niemandem verletzt oder bedroht werden. Niemand soll stolz auf seine Gefährlichkeit sein. Mir sind freundliche, harmlose Leute lieber."

„You are the master of angst, are you", wirft Theo bissig ein. Er ärgert sich über Sylvias Ängstlichkeit. „Das Unbewusste ist eine Sau", fügt er hinzu, „wenn du nur harmlos sein willst, kommt die Sau von hinten herum."

Marion lächelt über dieses Bild.

Ihr fällt das Märchen vom tapferen Schneiderlein ein: Der kleine Schneider hat das gefährliche Schwein, das „mit schäumendem Munde und wetzenden Zähnen" durch den Wald lief, in eine Kapelle gesperrt. Aber er ist bei seinen Abenteuern nicht wirklich gereift. Er hat sich den Monstern nicht wirklich gestellt, sondern sie immer nur ausgetrickst. Er ist der dumme Schneider geblieben, auch wenn er äußerlich ein König geworden ist.

Es gibt viele Wege, um sich vor der Begegnung mit den eigenen dunklen Seiten zu schützen. Manche bleiben distanziert zu sich selbst und errichten eine Mauer zu ihren Monstern. Andere flüchten. Einige werfen sich in Scheinkämpfe auf unwichtigen Schauplätzen. Die tapferen Schneiderlein händeln ihr Leben, aber sie betrügen sich selbst.

„Ich halte es für gefährlicher", fährt Theo fort, „dass wir alle vor lauter Harmlosigkeit am eigenen Leben vorbei leben. Das ist meine Angst! Oder dass ein Schmetterling einen Wettersturz auslösen kann, aber auch eine Revolution. Vernünftige Menschen verwandeln sich plötzlich in Monster! Das ist nicht nur unter Hitler passiert! Waren wir gestern nicht alle fünf ein wenig verrückt? Wegen ein paar Sonnenblumen verlieren Erwachsene fast den Verstand und fürchten sich vor einem alten Mann."

Sylvia unterbricht ihn. Sie lässt den „master of angst" von vorhin nicht auf sich sitzen. Sie besteht darauf, dass die Beunruhigung angebracht war.

„Du nimmst mich nicht ernst", schimpft sie zornig.

Aber Theo ist genervt.

„Und", sagt er plötzlich, „was ist, wenn ich auch nicht harmlos bin, sondern ehrlich, und zu Hilde sage: Ich will jetzt auf der Stelle ficken mit dir. Na, Hilde, wir wär's mit uns zwei?"

„Spinnst du jetzt total?", sagt Sylvia, während Hilde Theo fassungslos anstarrt. Es dauert ein paar Momente, bis sie sich wieder in der Hand hat.

„Also ich wünsche mir von meinen potentiellen Liebhabern ein werbenderes Verhalten", versucht sie die Situation mit einem Scherz zu überspielen.

„Und ich will ficken mit dir", beharrt Theo und schaut sie herausfordernd an.

Plötzlich klopft ihm das Herz bis zum Hals. Er spürt, wie sehr er Hilde begehrt. Er möchte, dass ihr Körper in seinen Armen weich wird vor Lust, dass sie vor Lust zu weinen beginnt, dass ihre Augen jedes Bild außer dem seinen verlieren. Dass sie an seinem Schwanz tanzt wie um das Zentrum des Seins.

Er möchte irgendetwas sagen, um von sich abzulenken, aber es fällt ihm nichts ein.

Hilde fühlt, dass ihr Körper steif und wie gepanzert geworden ist. Das Begehren steigt wie ein schmales Rinnsal in ihr hoch. Ihre ganze Kindheit hindurch ist sie der tüchtige, kleine Sonnenschein für ihren Vater gewesen. Verlässlich, fleißig, freundlich, lieb. Sie wagt es kaum, sich vorzustellen, wie es wäre, mit Theo zu schlafen. Sie hat sich über Seitensprünge nie Gedanken gemacht. Das ist nie ein Thema gewesen. Ob Gerald ihr treu ist?

Marion merkt, dass ihre Schamlippen sich leicht kräuseln. Es knistert, aber das Thema der Gruppe ist nicht Bedrohung und Aggression, sondern Liebe und Sex.

Niemand spricht. Theo und Hilde sind in Nachdenklichkeit versunken, auch Christof starrt gebannt auf seine Zehen, die sich in breiten Sandalen spreizen. Sylvia spielt mit ihren Lippen.

Nur Bennos Augen sind offen und klar. Er lächelt Marion an. Nur Mut, scheinen seine Augen zu sagen. Man muss sich dem Leben stellen. Marion ist ihm dankbar dafür.

„Ich denke", beginnt sie, „dass es jetzt gut wäre, wenn Sie

aus dem Denken und Reden heraus auf eine andere Ebene kommen würden."

Hilde beobachtet misstrauisch, wie sie aufsteht. Jetzt spielen? Einen Ehebruch vielleicht?

„Ich lade Sie zu einem Tanz ein." Marion lächelt und legt eine CD in den Recorder. „Während ihr die Musik hört, spürt in euch hinein. Achtet auf euch, während ihr euch bewegt. Drückt eure Gefühle mit dem Tanz aus …"

Sie ist mit ihrer Idee zufrieden. Tanzen ermöglicht es, Sexualität zu ritualisieren. Dieser Rahmen bietet Platz für Körperlichkeit und Begegnung, aber auch für Verweigerung, Rückzug und Schutz.

Ihr selbst fällt es schwer, ruhig sitzen zu bleiben, als „Oumma Aularesso" ertönt. Brennende Stimmen legen sich über schnelle, stolpernde Trommelschläge, und vor Marions inneren Augen taucht das Bild eines tanzenden Schwarzen auf, der sich mit Leichtigkeit, Ausgelassenheit und Wildheit bewegt.

Schmunzelnd sieht sie der Gruppe zu.

Benno ist völlig steif. Christof schüttelt im Stehen die Hände. Auch Hilde ist unsicher und wippt vorsichtig in ihren Knien, während Theo in ihrer Nähe steht und sie anstarrt.

Sylvia lässt als Einzige von Anfang an den Rhythmus ungehemmt durch ihren Körper fließen. Sie tanzt mit geschlossenen Augen. Ihre Arme formen Schlangen, die die Konturen ihres Körpers nachzeichnen. Benno und Christof bewegen sich zögernd hinter ihr her, aber Sylvia verweigert jeden Kontakt.

Theo beginnt Hildes Bewegungen zu spiegeln, oder spiegelt sie ihn? Ihre Blicke verhaken sich ineinander. Sie fangen an, sich zu berühren, zuerst an den Händen, vorsichtig noch, aber schließlich tanzen sie dicht aneinandergelehnt, Rücken an Rücken, Arm an Arm, Hüfte an Hüfte, Bauch an Bauch.

Marion schaut ihnen fasziniert zu. Die beiden drücken ihre sexuellen Wünsche mit einer eigenartigen Ernsthaftigkeit aus. Sie nehmen nichts zurück, verbergen nichts, sie machen keine Späße, albern nicht herum.

Plötzlich ein dumpfes Geräusch. Benno und Christof rempeln sich an, stoßen mit den Schultern gegeneinander.

Marion hat nicht gesehen, von wem die Aggression ausging. Sylvia wendet sich nicht um. Sie reagiert nicht auf den Kampf, der sich doch um sie dreht. Immer noch zieht sie den beiden wie ein Rattenfänger voran. Marion beobachtet, dass Christof Sylvia zu folgen versucht. Benno hindert ihn daran. Er greift Christof an, aber er kämpft nicht gegen Christof, sondern um ihn. Er will den Freund nicht verlieren.

Ungestüm dreht sich Christof zu Benno hin.

„Hau ab!", brüllt er. „Lass mich endlich in Ruh!"

Benno erschrickt und weicht zurück. Er kann sich an keine einzige Situation erinnern, in der Christof so massiv abweisend und wütend war.

Sylvia ist wie erstarrt stehen geblieben. Aber auch jetzt dreht sie sich nicht um.

Christof tritt von hinten an sie heran, ganz nah. Ihr Herz klopft bis zum Hals. Sie spürt eine ungeheure Erregung. Sie fühlt Christofs Lippen an ihrem Ohr.

„Ich liebe dich so, dass ich fast verrückt werde", dringt seine Stimme in ihre Ohrmuschel, aber so leise, dass nur sie hört, was er sagt.

Benno ist wütend auf Christof. Er tritt gegen einen Baumstamm. Die ganze Gruppe kann ihm gestohlen bleiben.

Kein einziges Wort hat Christof gesagt; nichts, obwohl Benno ihm gesagt hat, wie verletzt und gekränkt er ist. Offenbar ist ihm das egal. Na dann. So sieht es also aus mit den Freunden um dich herum! Benno verspottet sich selbst und fühlt den Hass und die Bitterkeit in sich wie einen eisigen Grund, auf dem er Schlittschuh fährt. Er dreht Pirouetten! Er hat geglaubt, Christof wäre sein Freund. Ausgerutscht ist er, eine armselige Gestalt ist er eben, zu naiv für die Welt.

Benno wischt sich die Schweißperlen von der Stirn. So weit ist es gekommen, dass er spazieren geht, obwohl er es eigentlich hasst, spazieren zu gehen. Er tritt aus dem Waldstück heraus und sieht das Sonnenblumenfeld vor sich liegen, das von den steilen Weingärten umschlossen wird. Am oberen Rand steht das Bauernhaus des verrückten Pietro Bernardo. Ein alter, verrückter, einsamer Mann. Das ist auch Bennos Zukunftsvision.

Jetzt dreht er noch seine Pirouetten. Eislaufen war der einzige Sport, den er als Kind gelernt hat. Der kleine, schüchterne Bub dreht Pirouetten, weil seine Mutter das Eislaufen liebt. Schi fahren hat er nicht gelernt. Fußball spielen hat er nicht dürfen. Eishockey auch nicht. Aber an der Hand der Mutter fliegt er über das Eis, und die größeren Buben verspotten ihn. Dabei liebt er das Gleiten, das Klirren, Kratzen und Schaben, wenn der Schlittschuh durch die Eisfläche schneidet. Auch die Kälte, die vom Boden aufsteigt. Die Spuren und Muster. Den Wind, der sich kalt ins Gesicht brennt. Die Starre und Taubheit der Finger, bis plötzlich die Haut langsam reißt und das Blut in die tausend feinen Rillen und Falten des Handrückens rinnt, ein rotes, zartes Geäst: Hast du vergessen, kleiner Benno, dass du lebst?

Benno fröstelt es trotz der Hitze. Er steigt den Weinberg hinauf. Mühsam setzt er kurze Schritte zwischen den Stöcken, deren Trauben noch winzig, pelzig und grün sind. Aus diesen Trauben entsteht also der seltsame Sonnenblumenwein, den Signor Marcelli erwähnt hat? Benno tropft vor Anstrengung der Schweiß übers Gesicht. Mit einem Mal denkt er an seine geschiedene Frau. Er hat drei Jahre nichts mehr von ihr gehört.

Ist diese Frau wirklich einmal Teil seines Lebens gewesen? Hat Sonntag Mittag einen Schweinsbraten gekocht, mit viel Knoblauch, der die ganze Wohnung mit seinem warmen Geruch erfüllt hat? Er spürt den Schmerz in seiner Brust ziehen.

„Ist mir jetzt vielleicht um den Schweinsbraten leid?", ätzt er. „Wollte ich nicht ein neues Leben beginnen?"

Frustrationen, lieber Herr Wörter, gehören zum Leben.

Er steigt bis zur Hügelkuppe hinauf, wo das Bauernhaus steht.

Plötzlich hat er Lust, mit dem komischen Alten zu sprechen. Ich werde ihm danken, dass er uns erschreckt hat, überlegt er und wünscht sich, Pietro hätte etwas Schlimmeres angestellt. „Grazie", werde ich zu ihm sagen, „grazie per ...", aber da fällt ihm schon nicht ein, was „erschrecken" auf Italienisch heißt. Plötzlich muss er über sich selbst lachen. Der Spaziergang und die Selbstgespräche tun ihm gut. Er tritt durch ein geöffnetes Tor in den Hof hinein, der halb im Schatten liegt, während die andere Hälfte in helles Frühnachmittagslicht getaucht ist.

„Hallo!", ruft Benno, aber im selben Augenblick hält er erstaunt inne. Auf dem steinigen Boden sind Sonnenblumenteppiche ausgelegt. Kreise aus Sonnenblumenköpfen, dicht ineinandergeschlungen, tiefbraune Krater wie Waben mit leuchtenden Haaren. Kunstvolle Decken.

Benno hat keine Ahnung, wozu sie gut sind.

Er beginnt sie zu zählen: Sieben Blütenteppiche liegen vor ihm, oval und rund. Die Blütenköpfe sind feucht, als hätte sie jemand vor kurzem mit Wasser besprizt. Hat Marcelli nicht erwähnt, dass der Alte Friedhofsgärtner in einem nahen Dorf ist?

Aber warum hat er Blüten im Turm ausgestreut?

„Hallo! Buon giorno!", ruft er. „Ist jemand da?" Plötzlich schämt er sich und kommt sich wie ein Eindringling vor.

Im Weggehen berührt er eine der Sonnenblumen mit der

Hand und streicht ihr zärtlich über das dunkle, hart gepolsterte Gesicht. Flechten nicht auch Mädchen Kränze aus Blumen? Niemand würde sie deshalb für verrückt halten.

Für die Nachmittagssitzung hat sich Christof entschuldigt. „Sie brauchen sich keine Sorgen zu machen", beruhigt Marion die anderen. „Es ist ihm wichtig, dass ich Ihnen das sage. Er braucht Zeit für sich."

Die Situation ist ihr unangenehm, weil Christofs Abwesenheit die Gruppe verunsichert. Er hat sich nicht überzeugen lassen, dass es hilfreicher wäre, wenn er käme. Für ihn und für die anderen auch. „Wenn ich Ihnen erklären würde, dass ich Durchfall oder Kopfschmerzen habe, könnten Sie auch nichts dagegen tun", hatte er gesagt und gelächelt. Er wirkte sehr bestimmt und zugleich verwirrt. Marion bot ihm an, mit ihr zu reden. Aber er lehnte ab.

Nur mühsam kommt jetzt das Gespräch in der Gruppe in Gang. Die Verunsicherung über Christofs Verhalten ist groß.

Besonders bei Benno. Gerade weil er eine Wut auf ihn hat. Jetzt drückt der sich auch noch! Lässt ihn im Stich! Lässt ihn brodeln in seiner Wut und Gekränktheit! Macht ihm gleichzeitig ein schlechtes Gewissen! Benno spricht stockend, mit Tränen in den Augen.

„Wieder einmal bin ich nicht o. k.!"

Als er leise zu schluchzen beginnt, ist jedem klar, dass hier alte Wunden angerührt worden sind.

„So ist es auch immer bei meiner Mutter gewesen. Wenn sie mich gekränkt hat, habe ich mich trotzdem schuldig gefühlt!"

„Diese Scheißweiber!", murmelt Theo. Und gleichzeitig fühlt er, wie in ihm die Verzweiflung über seinen Vater aufsteigt. Der Vater, der nie da war, wenn man ihn brauchte. Der sich abgesetzt hatte. Der sich entzog. Den man mit keinem Gefühl erreichen konnte.

Mit einem Mal ist Theo darüber entsetzt, dass Christof Benno zurückgewiesen hat. Er bereut, dass er in der Mittagspause nicht nach Benno, sondern nach Christof gesucht hat. Dabei hätte Benno ihn gebraucht. Er legt Benno die Hand auf die Schulter.

„Wir Männer sollten zusammenhalten", grinst er, aber er fühlt sich verwaist und klein. Besser zwei weinende Buben als einer, denkt er und rückt seinen Sessel näher zu Benno hin.

Auch Hildes Augen röten sich. Sie sieht in Theo und Benno Kinder, die einander zu stützen versuchen, und denkt über Freundschaft nach. Sie hat immer leicht Kontakt zu anderen Menschen gefunden, aber meistens, auch heute noch, ist sie es, die die anderen stützt. Sie schaut Theo aus dem Augenwinkel an und erinnert sich an die Wärme ihrer tanzenden Körper. Es war, als würden sich Körper und Seele weit öffnen. Immer noch trägt sie das Gefühl zu fliegen in sich. Engel fliegen auch, denkt sie und sieht die gepanzerten Engel auf dem Bild von Signorelli vor sich. Ist ihr Körper tot? Bekommt sie deshalb kein Kind?

Sie beginnt zu fantasieren: Sie fliegt. Theo fliegt über ihr. Plötzlich sieht sie nur noch seinen Unterkörper, und sie wünscht sich, dass sich seine Hosentüre öffnet, und ein schöner, rot glänzender Penis steht auf.

Plötzlich schreckt sie zusammen. Marion spricht sie an. Ob sie nicht sagen möchte, was sie fühlt.

„Ich bin eifersüchtig", sagt Hilde und ist selbst überrascht über das, was sie sagt. Zornig funkelt sie Theo an. „Für mich ist der Tanz mit dir ein wunderbares Erlebnis gewesen. Und du beschäftigst dich nur noch mit Benno. Mit Männersolidarität. Und mit der Gemeinheit der Frauen."

„War das alles für dich nichts?", fügt sie herausfordernd hinzu.

Ihre Hände zittern. Während sie mit Theo streitet, wird ihr

bewusst, dass Gerald, ihr Mann, eine Art Kumpel für sie ist. Auch im Bett. Gerald nimmt den Flug ihrer Körper nicht ernst. Er genießt Sex, ist freundlich, einfühlsam, lieb, aber ihm fehlt der Ernst für die große Liebe. Nach dem Sex dreht er sich genüsslich auf den Rücken und steckt sich Schokolade in den Mund. Er schaltet den Fernseher an. Er tätschelt sie und macht Späße.

Theo weiß nicht, was er antworten soll. Ihr Vorwurf ist ungerecht. Soll er sich verteidigen? Soll er in den Gegenangriff gehen?

„Es war schön, mit dir zu tanzen", sagt er schließlich, „aber das eine hat mit dem anderen nichts zu tun. Ich verstehe nicht, was du willst."

Hilde schüttelt den Kopf. „Tut mir leid", sagt sie, „das weiß ich auch nicht." Man kann fast sehen, wie sie sich verschließt.

„Bleiben Sie bei Ihren Gefühlen!", fordert Marion sie auf. „Sprechen Sie aus, was Ihnen einfällt!"

Aber Hilde will nicht. „Es hat nichts mit Theo zu tun."

„Auch Bennos Gefühle haben wenig mit Christof zu tun", ermuntert sie Marion.

Aber Hilde möchte zuerst mit sich selbst klar kommen. Sie ist verwirrt und bereut, dass sie überhaupt etwas gesagt hat.

„Wir verrennen uns", sagt Theo missmutig. „Das finde ich beschissen. Hilde, ich mag dich wirklich gern. Und jetzt würde ich gerne mit dir ein Bier trinken gehen."

Marion ist einverstanden mit einer Pause.

Als die Gruppe zurückkehrt, schlägt Marion ein Stegreifspiel vor: Die Gruppe soll eine gefährliche Wanderung durch einen undurchdringlichen Nebel bestehen. Dazu schließen alle die Augen. Das Ziel ist es, die „Insel der Klarheit" zu erreichen, die sich an der gegenüberliegenden Wand befindet. Dabei gilt es, alle möglichen Hindernisse, wie z. B. Stühle und Couchtisch zu überwinden.

Auffallend ist das große Bedürfnis nach gegenseitiger Unterstützung.

Hilde legt den Arm um Sylvia, um sie zu führen. Im dichten Nebel kann niemand etwas sehen. Theo spielt eine Art Kapitän und bestimmt teilweise, was geschieht. Sie leiten einander mit Rufen. Sie betasten, berühren einander. Sie fürchten sich, finden aber alle, weil jeder liebevoll auf den anderen achtet, den Weg. Am Ziel angekommen, soll jeder in sich seinem eigenen Nebel und seiner eigenen Klarheit nachspüren.

Das Spiel wirkt befreiend. Es ist nicht notwendig, danach viel darüber zu reden.

Christof liegt den ganzen Nachmittag, während die anderen „arbeiten", im Bett. Als Theo klopft und nach ihm ruft, antwortet er nicht.

Er fühlt sich nicht in der Lage, etwas zu erklären. Es hat ihn schon große Anstrengung gekostet, mit Marion zu reden. Als sie vor ihm saß, hätte er sich gern an ihren Körper geschmiegt. Den Kopf in ihren Brüsten vergraben. Kleiner werden und schrumpfen, schrumpfen ... Er reißt sich zusammen. Schließlich ist er ein erwachsener Mann. Die Innenseite seines Körpers ist wie aufgeschürft, wenn er an Sylvia denkt. Und er denkt ununterbrochen an sie. Aber er fürchtet sich, ihr zu begegnen. Er geht ihr aus dem Weg.

Es ist schwül. Das Leintuch klebt an ihm.

Die Sache mit Benno tut ihm leid, aber sie reicht nicht wirklich an ihn heran. Was ihn von Kopf bis Fuß aus den Angeln hebt und verwirrt, ist Sylvia.

Er begehrt sie. Er will eine Beziehung mit ihr. Aber er will nicht ihr Freund sein, ihr Psychodrama-Kollege. Er will ihr Mann sein. Er hat Angst vor ihr. Er hat Angst vor sich selbst. Er kann jetzt nicht so tun, als ob alles ein Spiel wäre. Selbsterfahrung im Psychodrama-Gewand. Halb ernst. Halb Spiel. Nicht

Fisch, nicht Fleisch. In diesem Kontext hat er Sylvia nichts zu sagen. Nicht im Sesselkreis, vor den anderen.

Und was will er ihr sagen? Ich habe mich unsterblich in dich verliebt?

Wie abgedroschen die Sprache der Liebe ist, denkt er.

Soll er abreisen? Abstand gewinnen?

Oder endlich tun, was er sich schon öfters vorgestellt hat, früher vor allem, nämlich sich umbringen. Wie? Mit einer Überdosis? Oder sich Luft in die Vene spritzen?

Als seine Mutter starb, war er 16 Jahre alt. Er hatte mehrere Jahre gebraucht, um zu begreifen, dass er lebte, während sie gleichzeitig tot war. Durfte er weiterleben? Wurde ihm damals nicht alle Lebensberechtigung entzogen? Er war immer der Liebling seiner Mutter gewesen. War er nicht schuld an ihrem Tod, er am meisten von den drei Brüdern? Es war kein Unfall gewesen. Sie hatte das Auto selbst gegen die Mauer gelenkt.

Nein, er will niemandem wehtun. Niemanden mit Schuldgefühlen zerstören.

Sie starb, hat ihm sein Bruder erklärt, weil ihre Mutter im KZ umgekommen ist. Die Liebe hat keine Macht. Er konnte seine Mutter nicht aus der Traurigkeit retten.

Schon als Kind hat er die Traurigkeit überspielt.

Ach, Sylvia, meine Psychodrama-Gefährtin! Lass dich verführen von der dolcezza des Lebens ...

Christofs Augen sind trocken, wie ausgebrannt, weil er den Ernst der Liebe und den Ernst des Todes spürt.

„Gebenedeit bist auch du, mein Freund", sagt Pietro und formt mit seinen staubigen Händen das Kreuzzeichen auf seiner Stirn, seinem Mund und seiner Brust, „der heilige Francesco, il Santo, und die heilige Mutter Gottes empfangen uns an der Tür. Ist diese Tür mächtig? Stehen Wächter vor ihr? Engel, die darüber wachen, wer eintreten darf? Der heilige Pietro, mein Pate, ist er böse auf mich? Wirst du der Mutter Gottes alles erklären, Giulio? Ihr sagen, dass du bei mir glücklich gewesen bist?"

Die Zikaden streichen ihren schreienden Ton aus den Rinden. Der Abend dunkelt in die duftenden Zedern, aus denen die Vögel in den Himmel sirren. Das Rot der untergehenden Sonne fließt hinter den Horizont.

Der alte Mann steht vor dem Grab und hält den Kopf gesenkt. Seine Lippen bewegen sich lautlos, als würde er beten. Unter seine Nägel haben sich Reste von Staub und Erde geschoben. Neben ihm, an einen jungen Baumstamm gelehnt, stehen eine Schaufel und eine Hacke. Eine bauchige Zwei-Liter-Flasche wartet auf dem Boden. Die Umrandung des Grabes ist noch voll Erde. Das Grab selbst ist mit Kieselsteinen ausgelegt, darüber aber leuchtet im weißen Schatten des Grabsteins ein runder Teppich aus Sonnenblumen.

„Giulio", flüstert der Mann, „ich habe dich zurückgebracht. Du fehlst mir. Hörst du mich?"

Seine Schultern sinken noch tiefer. Die Hose ist ihm weit in die Hüften hinuntergerutscht. Er wirkt starr und knorrig wie ein alter Olivenbaum.

Plötzlich taumelt er. Er beginnt mit seinen schwieligen Händen seinen Körper abzuklopfen, die Schenkel, den Bauch, die Brust. Es sieht aus, als würde er nach einem Ausdruck für seinen Schmerz suchen. Er tritt im Takt von einem Fuß auf den anderen. Tanzt er? Singt er? Hört er Musik? Alles in vollkommener Lautlosigkeit? Nur die Zikaden streichen ihren Ton aus den Rinden. Ein brennender Schmerz jagt durch seine rechte Seite. Er weiß, dass er sehr krank ist. Er wartet, bis der Schmerz nachlässt.

„Bist du mir böse?", fragt er und sieht hinter seinen geschlossenen Lidern die gekrümmte, magere Gestalt Giulios auftauchen: Giulio kommt gebückt die enge Gasse in Orvieto herauf, ein Krüppel, der für die Marcellis gearbeitet hat. Er ist etwa zehn Jahre älter als Pietro, hat aber etwas von der Zeitlosigkeit der Außenseiter an sich. Die Kinder werfen Steine nach ihm. Giulio hat keine Stimme, die sich einsetzt für ihn.

„Ausgenützt haben sie dich", weint Pietro, „ich wollte es nicht zulassen, dass du einsam bist."

Dicke Tränen tropfen an den Wangen des alten Mannes herab.

„Ich nahm dich zu mir."

Er versinkt in Erinnerungen: Giulios zerbeulte und zerrissene Hose. Sein Hunger. Seine Gier, mit der er sogar über verfaulte Speisen herfiel. Sein Lachen. Seine Angst vor den Schlägen des Marcelli-Verwalters. Die Zärtlichkeit, mit der er ihm, dem Jüngeren, über den Kopf strich. Sein aufgerissener, trockener Mund, als er in seinem Arm starb.

Giulio war einer der Ersten. Hat irgendjemand außer ihm Giulios Verschwinden bemerkt?

„Ich wollte dir ja nur einen guten Platz bei mir geben", flüstert der alte Mann und verschränkt die Finger vor seinem Kinn. „Aber du hättest es nicht gebraucht. Hast du es dennoch dem heiligen Francesco erklärt?"

Er nickt einige Male. Dann lächelt er plötzlich. Er hebt die Flasche, die auf dem Boden steht, auf, zieht den Korken heraus und riecht.

„Koste, mein Freund", sagt er leise und gießt einige Tropfen einer dunklen Flüssigkeit über die braun-gelben Köpfe der Blumen.

„Sieh her, wie sie lachen! Sie erkennen den Geschmack. Giulio, koste, komm, koste noch einmal!"

Und er bespritzt wieder die Fläche des Grabes. Dunkle Flecken versickern.

„Ich bringe dir unseren Roten."

Der Mann wischt sich mit dem Handrücken über das Gesicht.

„Kein Goldener. Nein, kein Weißer, wie sie ihn hier mögen. Der Rubesco, der das Leuchten der Sonnenblumen in sich trägt. Er erzählt den Engeln von der Erde, Giulio. Von der Sünde. Vielleicht haben es die da oben vergessen? Weißt du, den Schmerz. Dass es weh tut. Sie müssen es verstehen. Glaubst du, dass die Mutter Gottes diesen Wein mag?"

Der alte Mann lacht nun so heftig, dass sich seine Schultern heben und senken.

„Weißt du noch, wie uns die heilige Mutter Gottes erschienen ist? Nur uns beiden. In der Kirche. Die anderen verstehen so etwas nicht. Dich hat der strenge Signore immer geschlagen. Ich bin noch ein dummer Junge gewesen. Der Wein, unser Rubesco, Giulio, er muss den Menschen vom Himmel erzählen. Von der Sonne, vom blühenden, duftenden Licht, wenn die Mutter Gottes erscheint."

Als Christof mitten in der Nacht aufwacht, jagt ihm ein tiefer Schrecken durch den Körper. Er kann sich nicht mehr bewegen. Er versucht die Lider zu heben und bemerkt, dass seine Augen weit aufgerissen sind. Seine Augäpfel bewegen sich hin und her, ohne dass er etwas wahrnehmen könnte. Ein dichter hellgrauer Nebel umgibt ihn. Seine Augen suchen in dieser stumpfen Undurchdringlichkeit wie Sonden nach etwas, das er erkennen könnte, aber es gibt nichts.

Was ist geschehen?

Die Angst steigt in ihm auf, und plötzlich erkennt er den klopfenden Ton, der wie von weit her an sein Ohr dringt, als den Schlag seines Herzens. Er nimmt wahr, dass seine Hände unablässig über die Bettdecke streichen, ohne dass er sie steuert.

Wo ist er nun?

Er versucht zu sprechen, zu rufen, zu schreien, aber er hat keine Stimme. Seine Kiefer sind weit auseinandergesperrt.

Dutzende Male hat er es mit ansehen müssen!
Wie der Atem sich durch den weit geöffneten Mund des Sterbenden drängt und dann aussetzt. Die Mühsal des Sterbens.
Nun ist seine eigene Todesstunde gekommen.
Ich muss loslassen, denkt er, das Sterben ist wie eine Geburt, aber er wehrt sich. „Ich habe mein Leben noch nicht gelebt", flüstert er und weiß plötzlich, dass er träumt.

## Nahar

*Er schwimmt durch den Fluss des Vergessens und verirrt sich in eine heiße, trockene Nacht des Jahres 900 n. Chr., in der die Hitze aus den aufgeheizten Steinen steigt und sogar die Sterne des Universums noch wärmt. Aber sind die Sterne selbst nicht Fackeln und lodernde Flammen?*

*Christof hat den Kopf weit in den Nacken gelegt und schaut in den Himmel:*
*Er war eine Frau, die Nahar hieß und an eine Hausmauer gelehnt stand. Sie genoss die Wärme des Steines auf ihrem Rücken. Sie trug ein langes, weites Gewand, und ihre Haare waren von einem dichten, großen Tuch abgedeckt.*
*Warmes Gemurmel drang an ihr Ohr. Auf dem Boden des weiten Platzes saßen Gruppen von Männern, die Geschichten erzählten. Es war kurz vor Mitternacht. Die Lehre des Propheten schlief in den Träumen der Kinder, die auf den Fußmatten lagen. In den Innenhöfen saßen noch einige Frauen zusammen. Die Minarette von Basra ragten hoch auf. Die goldenen Dächer der Moscheen zeugten vom Reichtum der Stadt. Ein weicher, leiser Wind bewegte die Blätter der Dattelpalmen. Das Himmelszelt war von einer so wunderbaren, glitzernden Klarheit und Ordnung, dass Nahar unwillkürlich in ihrem Herzen Allah zu preisen begann.*

*Aber während sie noch über die Größe und Schönheit seiner Schöpfung staunte, verwandelten sich die Diamanten des Himmels in zuckende Feuer. Nahar fühlte Unruhe und Angst in sich aufsteigen und bereute es, noch so spät das schützende Haus verlassen zu haben. Von irgendwoher ging eine ihr nicht bekannte Gefahr aus.*

*Sie versuchte zu fliehen. Da spürte sie, wie jemand sie anfasste, fühlte den harten, festen Griff einer Hand an ihrer Kehle. Sie schrie, aber der Mann hielt ihr den Mund zu und stopfte ihr ein Stück Tuch zwischen die Zähne.*

*„Beiß zu, Hure!", zischte er. Er roch nach Schweiß und schlug ihr mit dem Handrücken ins Gesicht. Er warf sie in den Staub und vergewaltigte sie.*

*Nahar sank, während es geschah, sehr tief in sich zurück.*

*Ein Rechtsgelehrter mit dem heiligen Koran in der Hand trat von der Seite in ihre Augen.*

*„Wer dieses Verbrechen verübt", sagte er, „wird mit dem Tode bestraft."*

*Warum benannte der Mann, wie es sonst unter Rechtsgelehrten üblich war, nicht die Art und die Auswirkungen des Verbrechens? Aber Nahar hatte ja selbst keine Worte dafür. Sie wusste nur, dass die Strafe im Abhacken des Kopfes bestand. Aber war dieser Umstand nicht schon längst eingetreten? Hatte der Mann seinen Kopf nicht schon lange verloren und war nichts als ein zuckender, bösartiger Penis, der sich Befriedigung verschaffte?*

*Nahars Seele wurde in die Nacht getragen. Sie sah nichts und beobachtete nichts, obgleich das Paradies und die Hölle sich vor ihr ausrollten wie Teppiche, denn sie hatte die Bedeutung von Himmel und Hölle vergessen. Schließlich wurde sie in einen Vogel verwandelt, der aufflog zu Gott.*

*Dessen Augen sahen alles ungeteilt und ganz. Seine Flügel*

hatten aufgehört, die Unendlichkeit zu teilen, und spannten sich in die Ewigkeit aus. Und Nahar sah, dass sie der erste und eine Baum war, Himmel und Erde, Finsternis und Licht, Leben und Tod, der Hauch Gottes und Gott.

In diesem Moment hörte sie das Sausen und dann das Knacken der Knochen und Knorpel, als das Beil auf den Nacken des Vergewaltigers fiel.

„O Herr!", schrie sie, „ich kann dich nicht erreichen!"

Der Mann war fort. Hatte sie alles geträumt? Sie schüttelte sich.

Sie riss sich das Tuch aus dem Mund. Sie kroch die Wand entlang, den Geruch von Samen und fremdem Schweiß an der Haut. Es ekelte sie. Sie tastete sich mit den Handflächen den Staub und die Steine entlang und duckte sich in die schwarzen Schatten der Mauer. Scham und Hass überwältigten sie.

*Warum, Herr? Warum ich?*

*War sie nicht eine angesehene Frau? Hatte sie nicht jahrelang Wasser in die Hölle gebracht? Die Elenden, Kranken, Verstoßenen dieser Stadt besucht und ihre Leiden gelindert? Ihnen Brot gebracht? Sie gepflegt? Sie mit Salben und Arzneien versorgt?*

*Sie erinnerte sich.*

*Ein Mädchen, lachend, das war lange vorbei. Bis zu den Knien hatte das dichte Haar ihren Körper umhüllt. Ihre Träume, dass ein Geliebter, ein Prinz, zu ihr käme und für sie Liebesgedichte sprach. Sie hätte ihm dafür Kinder geschenkt.*

*Kan-ma-kan. Ihr Prinz. Der dunkle Blick seiner Augen. Seine langen Wimpern. Die schlanken Hände. Das Begehren in seinem Blick, das sie ängstigte und zugleich reizte. Kan-ma-kan, den sie so liebte.*

*Seltsam, es tat immer noch weh.*

*Dass ein Augenblick so vieles zerstören kann! Dass plötzlich in der Liebe, im Zutrauen, im fast blinden Vertrauen das Miss-*

*trauen wach wird: Die Augen können sich nicht mehr schließen! Was immer der andere tut, wird unter dem scharfen Licht des Vorbehaltes gesehen.*

*Du hättest mir zuhören müssen, Kan-ma-kan, damals hättest du mir dein Ohr schenken müssen, sonst nichts. Ich habe dir von meinem Innersten erzählt. Von meiner Liebe zu dir.*

*Nahar lächelte, wenn sie an ihr Gedicht dachte. Das Liebesgedicht an Kan-ma-kan. Sie hatte die Verse nicht vergessen. Sie waren schwärmerisch und unbeholfen gewesen.*

*„Fürwahr, du bist der kühnste Held.
Vor dessen Schwert die Löwen weichen.
Doch ist dein Mund so zart wie eine Blume,
er lächelt Blüten in mein Liebesglück."*

*Sie hatte das für Kan-ma-kan gedichtet und aufgesagt. Schüchtern, zögernd, beschämt, mit dem Gefühl, ihm ihr Innerstes zu zeigen. Wie sie fühlte und dachte und dass sie ihn liebte, hatte sie ihm gezeigt! Ihre ganze Seele hatte sie vor ihm ausgefaltet.*

*Kan-ma-kan aber hatte Augen und Ohren verschlossen und sah nur noch mit seinem Geschlecht: Anstatt ihr zuzuhören, hatte er ihr zwischen die Schenkel gegriffen. Sein Blick war blind vor Begehren gewesen. Wer sie war, war ihm gleichgültig geworden. Ergreifen, besitzen, beherrschen – und in diesem Moment, aus dieser Angst heraus, war ihr Vertrauen zerbrochen. Er würde sie nie wieder erreichen. Die erste große Liebe war tot, bevor sie lebendig geworden war.*

*Vielleicht war ihre Angst unbegründet gewesen. Kan-ma-kan war jung und unbedacht gewesen, so wie sie auch.*

*Nahar versuchte die Erinnerung an Kan-ma-kan zu verscheuchen.*

*Sie hasste ihren Körper für das, was ihr dieser Fremde angetan hatte.*

*Nun, es war ihr gelungen, sich der Beherrschung durch einen Ehemann zu widersetzen. Sie hatte aber auch auf das Glück mit einem Geliebten und auf Kinder verzichtet.*
*Sie hatte schon immer die Schrift und die Sprache geliebt.*

Ihr Vater, ein reicher, aufgeschlossener Kaufmann, der sich für die Lehre der Sufis interessierte, hatte eine besondere Einstellung zu Mädchen gehabt. Ihnen gebührte seiner Meinung nach dasselbe Recht auf Bildung wie einem Mann. Also hatte Nahar nicht nur das Buch der Bücher, den heiligen Koran, sondern auch die Werke der verschiedensten Philosophen und Ärzte studiert. Sie hatte ihr Wissen in den Dienst der Ärmsten gestellt. Als ihr Vater gestorben war, hatte es ihr der Schutz ihres Bruders, eines sufischen Meisters, ermöglicht, dieses für Frauen so ungewöhnliche Leben weiterzuführen.

Aber die Zeiten waren anders geworden. In manchen Kreisen der Stadt wollte man sie und ihren Bruder gerne hängen sehen. Hatten die sie beobachten lassen und diesen Mann geschickt, damit er sie von der Wurzel des Frauseins her traf? Indem er sie schändete, demütigte, ihren Willen und ihre Freiheit zerstörte, zerbrach? Oder war sie tatsächlich nur das Opfer eines dummen Zufalls geworden?

Hatte sie nicht vor vielen Jahren versucht, den Palast eines der reichsten und skrupellosesten Männer der Stadt anzuzünden? Weil er in seinen Gerbereien die Geringsten, die Namen- und Rechtlosen in die giftigen Becken warf. Nur so, nur um Brot und Hungerlöhne zu sparen?

Hatte er ihr nun den Vergewaltiger geschickt?

Hass flackerte in Nahars Blick. Unbändiger Hass gegen die, welche über die Macht und die Grausamkeit verfügen, anderen Menschen Gewalt anzutun.

Nahar zitterte vor Ohnmacht und Hass.

Aber auch Angst kroch in ihre Seele. War das vielleicht erst der

*Anfang von dem, was auf die Sufis in dieser Stadt zukommen würde?*

*Plötzlich sah sie die Dächer der Stadt Bagdad vor sich. Von einer großen, johlenden Menge begleitet, wurde ihr Bruder nackt durch eine enge Gasse geschleppt. Sie sah auf seinem Rücken die Striemen der Geißeln. An Händen und Füßen, die mit blutigen Tüchern eingebunden waren, hatte man ihn offensichtlich verstümmelt.*

*Als sein Blick sie traf, sah sie seinen rasenden Schmerz. Er öffnete seinen Mund, um etwas zu sagen, aber dieser war eine einzige fleischige Wunde. Sie hatten ihm die Zunge herausgeschnitten, damit er nicht in der Lage war, weitere Menschen mit seiner vergiftenden Lehre zu verführen.*

*O die großen Rechtgläubigen! Die um die Seele des Volkes besorgt sind und dafür foltern und töten!*

*Nahar wurde starr vor Entsetzen über das, was sie sah: Sie packten ihren Bruder und hängten ihn auf. Er baumelte, mit der Schlinge um den Hals, an einem Galgen. Dann nahmen sie ihn ab und enthaupteten ihn öffentlich auf dem Richtplatz, obgleich er ja tot war. Und anschließend zerrten sie seine Leiche noch einmal durch die Gassen und verbrannten sie öffentlich. Dreimal wurde er auf demselben Platz mit dem Tode bestraft.*

*Nahar begann zu lachen.*

*„So sehr fürchten sie uns!", lachte sie. „So gründlich wollen sie uns vernichten!"*

*Und obgleich ihr Herz raste vor Schmerz, wurde sie doch von einem Lachkrampf geschüttelt. Unablässig sprang das Lachen aus ihrer Kehle. Sie klagte und lachte zugleich. Sie hielt sich den Bauch vor Weinen und Lachen.*

*„So sehr, Herr, fürchten sie uns!"*

*Es war ihr, als müsste sie wahnsinnig werden. Sie riss sich das Tuch vom Kopf, löste ihr Haar, bewarf es mit Staub; graue*

*Strähnen wollte sie haben, in Sack und Asche wollte sie gehen, eine alte Frau wollte sie sein, die keine Angst vor der Grausamkeit der Menschen mehr hat. Das, was ihr heute geschehen war, war nur ein schwacher Vorbote von dem, was auf sie zukommen würde. Auf sie, auf ihren Bruder, auf die anderen Meister der Sufis. Würden die Schergen aus Bagdad herkommen? Würden sie in die Hauptstadt verschleppt werden? War der Kalif vergiftet von der Engstirnigkeit seiner Gelehrten?*

*„Ich muss noch heute meinen Bruder warnen", flüsterte Nahar und raffte sich auf.*

*Ihr Bauch und ihre Glieder taten ihr weh. Sie fühlte sich auf einmal sehr müde. Sie konnte fast keinen Schritt vor den anderen setzen. Wurde nicht alles, wofür sie gelebt hatte, nun zerstört?*

*Die Freiheit des Wortes? Der Geist der Liebe? Die Wissenschaft im Dienst der Barmherzigkeit?*

*„Wenn du Feuer in den Himmel bringen willst, Nahar, brauchst du ein neues, ein anderes Herz."*

Nahar schreckte auf. Wer war das gewesen? Wer redete da mit ihr? Und weshalb sie? Weshalb sollte sie ein neues Herz brauchen? Sie hatte doch nichts Unrechtes getan!

„Wer spricht?", flüsterte sie, aber ihre Seele hatte seine Stimme schon lange erkannt.

War er es wirklich? Sprach Allah zu ihr? Allah? Der Namenlose? Der zärtliche, scheue Gefährte, der sich in ihrer Seele versteckt hielt? Begann er endlich, endlich zu sprechen? Der mit den hundert Namen? Der Namenlose? Gott selbst? Jetzt zu ihr? Sprach er zu ihr?

„O Herr!", schrie sie auf, „in meiner Eigenliebe kann ich dich nicht erreichen. Ich kann meinem Selbst nicht entrinnen! Was soll ich tun?"

Gott antwortete ihr.

*"Nahar", sagte er zärtlich. "Nahar, du wirst Befreiung gewinnen, indem du meinem Propheten nachfolgst. Bestreiche deine Augen mit dem Staub seiner Füße und folge ihm nach!"*

Christof gleitet mit dem dunklen tiefen Basston Gottes aus dem Schlaf.

"Bestreiche deine Augen mit dem Staub seiner Füße", diesen Satz hört er wie eine schöne, fremdartige Melodie, aber er hat vergessen, wessen Füße gemeint sind.

Umso heftiger drängen die Ereignisse der vergangenen Tage in sein Bewusstsein. Die Verzweiflung, die Sylvia in ihm ausgelöst hat. Die Betroffenheit, die Verwirrung, die Angst. Auf dem Sprungbrett stehen, nicht genug Mut finden und gleichzeitig wissen, man kann nicht mehr zurück.

Jetzt wird er springen. Die Angst ist fort. Er weiß, dass er Sylvia liebt. So einfach ist das.

Er versteht mit einem Mal, dass Leben mit Schritte setzen zu tun hat. Auch mit staubigen Füßen. Und mit blindem Vertrauen. In seinen Händen wächst die Zärtlichkeit, wenn er an Sylvia denkt.

# Vierter Tag

Als Hilde von der Küche in den Gang tritt, fühlt sie etwas Kühles, Klebriges unter ihren nackten Sohlen. Sie erschrickt, knipst das Licht an: Der Boden ist über und über mit Sonnenblumenblüten bedeckt. Einige Momente lang erstarrt sie. Dann bewegt sie vorsichtig ihre Zehen im Blütenmeer. Ob das Gelb auf ihre Füße abfärbt? Plötzlich fühlt sie sich wie ein Kind, das bei irgendetwas Verbotenem ertappt wird!

Sie sieht sich um. Überall gelb.

Also war Pietro wieder im Haus? Ist er vielleicht noch hier?

Hilde bleibt einige Zeit fast unbeweglich stehen, geht dann zum Kühlschrank und wieder zurück. Soll sie die anderen wecken? Schließlich öffnet sie die Tür in den Garten. Frische, helle Luft strömt in die Küche.

Nein, sie wird tun, was sie vorgehabt hat: den Kaffee aufstellen, Eier kochen, Brote aufbacken, decken.

Man streut doch nicht einfach Blumen in einem fremden Haus aus? Ob der Mann doch gefährlicher ist, als Marcelli denkt? Gehört er vielleicht in eine psychiatrische Klinik? Oder gar in eine Anstalt für abnorme Rechtsbrecher? Was denkt sie da nur? Abnorm ja, ein wenig verrückt, aber Verbrecher? Wie kommt sie nur auf Verbrecher? Der Mann bricht ja nicht einmal ein, um etwas zu stehlen, geschweige denn, um jemandem etwas zu Leide zu tun. Er bringt nur Blumen.

Mit leicht zitternden Händen deckt sie den Tisch im Garten. Sie muss konzentriert arbeiten, weil sie doch nervöser ist, als sie wahrhaben will. Erleichtert lächelt sie Christof zu, als dieser kopfschüttelnd die Küche betritt. „Alles o. k. mit dir?", fragt sie, und er nickt.

In dem Augenblick kommt Benno herein. „Also, das ist ja ..." Er schneidet ein Stück Brot ab, schiebt es sich in den Mund und kaut gegen die Aufregung an.

„Hat nicht Marcelli gesagt, er wird mit dem Mann reden?", sagt Christof unwillig. Als er Sylvia an der Tür stehen sieht, setzt sein Herzschlag einen Moment aus. Sie wirkt müde und unausgeschlafen und scheint wie festgefroren in ihrer Bewegung. In ihren Augen sitzt die Angst.

Grinsend schlendert Theo herein. „Naja," sagt er und klopft Benno auf die Schulter, „langweilig wird uns mit diesem Typen nicht." Gleichzeitig freut es ihn, Christof zu sehen. „Schön, dass du auch wieder unter den normalen Groupies weilst." Er nimmt sich eine Tasse Kaffee und trinkt ihn in kleinen Schlucken. Die Situation macht ihm Spaß. „Naja, Kameraden, was tun?"

„Ich bin dafür, dass wir die Sache ein für allemal klären", antwortet Benno. Hektische Flecken zeigen sich auf seinem Gesicht.

„Und wie sollen wir das anstellen?", schüttelt Hilde den Kopf. „Sollen wir den Herrn vorladen, um ihn zu der Angelegenheit zu befragen?"

„Wir könnten nachschauen, was in dem Verlies ist", schlägt Theo vor, „das Gitter ist bestimmt wieder verschoben."

„Auf jeden Fall müssen wir Marcelli informieren. Als Hausbesitzer ist er verpflichtet, etwas dagegen zu tun," wirft Hilde ein. „Im Grunde müsste er die Polizei verständigen. Das können wir selber auch tun, wenn wir uns bedroht fühlen."

„Ach was", verteidigt Theo seine Idee, „spielen wir doch selbst Polizei oder Detektiv oder gleich Tiefenpsychologen. Schauen wir einmal nach und suchen wir nach den vergrabenen Leichen im Keller!"

Christof schmunzelt und nickt. Er hat das Gefühl, dass sich das Ganze als harmloses Missverständnis herausstellen wird.

„Ein Detektivspiel, bevor wir mit dem eigentlichen Psychodrama beginnen", murmelt Hilde belustigt und hat wieder das kitzelnde Gefühl, etwas Verbotenes zu tun.

„Psychodrama, liebe Ausbildungskandidaten", erklärt Theo, „ist überall", und er macht sich auf den Weg, das Geheimnis zu erkunden. Nur Sylvia bleibt an den Türstock gelehnt stehen und schreckt zusammen, als Marion sie an der Schulter berührt.

Der Geruch von kühler, modriger Feuchtigkeit steigt herauf. Auch die Blüten riechen plötzlich verwelkt. Christof und Theo heben das Gitter an und schieben es zur Seite. Theo leuchtet mit der Taschenlampe den darunter liegenden schmalen Raum aus. „Auch da sind überall Blumen", informiert er die anderen, „aber es sieht ziemlich ordentlich aus." Irgendwie hat er sich Fledermäuse und Spinnweben vorgestellt. „Sogar eine Leiter ist da." Er gibt Hilde die Lampe, hält sich am Rand des Schachts fest und tritt vorsichtig auf die erste Sprosse der Leiter, die unterhalb des Einstiegs angelehnt steht.

Der Raum scheint direkt in die Erde geschlagen. Dunkelheit und Stille hüllen ihn ein. Hilde reicht Theo die Lampe. „Auf dem Boden steht eine Flasche Wein", ruft er hinauf. „Ein roter, halbvoll, wollt ihr probieren?" Und er zieht den Lichtkegel die felsigen Wände entlang. „Da sind Nischen!" Theo leuchtet sie aus. „Es sind sieben", berichtet er. „Einige sind mit losen Steinen verschlossen, bis oben hinauf, die sind sorgsam aufeinandergeschichtet, drei Nischen sind offen." Einen Moment lang zögert er.

„Das ist ein Grab", hören ihn die anderen plötzlich aufgeregt sagen. „Ich werd verrückt, da liegen Knochen, ein Schädel ..." Seine Stimme klingt heiser. Mit einem Mal rast sein Puls.

Inzwischen ist Christof zu ihm hinuntergeklettert. Als er die Nischen betrachtet, fühlt er sich Theo überlegen, da ihm der

Anblick von Toten vertraut ist. Theo ist erleichtert, ihn neben sich zu spüren. Er rempelt ihn an. „Sollen wir gemeinsam mit diesen Knochen vermodern? Mir reicht's! Ich hab genug von diesem Gruselkabinett."

„Erzählt schon!", sagt Hilde, als sich die beiden über den Schachtrand stemmen. Sie ist erstaunt über die Blässe in Theos Gesicht. Mit vorsichtigen Schritten gehen sie durch die klebrige Schicht aus Blüten zurück in die Küche. Marion und Sylvia sehen sie fragend an.

Theo lässt sich auf einen Stuhl fallen. „Da unten sind Knochen von Menschen", sagt er. „Ziemlich alte, vermute ich, aber es ist trotzdem grausig genug."

„Vielleicht ist das ja ein alter Familienfriedhof. Eine Art Gruft. Der Turm ist schließlich viele hundert Jahre alt", überlegt Hilde laut.

„Die Knochen sind höchstens 20 bis 30 Jahre alt", erklärt Christof.

„Und was hat Pietro damit zu tun?" Benno runzelt die Stirn. „Ist er nicht auch Friedhofsgärtner?"

Marion schüttelt unwillig den Kopf. „Warum hat uns Marcelli nichts davon erzählt? Er hat nur Geräte erwähnt, die Pietro früher im Torre untergestellt hat."

„Komisch ist, dass drei Nischen leer sind", sagt Theo, „fast leer zumindest." Er grinst bedeutungsvoll in die Runde. „In einer der ausgeräumten Nischen habe ich allerdings ein vereinzeltes, winziges Knöchelchen entdeckt. Am liebsten hätte ich es euch als Souvenir mitgebracht."

„Was veranstaltet der Alte hier nur?" Bennos Stimme klingt etwas besorgt.

„Vielleicht sollten wir doch die Polizei verständigen", wirft Christof ein. Die Blässe auf Sylvias Lippen und ihr Schweigen beunruhigen ihn mehr und mehr, und er würde sie gerne in die Arme nehmen.

„Macht euch nicht lächerlich", entgegnet Theo. „Pietro Bernardo ist ein alter Mann."

„Man kommt sich vor, als wäre man in einen Krimi geraten", meint Hilde. Sie nimmt ihr Handy aus der Tasche. „Also, ihr Lieben, wen rufen wir an?"

„Marcelli", entscheidet Marion. Sie ist verärgert, weil sie endlich in Ruhe arbeiten möchte. Da sie einer der wenigen Menschen ist, die kein Handy besitzen, leiht sie sich Hildes Telefon aus. „Marcelli soll uns endlich erklären, was hier vor sich geht, und wenn er das nicht kann, soll er die Polizei holen."

Endlich kommt der Polizist mit Marcelli aus dem hinteren Raum heraus in die Küche und schüttelt bedächtig den Kopf. Er wirkt ziemlich ratlos. Er ist etwa 40 Jahre alt und erinnert in seiner knorrigen Art an einen Bauern. „Sie haben also zwei Mal beobachtet, dass Blüten ausgestreut wurden?", fragt er Christof, der übersetzt und antwortet. Der Beamte spricht langsam und ruhig und macht sich einige Notizen. Eine Zeit lang blickt er in Richtung Garten. Er scheint nachzudenken.

„Sie wissen von Signor Marcelli," sagt er, „dass dieser Turm immer sehr wichtig für Pietro Bernardo war. So eine Art Zuflucht in der Kindheit. Bei den Renovierungsarbeiten vor zwei Jahren hat er mitgeholfen. Es könnte sein, dass er diese alten Gräber verbergen wollte. Offenbar hat er immer noch einen Schlüssel. Warum er jetzt die Gräber ausräumt, wissen wir nicht. Auch nicht, was die Sonnenblumen bedeuten."

Marion denkt, während sie ihm zuhört, dass er in seiner Art Pietro ähnlich ist. Die Ruhe, die von ihm ausgeht, tut ihr gut. Ihr Ärger ist verflogen. Ein alter, kranker Mann streut Blüten für Tote aus. Warum? Hat er die Gruppe auf diese Weise nicht regelrecht zu den Grabnischen geführt?

„Noch etwas macht mir Sorgen", fährt der Polizist fort. „Auf dem Friedhof in Prodo hat eine Frau Pietro dabei beobachtet, wie er ein altes Grab frisch ausgrub und etwas hineinlegte. Dann schaufelte er das Grab wieder zu und schmückte es mit Sonnenblumen. Ich habe mir das Grab angesehen, aber dann doch nichts unternommen." Er wartet und gibt Christof Zeit zu übersetzen. „Allerdings habe ich noch zwei weitere frische Gräber gefunden, beide mit demselben Grabschmuck. Nun werden wir eben nachsehen müssen. Man muss zumindest klären, wer diese Toten sind. Man muss untersuchen, seit wann sie tot sind. Und man muss Pietro befragen." Er schüttelt besorgt den Kopf. „Pietro ist nicht aufzufinden. Ich habe es schon gestern mehrmals versucht." Wieder wartet er eine Weile. „Es nützt nichts, wir müssen im Torre Untersuchungen durchführen."

Marcelli räuspert sich. „Ich bedaure sehr, dass Ihr Aufenthalt hier mit so vielen Unannehmlichkeiten verbunden ist. Ich versichere Ihnen, ich habe von diesen Grabkammern nichts gewusst. Verstehen Sie uns nicht falsch, man hält den alten Pietro nicht wirklich für gefährlich, aber ganz sicher weiß man es nie."

Theo sieht ihn misstrauisch an. Sollte das den vorzeitigen Abbruch des Seminars bedeuten? Er hat überhaupt keine Lust, nach Hause zu fahren. Regen, Nieseln, Salzburg, danke nein. Da trifft er lieber in Umbrien auf einen Mörder.

Marcellis Augen wandern rasch hin und her. Plötzlich lächelt er zuvorkommend und charmant.

„Wir haben im Haupthaus genügend Zimmer frei", sagt er. „Ich könnte mir vorstellen, dass es Ihnen unangenehm wäre, im Turm zu bleiben." Er blickt dabei Sylvia an, die leichenblass ist. „Ich würde mich geehrt fühlen, wenn Sie hinauf zu meiner Cousine und mir übersiedeln würden."

Hilde streckt sich auf ihrem neuen Bett aus und schaut ihre Zehennägel an, die hellrot lackiert sind. Gehören diese knolligen Ausläufer ihres Körpers wirklich zu ihr? Sie bewegt sie und ist auf einmal erstaunt, dass sie ihr gehorchen.

Sie denkt an Sylvia. Dieses verrückte Seminar. Ganz versteht sie nicht, dass Sylvia so sehr aus dem Gleichgewicht geraten ist. Wenn plötzlich ein Verrückter in den geschützten Raum des Spiels eintritt. Wenn selbstverständliche Regeln nicht mehr greifen. Ihre Augen waren wie aus Glas. Ob der Umzug tatsächlich notwendig war? Auf einmal lief Sylvia in den Garten, die Hand vor dem Mund, und erbrach sich.

Ist Pietro Bernardo gefährlich?

Sylvia wollte nicht übersiedeln. Sylvia wollte überhaupt nicht mehr hier bleiben.

Sylvia ist aus der Reihe. Ist sie verrückt?

Als sie im Kaffeehaus darauf warteten, die neuen Zimmer zu beziehen, nahmen sich Marion und Christof Sylvias an. Sylvia hat Christofs liebevolles Bemühen gar nicht bemerkt.

Und Theo? Ihm macht das alles keine Angst.

Plötzlich klopft es. Hilde erschrickt.

Ist es Theo?

Die Klinke wird heruntergedrückt, aber die Tür geht nicht auf. Hilde kann sich nicht erinnern, dass sie zugesperrt hat.

„Ich bin es, Benno."

Enttäuscht öffnet sie die Tür.

„Es geht schon los, wir dachten, du hast vielleicht verschlafen."

Hilde schaut erstaunt auf die Uhr. Es ist schon nach zwei. Ist sie denn jemals unpünktlich gewesen?

Der Raum, der ihnen von Marcelli im neuen Quartier als Gruppenraum zur Verfügung gestellt wurde, liegt unten neben der Küche. Er ist klein und dunkel, eine Art Jagdzimmer, mit Geweihen an den Wänden.

Sie sitzen nicht im Sesselkreis, sondern um einen runden, rustikalen Tisch.

In einem Winkel ist eine Nachahmung des Franziskus-Kreuzes von San Damiano befestigt, ein sterbender Christus, aufs Kreuz aufgemalt, mit dunklen, ernsten, offenen Augen.

Auch dieses Haus ist alt, seine Mauern sind dick und die Fenster klein. Von draußen dringt das Geschrei der Zikaden herein. Irgendwo schlägt ein Hund an und bellt ausdauernd.

Marion blickt aufmerksam in die Runde und versucht, die Stimmung wahrzunehmen.

Brodelt unter oberflächlicher Ruhe so etwas wie Aufruhr? Welchen Einfluss hat Pietro darauf?

Aber wie immer, wenn sie sich Pietro vorstellt, verliert sie fast augenblicklich ihre Angst. Etwa weil er sie an Bernhard erinnert? Der so wie Pietro das Leben über Symbole gestaltet? Ein Künstler? Der sogar den Namen Bernardo mit ihm gemeinsam hat?

Elvira mit ihren fünfzehn zerrt auf der einen Seite an ihr, auf der anderen Seite steht Bernhard, der siebzig Jahre alt ist, und sie muss zwischen den beiden vermitteln. Hin und wieder flackert Verwirrung in Bernhards Blick auf. Er könnte eher Elviras Großvater sein als ihr Vater. Manchmal schämt sich Elvira für ihn.

„O. k.", hört sie plötzlich Sylvias Stimme und schreckt auf.

Sie war innerlich weit fort.

„Es tut mir leid", sagt sie und schaut Sylvia an, „ich war ein wenig in Gedanken versunken. Fangen wir an. Was wollten Sie gerade sagen? Bitte erzählen Sie, wie es Ihnen geht!"

In diesem Augenblick klopft es leise, und die Tür geht auf. Giovanna, die Cousine Marcellis, die sich um den Haushalt kümmert, tritt ein. Sie hat mit dem Ellbogen die Klinke heruntergedrückt und trägt ein schweres Tablett. Aus einer Kanne duftet frischer Kaffee.

„Scusate", sagt sie und lacht. „Pensavo, che volevate il caffè."

Hunderte hauchdünne Fältchen rahmen ihre Augen ein. Ihr

graues Haar ist im Nacken zusammengebunden. Sie stellt die Kanne mit dem Kaffee und eine zweite mit aufgeschäumter heißer Milch ab. Dann deckt sie den Tisch und stellt ein Tablett frischen Apfelstrudel dazu.

„Strudel di Vienna", nickt sie lächelnd, „like at home. L' ho fatto, because it is a terribile situazione."

Sie seufzt. „Povero Pietro! Non ci posso credere …"

Marion und die anderen sind völlig perplex. Nicht schon wieder eine Störung! Soll das die versprochene Ruhe sein? Andererseits ist Giovanna rührend! Ein Redeschwall, gemischt aus Italienisch und Englisch, ergießt sich auf sie hin. Vom armen Pietro gebe es keine Spur! Er sei doch krank. Was gehe wohl in ihm vor? Die Signora müsse es doch eigentlich wissen, „ha studiato psicologia".

Marion überlegt, wie sie reagieren soll. Es ist ausgemacht, dass Giovanna die kulinarische Versorgung übernimmt. Selbstversorgung wie im Torre ist hier nicht möglich. Marcelli hat ihnen freie Kost angeboten. Giovannas Küche würde sie zumindest ein klein wenig entschädigen, hat er gemeint.

Christof entschärft die Situation. „Grazie molto", strahlt er und setzt sein charmantestes Lächeln und zugleich einen sehr bestimmten Gesichtsausdruck auf. Dann sagt er mehrere fließende Sätze auf Italienisch zu Giovanna. Er erklärt ihr, dass es sehr wichtig sei, dass während der Arbeitszeiten niemand störe.

„O scusi, non lo sapevo", entschuldigt sich Giovanna. Dann nimmt sie Christof das Versprechen ab, dass er nach dem Kaffee das Geschirr in die Küche stellen wird. Weil sie doch nicht mehr hereinkommen darf.

Als sie die Tür hinter sich zumacht, beginnt zuerst Benno zu lachen. Prustendes Gewieher bricht los.

Marion schaut Sylvia, die sich zurückgelehnt hat, besorgt an.

„Also wenn er schon dasteht", schlägt Hilde vor, „bin ich dafür, dass wir den warmen ‚strudel di Vienna' auch essen." Und Benno, Christof und Theo teilen diese einleuchtende Meinung.

Sylvias Hände zittern, sie atmet schnell, ihr Blick ist starr auf den Boden gerichtet. Es ist, als würde der Boden unter ihr schwanken.

„Das kennt nur jemand, der Flugangst hat", sagt sie, „oder Panik in einem Tunnel. Oder im Lift. Es ist so irrational."

Marion nickt. „Reden Sie einfach weiter, sprechen Sie alles aus, was Sie fühlen!"

Sie will, dass Sylvia durch diesen Tunnel der Angst geht. Die Sprache könnte das Seil sein, an dem sie sich festhalten kann.

„Ich stecke seit heute früh in diesem Gefühl. Ich halte es fast nicht mehr aus. Die Angst sitzt in der Brust. Es tut mir körperlich weh.

Sie drückt mit der Handfläche gegen ihr Brustbein.

„Sprechen Sie, sprechen Sie einfach weiter!", fordert Marion sie auf. Sylvia schüttelt kaum merklich den Kopf, setzt aber fort.

„Ich weiß nicht, wann es begonnen hat. Als ich die Blüten sah. Als ihr von den Knochen erzählt habt. Oder vielleicht schon vorher."

Sie vermeidet es, in Christofs Richtung zu sehen.

„Es tut mir leid, ich glaube, ich bin verrückt." Sie macht eine kurze Pause. „Wisst ihr, dass ich Angst habe, dass mich Pietro umbringen wird?"

Als sie auflacht, ist ihre Verzweiflung zu spüren.

„Versteht ihr, ich muss zerstört werden. Ich habe schon als Kind Angst gehabt, dass ich ermordet werde ... Er wird es tun. Ich weiß es. Aber warum darf ich nicht leben?"

Sie beginnt wieder zu lachen. „Ich bin verrückt, nicht wahr, jetzt bin ich endgültig verrückt geworden." Keiner spricht.

„Jetzt sagt mir doch, dass ich verrückt bin!" Ihre Stimme klingt schrill. „Aber ich würde euch sowieso nichts glauben. Es ist egal, was ihr dazu meint. Ihr könnt mir hundert Mal sagen, dass ich mir das alles nur einbilde. Das weiß ich selber ... Aber die Gewissheit in mir ist stärker als jede Vernunft ... Auch dass ich mich vor euch schäme, ist gleichgültig. Es ist nicht mehr wichtig, was ihr über mich denkt."

Ihre Stimme wird plötzlich leise und kalt.

„Es geht darum, ob ich überlebe. Und ich kann nichts tun ..."

Marion assoziiert, wie ein Boot forttreibt und im Nebel verschwindet. Sylvia zieht sich in eine kalte, einsame Verzweiflung zurück. Niemand wird sie erreichen.

„Schauen Sie hin", sagt Marion laut. Ihre Stimme erscheint ihr wie das Hupen eines Nebelhorns.

„Sylvia", wiederholt sie leise und bestimmt, „es geht um Ihr Überleben. Was ist es, das Sie bedroht?"

Aber sie merkt, dass sie Sylvia nicht mehr erreicht.

In diesem Augenblick tritt Benno hinter Sylvia und legt ihr die Hände auf die Schultern.

„Es ist nicht Pietro Bernardo", sagt er ruhig, „es ist ein anderer Mann."

Benno spürt, wie sie zu zittern beginnt. Etwas scheint sie zu würgen, und sie will aufspringen, aber er lässt ihre Schultern nicht los.

„Reden Sie weiter!", sagt Marion.

„Ich hatte nie Glück mit den Männern, es hat nie funktioniert. Sie haben mich alle sitzen gelassen. Ich fühle mich so schmutzig dabei."

Schluchzend würgt Sylvia die Worte heraus.

„Immer bin ich schuld. Ganz egal, was geschieht. Ich bin schuld. Wenn mich einer ausnützt und wegwirft, dann muss ich mich entschuldigen. Ich habe ihn so weit gebracht. Ich habe ihn so weit gereizt. Ich habe das gewollt."

Sylvia wirkt wie ein Gefäß, in das ein Loch geschlagen wurde, und weint hemmungslos.

„Ich will nichts sehen. Ich will diese Männer nicht sehen. Sie kotzen mich an. Sie tun einem weh und sind dann selber das Opfer. Sie schlagen dich, und du hast sie dazu gebracht ... Er fühlt sich an den Pranger gestellt. Er wird verleumdet. Er brüllt dich an, und dann fickt er dich wieder, aber du bist schuld, dass er so grauenvoll ist. Du hast sein Leben zerstört, weil er schlecht ist und dir wehgetan hat."

Benno hält sie fest. Es tut ihm weh, was sie sagt.

Hilde steht auf und streicht ihr übers Haar.

„O. k.", sagt Marion und blickt in die Gruppe. „Nehmt Sylvia jetzt in eure Mitte. Setzt euch auf den Boden und haltet sie. Gebt ihr Geborgenheit wie einem Kind."

Ob das klug war? Die Regression zu verstärken?

Sylvia bettet sich weich und schwer in Hildes Arme. Benno streichelt ihre Füße, sogar Theo tätschelt sanft ihr Schienbein entlang. Christof hält am meisten Abstand, aber er hat ihre nasse Hand in seine genommen. Sylvias Weinen wird leise und ruhig.

Es ist ein friedliches Bild. Der Gruppenbauch als Mutterersatz. Ein leisen Glucksen und Verdauen, und schließlich schläft Sylvia ein. Nicht lange. Ein paar Augenblicke vielleicht. Christof scheint zu träumen. Benno nickt leicht mit dem Kopf, Hilde summt leise ein Lied.

„Nun", sagt Marion sanft, als Sylvia die Augen aufschlägt, „wie fühlen Sie sich jetzt?"

„Es war schön", sagt Sylvia leise.

„Geht es wieder so weit, dass Sie einfach zuhören können?"

Sylvia nickt und löst sich aus Hildes Armen.

Obgleich das kein Psychodrama-Spiel war, ersucht Marion die Gruppe um ein Sharing. Das heißt, jeder soll sagen, was die Szene bei ihm selbst ausgelöst hat. Eine Erinnerung, ein Thema aus dem eigenen Leben. Keine Deutung.

Sylvia ist sehr müde und froh, nichts sagen zu müssen. Das Angstgefühl liegt nur noch als leichtes Ziehen auf ihrer Brust. Sie fühlt ganz deutlich die Erinnerung an Christofs Berührung in ihrer Hand. Ob Zärtlichkeit brennt? Sie streicht mit dem Daumen über die Stelle und versucht sich auf Bennos Stimme zu konzentrieren.

„Erinnert ihr euch noch", sagt Benno, „beim letzten Seminar hat mir Angi vorgeworfen, dass ich mich immer zum Opfer mache. Und dabei total aggressiv bin. Ich will angeblich nur austeilen, und wenn die anderen sauer auf mich sind, bin ich beleidigt und fühle mich als missverstandenes Opfer. Daran kiefle ich immer noch. Ich finde es schrecklich. Ich verstehe es und dann wieder nicht ..."

„Wenn ich dich schlagen muss, leide ich mehr als du. Hat man das früher nicht zu den Kindern gesagt, wenn man sie schlug?" Als Theo das einwirft, sieht er das Bild seines Vaters vor sich und wünscht sich, dieser hätte ihn wenigstens mit Schlägen beachtet.

„Deshalb habe ich Jus studiert", sagt Hilde, „weil es hier noch eine Unterscheidung zwischen Tätern und Opfern gibt. Ich brauche diese Klarheit. Der Täter wird bestraft, das Opfer geschützt."

Eine Zeit lang ist es still.

„Wenn nur die Kinder nicht immer die Leidtragenden wären!", sagt Christof nach einer Weile. „Mir fällt ein kleines Mädchen ein, dass sie uns vor zwei, drei Jahren auf die Kinderstation gebracht haben. Sie war vielleicht sieben. Sie ist von einem Onkel oder Großvater missbraucht worden. Was heißt missbraucht? ... Vergewaltigt. So viel Einsamkeit, so viel Gewalt ... Und eine Mutter, die sich versteckt hat und nichts von ihrer heilen Welt hat aufgeben können."

Sylvia sieht ihn erschrocken an. Plötzlich ist ihr wieder klar, dass auch sie in ihrer Kindheit missbraucht worden ist. Es läuft ihr heiß über den Rücken. Wenn sie es weiß, wissen es die anderen auch! Was hat sie vorhin verraten?

Was hat es da nicht alles gegeben, was eindeutig in diese Richtung hinweist? Ihre Angst vor dem Teufel, als sie ein Kind war? Ihre jugendlichen Vergewaltigungsfantasien? Der Mann ohne Gesicht? Sie beschäftigt sich schließlich schon lange genug mit sich selbst. Aber sie drängt dieses Wissen immer wieder an den Rand ihres Bewusstseins zurück und weigert sich, sich zu erinnern. Es ist bestimmt nicht ihr Vater gewesen. Oder doch? So sehr sie sich anstrengt, sie erinnert sich einfach nicht.

Beschämt spürt sie Marions Blick, aber Marion schweigt, lässt ihr Zeit. Sie denkt an einen Kollegen, der Missbrauchsopfer nur sehr selten in Therapie nimmt. Die einstigen Opfer, behauptet er, würden den Therapeuten immer zum Täter machen. In dieser Schere wäre die Therapie unweigerlich zum Scheitern verurteilt. Man komme aus der negativen Übertragung nicht heraus. Nun, Marion ist da nicht einer Meinung mit ihm. Zudem ist sie eine Frau. Da ist das Problem nicht leichter, aber anders.

„Die Polizei hat Pietro noch nicht gefunden", sagt Christof. Sylvia nickt.

Die beiden gehen die asphaltierte Landstraße entlang. Links stehen auf einem Steilhang Hunderte von Olivenbäumen in der ausgetrockneten Erde. Am Wegrand blüht gelber Ginster, über den Blüten brummen dunkle Wolken aus Bienen. Die Sonne hat sich nach Westen gewendet, strahlt aber immer noch heiß. Vom Asphalt steigt die Hitze flirrend auf.

„Wie in einem Krimi im Kino, wirklich."

Sylvia beißt auf ihre Unterlippe und schüttelt den Kopf. Sie streicht sich die Haare hinter die Ohren. Dabei horcht sie in sich hinein und ist erstaunt, dass sie fast keine Angst hat. Wenn sie an die letzten zwei Tage denkt, ist sie nicht sicher, ob es wirklich sie selbst war, die in eine solche Panik geraten ist.

„Was meinst du", fragt sie, „ob Pietro nicht doch gefährlich ist?"

„Ich denke nicht."

Christofs Herz klopft, als er spricht. Er ist bis in die Zehenspitzen in Sylvia verliebt. Überall unter der Haut spürt er eine leicht brennende und doch irgendwie taube Schicht. Er ist glücklich, dass es Sylvia besser geht.

Er möchte weite Froschsprünge machen, sinnlose, verrückte, wie das Pferd beim Schachspiel, in Ecken, hin und zurück; wie der Läufer quer über das Feld, wie ein springender Hase, der Haken schlägt, um sich selbst zu entkommen.

Er lacht Sylvia an. Seine graugrünen Augen blitzen einen Moment auf.

Sie lacht plötzlich auch. So ausgelassen hat sie Christofs Augen selten gesehen. Normalerweise sind seine Augen ernst, auch wenn sein Mund ein schallendes Lachen von sich gibt.

Lassen Sie sich verführen von der dolcezza des Lebens!

Pflegte Christof nicht auf diese Weise für seine Schokolade zu werben? Sylvia wird verlegen.

„Unser Torre war eigentlich sehr hübsch", sagt Christof, der ihre Verlegenheit spürt.

„Ja, originell", stimmt Sylvia zu, aber die alte Angst kriecht wieder in ihr hoch.

Sie sind vorhin mit Marcelli noch einmal im Torre gewesen, weil Theo eine Tasche vergessen hatte.

„Wie viele Leichen haben sie denn nun gefunden?", fragt Sylvia unvermittelt.

Christof sieht sie erschrocken an. „Es waren nur Knochen", möchte er sagen, aber er kommt nicht dazu.

„Waren drei Leichen im Verlies, oder vier?", fährt sie unbeirrt fort. Sie spricht wie zu sich selbst. „Womöglich sind sie eingemauert gewesen. Ob er sie doch vielleicht lebend eingegraben hat? Hat man Kratzspuren gefunden? Von verzweifeltem Scharren mit den Nägeln? Ob es Frauen gewesen sind? Hat er sie vorher vergewaltigt? Gefoltert? Waren Kinder dabei? Was hat er mit ihnen angestellt? Was hat er getan? Und warum?"

Christof nimmt Sylvias Hand. Ihre Fragen erscheinen ihm völlig absurd.

„Was ist los mit dir?"

Sie senkt den Kopf. Sie spürt, wie die Scham in ihr aufsteigt. Sie möchte sich gerne vor Christof verstecken. Sie hat wieder viel zu viel von sich hergezeigt. Sie hat Angst, dass Christof sie eines Tages durchschauen wird. Er wird sehen, dass sie der Schmerz, der jemandem angetan wird, auch erregt, und wird sie verachten. Sie hat Angst, dass er zu genau und doch nicht genau genug hinsieht, wer sie eigentlich ist.

„Ich bin sehr froh, dass du da bist", antwortet sie und erschrickt über das, was sie sagt.

In ihm wird es still. Er hat Angst. Es dauert eine Zeit lang, bis er wieder spürt, was er weiß: dass er den Mut hat zur Liebe!

„Es ist, wie es ist", flüstert er.

Was er fühlt, ist ein großes Geheimnis. Das Glück klopft ihm bis zum Hals.

Ich liebe dich, wie du bist, denkt er, aber er sagt nichts. Und doch kann er nicht aufhören zu lächeln.

Da streift Sylvias Fingerkuppe zart über den Rücken seiner Hand. Ihre Finger schmiegen sich in seine Handfläche. Er drückt leicht, um die Hand besser zu spüren.

„Ich brauche Zeit", sagt sie sehr ruhig und bestimmt. Sie wird ehrlich sein. „Weißt du, es war alles so viel. Als du als

Franziskus fortgegangen bist, um dein keusches Leben zu führen, war ich verzweifelt. Traurig auch. Und nicht nur, weil du ein X in meinem Seelendrama darstellst, sondern wegen dir. Nicht weil Franziskus, sondern weil Christof etwas in mir ausgelöst hat."

Christof lacht auf, als er sie vom X im Seelendrama sprechen hört. Er liebt witzige Formulierungen. In einer sehr tiefen Schicht seiner Seele hat er aber zu zittern begonnen. Er wagt nicht zu glauben, was er gehört hat.

Er sieht sie an. Der heiße, staubige Wind spielt mit ihrem Haar. Immer wieder streicht sie es sich hinter die Ohren.

„Ich glaube, ich meine dich", sagt sie ernst. „Ich hoffe es", fährt sie fort. „Ich werde dir nichts vormachen, das verspreche ich dir. Du kennst ja meine verzwickten Männergeschichten." Sie senkt den Kopf. „Du weißt auch, dass es da in meiner Kindheit einen finsteren Fleck gibt. Irgendeinen Missbrauch. So etwas verpatzt die ganze Sexualität." Sie wird rot. Sie ärgert sich darüber, dass sie sich schämt. Sie klammert sich an die eigene Stimme, um weiterzusprechen. „Ich denke nicht allzu viel darüber nach, was da wirklich war. Aber vielleicht sollte ich das ... Womöglich gehst du sonst bei mir kaputt."

Sie hat den letzten Satz sehr ernst gesagt, obwohl er halb als Scherz gemeint war.

„Ich habe keine Angst davor", lächelt Christof, und Sylvia merkt, wie viel sie an ihm mag. Sein Wissen, seine Offenheit, seine Ernsthaftigkeit, seine Behutsamkeit.

Christof wischt sich den Schweiß von der Stirn.

„Weißt du", fährt er fort, „ich will, wenn ich einmal alt bin, nicht sagen müssen, ich habe nicht gelebt."

Sein Blick wird plötzlich dunkel.

„Kein Leiden ist sinnvoll, aber wofür zahlt es sich sonst aus, wenn nicht für die Liebe."

Er schaut in ihre Augen. Es ist schön, ins Dunkelblau dieser

Augen zu tauchen. Mit ihrem schmalen, weit auseinander liegenden Schnitt. An der Nasenwurzel wachsen ihre Brauen zusammen, aber die Haare sind so hell, dass man es nur sieht, wenn man sehr dicht vor ihr steht. Auch über ihrer Oberlippe entdeckt er einen weichen, hellblonden Flaum.

„Wenn du alt bist, wirst du einmal einen Schnurrbart bekommen", lacht er.

Sylvia boxt ihn in den Bauch.

„Und du eine Glatze!", gibt sie zurück.

Unwillkürlich greift sich Christof an die Stirn und überprüft seinen Haaransatz. Aber er findet nicht, dass er die Anlage zu einer Glatze hat.

„Reingefallen", lacht sie, und im selben Moment fühlt sie, wie er sehr zart mit beiden Handflächen über ihr Haar streicht. Sie schließt die Augen und tritt ganz nahe an ihn heran. Sie spürt seinen Penis an ihrem Bauch und legt ihre Wange an seine Brust. Sein Hemd ist feucht. Sie horcht in seinen Pulsschlag.

Er legt die Lippen an ihre Stirn, an den Ansatz ihrer Haare, und schlingt die Arme um sie. Er riecht ihr Haar. Er hört das Streichkonzert der Zikaden. In seiner Seele wächst das Glück wie ein wuchernder Strauch wilder, üppiger Rosen, in dem zwei Vögel schreien vor Glück.

„Wie geht es euch jetzt? Was beschäftigt euch? Wie kann es die restlichen drei Tage weitergehen?"

Marion merkt, dass sie immer öfter die Du-Form verwendet. Die Gruppe ist ihr schon sehr vertraut. Gleichzeitig sehnt sie sich nach Ruhe und Alleinsein. Erleichtert stellt sie fest, dass es Sylvia viel besser geht.

„Ich kann nicht aufhören, an Pietro zu denken", sagt Benno. „Ich will wissen, was hinter dem Ganzen steckt. Ich möchte, dass man uns besser informiert."

Er lehnt sich zurück, dann geht sein Oberkörper wieder nach vor, und er stützt sich mit den Ellbogen auf den Knien auf.

„Pietro ist immer noch verschwunden. Wir wissen nicht, wer die Toten sind. Es ist immer noch möglich, dass ein Verbrechen dahintersteckt. Der Mann ist offensichtlich ein Psychopath, so viel steht fest. Aber egal ..."

Benno weiß selbst nicht genau, was er will. Wut und Zorn steigen in ihm auf. Gleichzeitig spürt er eine ihm unerklärliche Verzweiflung, gegen die er ankämpft. Er fühlt sich alleingelassen. Trotzig schaut er in die Runde.

„Von euch kann mir sowieso keiner etwas sagen", knurrt er ärgerlich.

Sylvia schmunzelt und bekommt Lust, mit Benno zu streiten. Das ist ganz der alte Benno. Auch Hilde lächelt.

„Ich stelle mir vor", sagt Theo, „dass unser Pietro ein Massenmörder ist. Und den Frauen, die er ermorden wollte, hat er vorher einen Besenstiel in die Scheide gestoßen."

„Sag einmal, spinnst du?", fährt ihn Hilde entsetzt an. Ihre Bauchdecke krampft sich zusammen.

Auch Christof schüttelt den Kopf. „Hör auf", sagt er, „wie kommst du darauf? Pietro ist nur ein alter Mann, über den wir nichts wissen."

Er möchte Sylvia gerne vor diesen Gewaltfantasien beschützen.

„Na eben", beharrt Theo, „also kann es doch gut so gewesen sein. Vielleicht hat er den Besenstiel auch einem Mann in den Arsch gerammt. Das Blut spritzt nur so heraus. Gefällt dir das besser?"

Theos Haare fallen weich auf seine Schultern. Mit seinem schmalen, bärtigen Gesicht sieht er aus wie eine Christusfigur. Sein Blick brennt, aber gleichzeitig wirken seine Augen kalt. Der Ausdruck auf seinem Gesicht ist eine Mischung aus Trotz, Provokation und Nachdenklichkeit.

Marion wird neugierig.

„Du bist pervers", sagt Sylvia. Ihre Lippen sind vor Verachtung und Abwehr schmal geworden.

„Na und?", erwidert er, „wer denn nicht? Nicht wahr, Benno, hilf mir doch! Gerade die, die am heiligsten tun, sind die schlimmsten. Wahrscheinlich haben gute italienische Katholiken unseren Pietro zu so einem seelischen Krüppel gemacht."

Benno rutscht unruhig auf dem Sessel hin und her. Wie die anderen ist auch er über Theo entsetzt.

„In den Diktaturen in Lateinamerika, unter Pinochet zum Beispiel, hat man die Folterknechte erst allmählich an die Grausamkeit, die sie den Gefangenen zufügen müssen, gewöhnt. Als erstes muss man die Schreie aushalten. Wenn man daran gewöhnt ist, darf man das erste Mal zusehen. Jeder tut, als wäre das vollkommen normal. Man rammt den Penis in die zerschundene Möse einer schon oft vergewaltigten Frau. Außerdem stinkt sie. Sie ist viele Tage in einer finsteren Kammer gelegen. Viele tun es vor dir. Man schlägt zu. Man tritt sie in den Bauch. Bei der ersten Grausamkeit, die man jemandem zufügt, klatschen die anderen. Tut nicht so, ich schwöre euch, ihr alle würdet das Foltern erlernen ..."

„Hör auf!", sagt Christof. Ihm wird langsam übel. Er spürt Theos Hass auf die Frauen und wird zornig. Plötzlich hat er Lust, Theo mit dem Handrücken ins Gesicht zu schlagen. Er erschrickt. Kann Brutalität ansteckend sein?

„Mich beschäftigt ja auch, ob dieser Pietro wirklich so harmlos ist", versucht Hilde einzulenken. „Vielleicht hat er die Toten, die man gefunden hat, wirklich selbst getötet ..." Hilde macht eine Pause und lächelt hilflos. „Alle möglichen Dinge, die man aus Kriminalfilmen kennt, tauchen vor einem auf."

„Ich bin überzeugt", sagt Theo unbeirrt, „dass es ein geiles Gefühl sein muss, Macht über Leben und Tod zu besitzen. Christof, das müsstest du von deinem Beruf her doch verstehen. Aber du bist ja nur ein mitleidiger Helfer ... Du kannst nichts tun ... Macht euch nichts vor. Wirkliche Macht hat nur ein Mörder."

Er lacht kurz auf.

„Stellt euch vor, ich wäre ein Mörder. Ich schaue in die Runde und denke: O. k., Sylvia, du wirst heute Nacht sterben!"

Er blickt Sylvia lange und eindringlich an, dann dreht er den Kopf weiter.

„Dich, Benno, lasse ich leben, weil ich gnädig bin und du mein Freund bist."

Benno erschrickt. Warum soll er leben, wenn Sylvia stirbt? Er versucht etwas zu sagen, aber Theo fährt weiter fort.

„Ob ich dich leben lasse, Christof, weiß ich noch nicht. Ich werde dich prüfen."

Dann lässt er langsam seinen Blick weiter wandern. Er lächelt, als er Hilde ansieht.

„Hilde muss ich mir aufbewahren", sagt er mit eisiger Stimme, „und zwar für den Augenblick, wo ihr Tod für mich die größte Lust bedeutet ..."

Er trinkt das Erschrecken in Hildes Gesicht und wendet sich dann der Runde zu.

„Versteht ihr?", sagt er, „diese Macht hat nur einer, der Blut geleckt hat; einer, der den ersten Mord hinter sich hat. Dagegen bist du ein Hampelmann, Christof, denn du kämpfst gegen den Tod, ich aber habe Macht über das Leben."

Hilde und Sylvia sind blass geworden. Auch Benno und Christof sinken fassungslos in ihre Sessel zurück. Sogar Marion spürt ein Frieren in den Handflächen, das sie immer dann bekommt, wenn ihr ein Klient unheimlich wird und sie sich bedroht fühlt.

Eine klirrende Stille liegt im Raum. Jeder spürt seinem Lebens- oder Todesurteil nach.

„Theo, genießen Sie es, die anderen zu erschrecken?", spricht Marion ihn an. Ihre Stimme klingt dünn und hohl.

Theo sieht zu ihr her.

Marion ist es, als würde ein altes Feuer in ihm brennen, für das er eigentlich zu jung ist. Sie hat Angst, aber sie richtet sich innerlich auf.

Theos Augen brennen.

„Dich will ich auch besitzen", sagt er unbeirrt und starrt Marion an, „und zwar vollkommen und ganz. Ich nehme dich. So vollkommen gehörst du mir nur, wenn ich dich töte. Deshalb zerstöre ich dich."

Marion glaubt, nicht richtig gehört zu haben. Was hat Theo gesagt? Meint er das wirklich?

Sie weiß, dass die Menschen normalerweise die Tür zur eigenen Grausamkeit fest verschlossen halten ... Und jetzt das? Spielt er mit dem Entsetzen der anderen? Und wieder der eisige Luftzug ... Einen Spalt breit sind alle Verliese geöffnet ...

Niemand wagt, etwas zu sagen. Marion wünscht sich, jemand würde aufstehen und sich hinter sie stellen. Aber sie ist allein.

Ich habe mich getäuscht, denkt sie, er ist tatsächlich so interessant, wie er aussieht. Aber er könnte mein Sohn sein ...

Sie merkt, dass sie ablenkt, ihm ausweicht, ihn harmloser macht.

Dann aber richtet sie sich innerlich auf, stellt sich seinem Blick und versucht, ihn im Eis seiner Augen zu finden. Sie geht in das Grauen hinein.

Theo starrt sie an, fixiert sie. Er dringt in sie ein, taucht in ihren Blick.

Sie sieht ihn, in seinen Augen gespiegelt, wie er sie fickt.

Sie traut ihrem Blick nicht. Erregung brennt sich in ihr Geschlecht.

Was ist da los? Geht die eigene Fantasie mit ihr durch, oder ist es Theos Fantasie, die sich spiegelt ...

In diesem Moment fühlt sie, dass sich etwas verändert. Plötzlich erscheinen ihr Theos Augen nur noch weit und offen. Er versinkt in ihr. Er verliert sich in ihren Augen. Er löst sich in ihrem Blick. Er schwimmt in ihr, er befruchtet sie.

Einen kurzen Moment lang schließt Marion die Lider. Sie atmet fest durch. Ihr Herz klopft. Ist es nicht total verrückt, eine Psychotherapeutin zu sein? Sie spürt, dass die Kälte vorbei ist.

„Es tut mir leid", sagt Theo leise. „Entschuldigen Sie."

Er blickt in die Runde.

„Weiß der Teufel, was mit mir los war."

Christof wischt sich den Schweiß von der Stirn.

„Du warst wohl von allen guten Geistern verlassen", sagt Hilde. Sie beruhigt sich, indem sie spricht. „Es war schrecklich. Wirklich, dass du so kalt sein kannst, und so voller bestialischer Gedanken ... Es war, als hättest du eine Pistole auf uns gerichtet ... Dabei hast du gar nicht so viel gesagt ... Und es war doch so, als würdest du jeden Augenblick abdrücken, und ich war überzeugt, du würdest uns wirklich töten. Theo, du bist furchtbar gewesen."

Hilde redet sich in ein Wieder-Vertrauen zu Theo hinein. Dann lächelt sie Marion zu.

„Ich weiß ja nicht wie, aber auf eine geheimnisvolle Art und Weise haben Sie uns vor diesem Unhold gerettet."

Marion ist erleichtert. So ein seltsames Erlebnis hat sie noch nie gehabt. Ihr fällt das Verhalten der Zwergschimpansen ein, die bumsen, wenn sie im Stress oder aggressiv sind, um die Aggressionen abzuleiten. Die Idee ist ja nicht schlecht.

„Irgendwie warst du auch beeindruckend, was deinen Exkurs über die menschliche Grausamkeit anbelangt", fährt Hilde fort.

„Ich denke auch, dass du Recht hast", stimmt Benno ihr zu,

„wahrscheinlich sind wir alle zu diesen schrecklichen Dingen fähig."

„Man gewöhnt sich an das Leiden der Menschen", gibt Christof zu.

Er hat sich noch nicht von Theos „Ausbruch" erholt. Er erschrickt vor dem Gedanken an die Macht, die ein Mensch hat, wenn er tötet oder verschont. Er sieht die Schergen in den KZs. Einen Arzt, der einen Teil der Menschen sofort in die Gaskammern schickt, und die anderen foltert und quält er. Nicht weil er ihnen etwas zu Leide tun will; nein, er führt nur Experimente durch. Dann fällt ihm aber das Franziskus-Spiel wieder ein. Es war schön, Theo zu streicheln, als er den Aussätzigen spielte. Es ist nicht so schwer, die Schwachen und Ausgestoßenen zu mögen ... Aber wer liebt einen, der aus der Grausamkeit der eigenen Seele heraus lebt? Kann man den „Bösen" lieben?

Christof streift Sylvia mit einem Blick und weiß, sie wird Theo niemals verzeihen. Er würde ihr gern erklären, was er denkt, auch wenn es ihm selbst nicht klar ist. Plötzlich ist es ihm wichtig, dass sie ihn und seine Gedanken versteht.

Christof hat den Arm unter Sylvias Nacken gelegt. Ihr Haar fällt weich über seinen Arm. Sie hat die Augen geschlossen, hebt die Lider aber immer wieder und schaut ihn an. Er versucht, den Ausdruck ihrer Augen zu entschlüsseln. Ist es Erstaunen, Vertrauen oder Lust, was er wahrnimmt?

Ab und zu atmet sie etwas lauter, stöhnt leicht.

Er spürt, wie sich seine Energie in seinem Penis sammelt. Aber er will zärtlich und liebevoll sein, sonst nichts.

Er lässt Sylvias Gesicht nicht aus den Augen. Es ist ihm, als würde es das erste Mal für sie sein, und dementsprechend vorsichtig will er sich verhalten, um ihr nicht weh zu tun. Einen Moment lang ärgert er sich über sich selbst. Schleicht sich eine dieser traditionellen Fantasien in seine Seele? Die Jungfräulichkeit als Zeichen vollkommener Hingabe oder vollkommenen Besitzes? Wünscht er sich das? Und wenn schon, denkt er, nicht einmal das ist von Bedeutung.

Sehr sanft, sehr zärtlich streichelt er über Sylvias Schamhaare. Er betastet ihren Kitzler. Ihre Brustwarzen stellen sich auf. Er genießt, wie sie stöhnt, als er die Öffnung ihrer Harnröhre berührt. Sein Penis wird so prall, dass er am liebsten sofort eindringen möchte. Er faltet ihre äußeren und inneren Schamlippen auseinander und spürt die Nässe ihres Geschlechts.

„Komm", flüstert sie, aber er lässt sich in seiner Behutsamkeit nicht beirren.

Er wird fast verrückt vor Erregung. Er drückt die Kuppel seines Glieds an ihre Scheide. Langsam, ganz langsam schiebt er sich in die warme und weiche Höhle hinein.

Er möchte abspritzen, seinen Samen verschütten, aber er presst seine Erregung zurück. Es ärgert ihn, dass er so schwer ist. Er möchte Sylvia tragen und sie nicht erdrücken.

Ihr Geschlecht beginnt an dem seinen zu saugen.

Sie hält die Augen geschlossen. Sie spürt noch den Moment der Empörung in sich, den sie immer verspürt, wenn ein Mann in sie eindringt. Dass das so sein darf! Dass jemand die Geschlossenheit ihres Körpers aufbrechen kann! Christof schiebt seinen Penis noch immer langsam und verhalten in sie.

Sie hat schon lange mit keinem Mann mehr geschlafen. Sie presst seinen Hintern gegen ihren Bauch. Sie hat nicht gewusst, dass ein Mann so zärtlich sein kann. Sie will ihn herauslocken aus seinem Schwanz. Er soll seine Seele in sie verspritzen. Sie will seine Samen in ihrem Mund, auf den Brüsten, am Bauch, in der Öffnung ihres Afters, gleichzeitig, überall. Ein einziger Mann wird da nicht genug sein.

Sie öffnet die Augen, um Christof zu sehen. Er lächelt. Seine Augen ruhen weich und zärtlich auf ihr.

Sie streichelt seine Haare, seinen Rücken. Sie ist dankbar und glücklich, dass er bei ihr ist. Sie streckt ihm fordernd ihr Geschlecht entgegen. Sie beginnt zu stöhnen, sie tanzt.

Wenn er mich von hinten fickt, wird es sich entscheiden, was sein wird mit uns. Sie erschrickt vor ihren Gedanken. Entweder ich hasse dich dann, oder ich bleibe für immer bei dir.

Christof hat zu stoßen begonnen. Sie schreit auf. Als sich ihr Unterleib löst und seinen Schwanz überschwemmt, ist er verrückt vor Zärtlichkeit und Lust.

Die Nacht liegt wie ein schwarzes Tier vor dem Fenster. Sylvia entspannt sich im Rhythmus von Christofs Atem. Er schläft. Sie fühlt, wie seine Samen aus ihrer Scheide rinnen.

Ob es sie eines Tages stören wird, wenn er schnarcht? Was mache ich mir Sorgen, denkt sie, vielleicht ist morgen alles schon wieder vorbei ...

„Ich will dich nicht verlieren", flüstert sie in seine geschlossenen Augen hinein und zieht in ihrer Vorstellung die Linie seiner Augenbrauen nach. Sie möchte sich in seine Arme hineindrängen und ganz nah bei ihm liegen, Haut an Haut, aber sie hat Angst, ihn zu wecken.

Sie kann es nicht fassen, dass er sie liebt. Wieder und wieder versteht sie es nicht. Ausgerechnet mich? Warum mich? Was ist denn Besonderes an mir?

Obwohl sie müder und müder wird, möchte sie die Augen offen halten, ihn weiter anschauen. Langsam, im Ab- und wieder Auftauchen, versinkt in ihrem Blick Christofs Gesicht, sein halb geöffneter Mund, die Bartstoppeln, das Glück.

*Signorelli*

*Und in diesem Moment beginnt Sylvia zu pressen. Eine schwere Welle geht durch ihren Körper. Sie greift erschrocken zwischen ihre Schenkel und fängt einen Klumpen auf, der sich nass und glitschig anfühlt; sie hebt ihn an die Nase und schnuppert. Er riecht nach Samen und Blut. Also doch, denkt sie, also doch aus der Liebe zu Christof geboren. Aber etwas stimmt nicht.*
    *Sie räuspert sich und erschrickt über die Tiefe ihrer Stimme.*
    *Sie ist ein Mann.*
    *Immer noch hält sie diesen Klumpen in den Händen. Sie drückt die Finger hinein, und die Masse gibt nach wie weicher, mit Wasser gemischter Lehm. Roten Ton hält sie in Händen, rote lehmige Erde. Ist sie der erste Töpfer der Welt, ist sie denn Gott?*

*Sie sprach mit einer tiefen Bassstimme.*
    „Meine anspruchsvolle Kunst war mir immer ein reichlich anstrengendes Weib, und meine Kinder sind die Werke, die ich hinterlasse. Selbst wenn sie nichts taugen, werden sie mich überleben."
    *Vor ihr stand ein Mann, sehr viel jünger als sie.*
    *Sie trug einen schwarzen, schweren Mantel, schwarze Schuhe und eine schwarze Kappe. Ihr Haar fiel ihr bis zu den Schultern. Vom Platz unter dem Fenster drangen helle, laute Kinderstimmen in den geräumigen, hohen Raum.*
    „Leidet Ihr nicht sehr unter der Einsamkeit, Meister?", *fragte der Jüngling. Dabei legte sich ein anzügliches Lächeln auf seine Lippen.*
    „Ach, mein lieber Tomaso!"

*Ein tiefer Schatten zieht über Sylvias Augen, und in diesem Moment weiß sie, wer sie ist. Sie heißt Luca Signorelli. Ihre Brauen sind buschig, wie es ihrem Alter geziemt.*

*Also dieser Signorelli bin ich, erschrickt sie.*
*Aber im selben Augenblick zweifelt sie von Neuem. Gleichzeitig scheint sie ein anderer zu sein, ein zweiter, ein jüngerer, noch berühmterer Künstler.*
*Ist sie auch Michelangelo?*

*Sie starrte den Jüngling an, der seinen roten Samtumhang ablegte. Sein Geschlecht zeichnete sich unter den eng anliegenden Hosen deutlich ab, und Signorelli erschrak, als er bemerkte, wie sehr er den Jungen begehrte. Seine Schenkel wurden heiß. Gleichzeitig fröstelte ihn.*
*Die nasse Kälte drang durch die Ritzen der Mauern. Im Kachelofen knisterte Feuer. Ich werde alt, dachte er müde. Wie kann ich zugleich der eine und ein anderer sein? Er begann mit der linken Hand die Fingergelenke und Handwurzeln der rechten Hand zu massieren. Es war wichtig, dass seine Hand die Starre und Steifheit verlor.*
*„So wollen wir also wieder beginnen", sagte er und wandte sich um. „Ich bitte dich, ziehe dich aus und stelle dich so wie gestern hin!"*
*Er nahm Papier und Kreide zur Hand. Er würde Tomaso heute zum letzten Mal zeichnen. Dann begann endlich die Arbeit am Stein. Dann würde er die Schönheit und Anmut dieses Jünglings in die Ewigkeit und Dauer einmeißeln.*
*Stolz und Kraft erfüllten ihn. Zeit und Niedrigkeiten würden besiegt sein, der Tod überwunden. Was wog dagegen das Begehren, die Lust, die Sehnsucht des Mannes? Was wogen die Einsamkeit und der Schmerz? Und was wog das unendlich schöne Kind, das sich vor ihm entkleidete? Was wog das Vorbild gegen das Abbild, die Ewigkeit?*

*David. Das Werk wuchs aus ihm heraus. Es sammelte sein Können, seine Meisterschaft in sich hinein. Es sammelte seine*

*Liebe und seine Lust. Es sog Ideen in sich auf, die er als Mensch nicht begriff oder teilte. Es forderte ihm alles ab, was er besaß und was er war. Und noch viel mehr. Es sog Dinge durch ihn hindurch, die ihm selbst fremd und unheimlich waren.*

*Für dieses Werk war er bereit, dem Teufel seine Seele zu verkaufen.*

*„Bist du bereit, die ewige Verdammnis auf dich zu nehmen?", hörte er eine Stimme in sich. Es schauderte ihn.*

*„Ja", flüsterte er. „Ja, um dich in deiner Schönheit zu preisen, Herr, würde ich das Heil meiner Seele geben."*

*„Was habt Ihr gesagt, Meister?"*

*Signorelli blickte auf. Dieses Kind, in Stein gefasst, würde auf der großen Piazza della Signoria aufgestellt sein, und Generationen würden staunend vor ihm stehen. Mochten er selbst und der Junge längst unter der Erde verfaulen, David würde seinen Namen durch die Jahrtausende tragen.*

*„Wie viele Gulden, Meister, wollt Ihr mir zahlen? Verzeiht, aber Ihr wisst ..."*

*„Schon gut", sagte Signorelli rasch und zog aus seiner Tasche ein Goldstück heraus. Tomaso stand nackt vor ihm, ein vollkommenes Geschöpf, weich und gleichzeitig voll Kraft, wie es seiner Jugend entsprach. Signorelli trat langsam näher. Tomaso lächelte, als er die Handfläche öffnete, um das Geldstück zu empfangen. Signorelli hatte Mühe, sein Verlangen, diesen Knaben ganz zu besitzen, zu beherrschen.*

*Wie großartig waren doch das heidnische Rom und die Gedanken der antiken Philosophen gewesen! Hatten sie nicht die Liebe zu Knaben geehrt und besungen? Hatte nicht sogar Sokrates einen Jüngling geliebt?*

*Man konnte sich glücklich preisen, in dieser Zeit und in dieser Stadt geboren worden zu sein, in der die Antike wieder aufleben durfte! Wie leicht war die Luft in der goldenen Stadt*

*Florenz, wo Reichtum, Freiheit und die Künste das Leben bestimmten!*

*Tomaso stellte sich auf, nahm die gewünschte Haltung ein. Sein Gewicht vertraute er seinem rechten Bein an, der eine Arm hing locker herab, und die halbgeschlossene Hand berührte den Schenkel. Der andere Arm war angewinkelt und berührte das Schlüsselbein, um ein Tuch zu halten, und seinen Kopf mit den kurzen Locken drehte er nach links.*

*Signorelli fasste Tomaso genau ins Auge und begann zu zeichnen. Alle Gedanken und Gefühle flossen vollständig von ihm ab. Alles, was er war, war auf die Tätigkeit des Erfassens und Abbildens zentriert. Eine intensive Stille umgab ihn. Nichts und niemand konnte diese Stille durchdringen und stören. Signorelli war in seiner Schöpfung versunken. Nach einiger Zeit tropften langsam wieder Geräusche von außen herein, und im Augenwinkel nahm er die Ungeduld seines Modells wahr; daran merkte er, dass es dem Ende zuging.*

*Erschöpft legte er den Stift zur Seite.*

*Sofort kam Tomaso auf ihn zu. Er blickte auf das Papier.*

*„O", sagte er bewundernd, „das bin ich?"*

*Signorelli berührte lächelnd das Haar des Jünglings. „Nein, mein Lieber", antwortete er, „das ist David."*

*„David? Wieso David? Wieso nicht ich?", fragte Tomaso erstaunt. Auch erschrocken. Mit einem Mal wurde ihm bewusst, dass die Zeit der gemeinsamen Arbeit, bei der er für den berühmten Meister Modell stand, vorbei war.*

*„Ihr braucht mich nicht mehr?", flüsterte er leise und trotzig.*

*Er trat ganz dicht an Signorelli heran. Er war immer noch nackt.*

*Signorellis Herz begann zu rasen. Was wollte der Knabe denn noch von ihm? Er fühlte die Nässe des Schweißes unter den Achseln, an den Handflächen, an der Stirn. Eine dunkle, rote Versuchung bemächtigte sich seiner, aus der gleichzeitig ein greller Schrecken entsprang.*

„Nicht genug, dass du in der Kunst Gott versuchst!", hörte er eine laute, gellende Stimme. Die Erinnerung an das Jahr 1498 kroch in ihm herauf:

„Die Pest wird euch alle vernichten!" Savonarolas Stimme gellte über den Platz.

„Ich bin von einem inneren Feuer getrieben", hatte Savonarola gesagt. „Platon, Aristoteles und die anderen Philosophen haben ihren festen Platz in der Hölle, Eitelkeit, nichts als Eitelkeit ist die Kunst!" Und er hatte sie alle, ausnahmslos alle verflucht! Würde dieser Fluch wirken? Hatte wirklich Gott aus Savonarola gesprochen?

Warum ängstigte dieser fanatische Dominikanermönch ihn immer wieder! Warum jetzt, wo David entstand?

Angst und Zweifel erfassten ihn.

„Was ist, Meister?", drang die Stimme Tomasos zu ihm. „Heißt das wirklich, dass Ihr mich von nun an nicht mehr braucht?"

Der Junge schlang einen Arm um seinen Hals.

Ich sollte ihn schleunigst fortschicken, dachte Signorelli, aber er konnte es nicht. Er küsste die weichen Lippen des Jungen. Er schob die Zunge zwischen seine Zähne und löste sich wieder. Er fasste ihn an den Schultern, drehte ihn ganz langsam um und zog ihn noch näher zu sich heran. Er spürte sein Gesäß an seinem Geschlecht. Er biss ihn ins Ohr, hauchte heißen Atem an seinen Hals. Dann beugte er den Knaben nach vorne, den Arm wie einen Gürtel um seine Mitte gespannt; gleichzeitig zog er sein steifes Glied aus der Hose.

„Lass mich!", flüsterte Tomaso, „Christof, ich bitte dich, lass mich! Nein, tu es nicht! Ich bin es doch!"

Christof? Wer war das?

Signorelli erschrak. Er stieß ein paar Mal zu, aber mehr aus Verzweiflung.

Er ging in großer Eile eine lange, schmale Straße entlang. Ein *nasskalter Wind wehte, und Schnee sickerte in die nassen, braunen Felle der Wiesen.*

„Sie verfolgen mich", flüstert Pietro. Er lehnt am Stamm einer Eiche; kalter Schweiß steht auf seiner Stirn. Sein Hemd ist zerfetzt.

„Wie unseren Herrn Jesus Christus, Giulio. Maria. Wie unseren Herrn."

Ein dunkler, großer Häher fliegt von einem Zweig auf. Der alte Mann erschrickt, horcht. Hört er schon das Bellen? Werden sie die Hunde auf ihn hetzen? Die wütende Meute der Jäger? Wann? Bevor die Sonne aufgeht? Machen sich Jäger nicht immer vor Sonnenaufgang auf den Weg?

Pietro presst beide Hände gegen den Bauch und hält den Atem an.

„Maria, Giulio, Alessandra, ich würde euch so gerne besuchen. Und ich käme euch holen, Masseo, Andrea, Giuseppe, Mercato. Meine Armen. Wer bringt euch zurück? Ob mich Gott euretwegen verfolgt?"

Der Alte geht in die Knie, den Rücken immer noch an den Stamm gelehnt. Er legt seine schwieligen Hände an sein Gesicht.

„Gott weiß nicht, was es heißt, einsam zu sein."

Neben ihm ist eine halb leere Flasche seines Rotweins zwischen zwei Wurzeln geklemmt. Er greift nach der Flasche und führt sie an seinen Mund. Eine rote Spur rinnt aus seinen Mundwinkeln und tropft über das Kinn auf seinen Handrücken. Ein breites Lächeln legt sich auf Pietros Gesicht. Eine weiche und angenehme Wärme breitet sich in seinem Magen aus, gleichzeitig verstärkt sich der Schmerz.

„Für euch", flüstert Pietro, „für euch und für Gott. Mehr habe ich nicht."

Er reibt seinen Rücken an der Rinde des Stammes, um sich

vom Schmerz abzulenken. Er wünscht sich, sein Freund Giulio wäre da. Oder die alte gute Maria. Sie würde ihn in ihr Bett legen, auf Polster gestützt, mit einer weißen Decke.

„Na na, povero ragazzo", würde sie sagen und seine Hand tätscheln. So hatte sie es immer gemacht. Sie würde ihm eine Geschichte erzählen und ihn in ihrer Kammer ausrasten lassen.

Ein tiefer Riss geht durch Pietros Herz.

Er hat Angst. Immer wieder sieht er wütende, fletschende, stinkende Hundemäuler vor sich, die ihn bellend einkreisen und immer wütender werden. Wer von Hunden träumt, begegnet dem Tod.

Bei diesem Gedanken wird Pietro mit einem Mal ruhig. Es ist nicht schade um das Fleisch, das an seinen Knochen klebt. Er ist krank. In seinem Bauch wächst eine Geschwulst. Wie kann er es nur immer wieder vergessen! Er wird sterben. Er wird leiden. Seine Aufgabe ist es, das Leiden zu ertragen.

Der Schmerz in seinem Bauch rast, er zerschneidet mit kalten Messern die inneren Schichten; er lässt sich nicht mehr beruhigen.

Pietro kann nichts mehr tun. Er kann, was er vorgehabt hat, nicht mehr zu Ende bringen. Es ist zu spät. Nicht mehr vollständig. Er hätte früher beginnen müssen.

Er will, dass es Winter ist, stiller schneeiger Friede über den Kammern des Todes.

Und plötzlich sieht er den leidenden Christus vor sich. Das Kreuz des Francesco, jetzt spricht es zu ihm.

„Komm", sagt der Herr, „komm zu mir an mein Kreuz!"

Pietro richtet sich auf. Er stemmt mit den Füßen gegen das eigene Gewicht an und bemerkt, dass er leicht geworden ist. Er spürt, wie die Rinde seine Haut aufschürft. Der Baum ist das Kreuz. Er ist an die alte Eiche genagelt. Die Arme ausgebreitet. Vor seinen Augen das Bild des Gekreuzigten von San Damiano: der dunkle, ruhige Blick eines Gottes, der in den Tod geht. Blut schießt aus seinen genagelten Händen und Füßen heraus.

„Der arme Herr", flüstert Pietro, als er plötzlich etwas Seltsames sieht. Neben den blutenden Füßen Jesu knien zwei Mönche und beten. Das Blut tropft von der Schwärze des Kreuzes auf die Erde herab. Dort unten ruhen die Schädel der Toten, weiß, leer, in tiefster Finsternis. Kein Wort dringt zu ihnen. Nichts erreicht sie. Jetzt beginnen sie zu flüstern.

„Wir haben eine Spur Leben gerochen", wispern sie einander aus leeren Mundhöhlen zu. „Ist der jüngste Tag angebrochen?"

Unablässig tropft aus den Wundmalen Christi das Blut in das Reich des Todes. Drei Tage wird Jesus bei ihnen sein. Dann bricht er mit ungeheurer Macht aus und teilt den Himmel für den Ritt der strahlenden Sonne, die in unsere Welt rollt. Es ist ein kosmischer Tag.

Pietro weint. Er spürt die Leiden des Herrn. Er singt den großen Sonnengesang, das Sterbelied des Francesco:

„Gelobt seist du, Herr, mit allen deinen Geschöpfen ..."

Der alte Mann fühlt die Kraft seines Auftrages in sich. Dein Blut ist mein Wein. Gott hat ihn berufen. Gott braucht ihn. Pietro wird sein Werk an den Menschen, die er liebt, vollenden. Jetzt weiß er, wie.

Warum kann sie nicht schlafen? Hilde ist todmüde. Es ist schon nach eins. Eine Tür wird leise aufgemacht und wieder geschlossen. Hat sie sich vorhin getäuscht oder ist wirklich aus dem Nebenzimmer ein Stöhnen zu hören gewesen? Ist Christof bei Sylvia? Haben die beiden miteinander geschlafen? Wenn Sylvia schwanger wird, denkt sie, bringe ich mich um. Ich habe ein größeres Recht auf ein Kind als sie. Gleichzeitig schüttelt sie verwundert den Kopf über sich selbst und erschrickt doch über den Ernst, mit dem sie das denkt.

Verwirrt steht sie auf und lehnt sich zum Fenster hinaus. Ein leichter kühler Wind, voll vom Duft von Nadeln und Kräutern, streicht über ihre Haut. Einige Sterne funkeln. Zwischen der Eingangstür und dem Pool sind Laternen aufgestellt.

Plötzlich bewegt sich beim Pool eine Gestalt. Es ist Marion. Eine dünne Rauchfahne löst sich aus ihren Fingern und steigt in den Lichtkegel einer Laterne auf. Hilde hat Marion noch nie rauchen gesehen.

„Ich habe Sie hier sitzen gesehen", sagt Hilde unsicher, „von oben, von meinem Zimmer aus. Ich kann nicht schlafen und will mir noch ein wenig die Füße vertreten."

Marion schaut sie freundlich an. „Setzen Sie sich doch zu mir." Obwohl sie das Alleinsein gesucht hat, ist ihr Hildes Nähe angenehm.

„Ich denke gerade darüber nach, ob meine Tochter in ein anderes Denken hineinwächst", beginnt sie das Gespräch und zündet sich noch eine Zigarette an. Sie hält Hilde das angebrochene Päckchen hin. „Rauchen Sie?"

„Eigentlich nicht", antwortet Hilde und nestelt eine Zigarette heraus.

Marion nickt ihr zu. „Ich rauche auch nicht", sagt sie, „aber heute Nacht schon."

Hilde zündet ein Streichholz an, hält es vor die Zigarette, zieht an ihr und hustet sofort.

„Was meinen Sie denn mit einem neuen Denken?", fragt sie.

„Die Jugendlichen werden immer mehr dazu angehalten, im Netz nach Informationen zu suchen. Alles Mögliche sollen sie sich herunterladen. Aber könnte es nicht sein, dass Menschen nur noch Schaltstellen in einem losen Informationsfluss sind? Das Denken wäre dann nur noch ein Sammeln. Im Sinne einer hochdifferenzierten Suchmaschine."

Tiefe Schatten liegen über Marions Gesicht, während sie das sagt. Hilde kommt es vor, als würden zwei alte Indianerhäuptlinge aus dem 19. Jahrhundert in ihrem Zelt sitzen und darüber beraten, was in den Glaskomplexen der Hochhäuser vor sich geht.

„Ich mache mir Sorgen, dass unsere Kinder das Denken verlernen", fährt Marion fort. Sie spricht wie zu sich selbst. „Wer bedeutet alle diese Informationen noch?"

Schließlich schweigt sie. Sie fühlt sich hilflos. Es liegt vielleicht daran, denkt sie, dass dies wirklich eine Zeit des Übergangs ist. Eine Entwicklung rollt weiter, und man bleibt zurück. Elviras Loslösung von ihr tut ihr weh. Bernhard ist siebzig geworden. Die Zeit, so wie sie ist, ist begrenzt.

Sie schaut Hilde fragend an, ohne wirklich eine Antwort zu erwarten. Plötzlich fallen ihr die Sommersprossen auf Hildes Nase auf. Eine Windbö streicht durch das Haar beider Frauen.

„Noch eine Zigarette?"

Hilde schüttelt den Kopf. Sie denkt an das Kind, das sie sich wünscht und das vielleicht niemals in ihrem Körper heranwachsen wird. Nie geboren werden. Nie leben.

„Wie alt ist eigentlich Ihre Tochter?", fragt sie leise.

„Fünfzehn", antwortet Marion, und ihr Lächeln wirkt breit und verloren.

## Fritz Wilemer

*Jemand setzte Hilde das Kreuzzeichen auf die Stirn. Es war eine Frau, die sie Mutter nannte. Diese trug ein langes, seidiges Kleid mit einem Ausschnitt, der aussah wie ein Herz. Die Brüste der Frau wirkten wie ein mit vielen Eiern duftig geschlagener Teig, und Ringellocken legten sich spielerisch über ihre Schultern.*

*Diese Mutter sagte Fritz zu ihr. Hilde war ein Junge, der einen Ranzen auf dem Rücken trug. Die Mutter zog ihn zu sich her und schob ihn schon wieder fort. „Sei brav, mein Junge", sagte sie, „mache deinem Vater und mir keine Schande!"*

*Er schüttelte sich, um die Schultasche zurechtzurücken. Mit seinen festen Schuhen trat er in eine Lache und beobachtete, wie das Wasser auswich und sich gleich wieder schloss. Nur sanfte Wellen blieben zurück. Als das Wasser wieder stillstand, spiegelte sich ein Teil des Berggipfels in ihm.*

*Problemlos hatte Fritz die Aufnahmeprüfungen für das Gymnasium abgelegt. Er erfasste den Lernstoff sehr leicht, und wenn ihm langweilig wurde, blickte er ruhig und aufmerksam durch eines der vergitterten Fenster, um das Spiel von Wind und Wolken zu betrachten.*

*Eines Tages, als er von der Schule zurückkehrte, lag seine Mutter schwerkrank im Bett. Sie hatte hohes Fieber und erkannte ihn nicht. Ein fremder Mann betrat rasch zusammen mit dem Vater das Krankenzimmer. Das strenge Gesicht des Vaters war von Sorgen zerfurcht. Er schickte Fritz hinaus, aber dieser gehorchte nicht, sondern blieb an den Türstock gelehnt stehen.*

*Der Fremde trug eine dunkle Tasche bei sich, aus der er ein Holzrohr mit zwei trichterartig geformten Enden zog. Zwei Frauen, eine Nachbarin und eine Magd, richteten den Oberkörper der Mutter auf, schoben die Bettdecke weg und zogen ihr das Nachthemd vom Körper.*

*Ihre Haut war von einer glänzenden Schicht Schweiß bedeckt, der kleine Tröpfchen bildete und als dünnes Rinnsal unter ihren Achseln hervorfloss. Fritz war es, als würde er die Hitze, die von ihrem kranken Körper ausging, bis zur Tür spüren. Die glasigen Augen schwammen beziehungslos in ihrem Gesicht. Der blonde, lockige Flaum ihrer Schamhaare wuchs herauf von ihrem Geschlecht. Eine eingefallene Falte. Da heraus waren also er und seine Schwester geboren. Er hatte sich dieses Geschlecht und diesen Vorgang immer wieder vorzustellen versucht. Aber auch jetzt begriff er nicht, wie es möglich sein sollte, dass aus dem Körper einer Frau, aus einem kleinen*

Schlitz zwischen ihren Beinen, ein Kind hervorkommen konnte. Er erinnerte sich noch genau an die Größe seiner Schwester, als er sie das erste Mal sah.

„Rasch, Handtücher, Wasser!", sagte der Arzt.

Er schob die weiche, füllige Brust hinauf und drückte das Holzrohr gegen ihre Rippen; an das andere Ende des Rohres hielt er sein Ohr.

Worauf horchte er? Auf den Herzschlag? Auf den Atem? Auf das Ein und Aus, das den Brustkorb der Mutter senkte und hob.

Fritz griff sich zwischen seine Beine und bemerkte, dass sein Glied angeschwollen war. Er kannte das bereits, schließlich war er schon 13 Jahre alt, aber in diesem Moment spürte er, dass ein Schwall, gekoppelt mit fast unerträglicher Lust, aus seinem Geschlecht in seine Hosen sank. Wie eine Wolke, die auf die Erde sinkt, und sein After, sein Geschlecht, seine Lenden fühlten sich wund und aufgeschürft an.

In diesem Augenblick aber starb die Mutter. Ihre Augen waren wie mit Nadeln aufgesperrt. Die Stille wurde wie eine Wand.

„Es ist zu spät", flüsterte der Arzt.

Der Vater sank vor dem Bett in die Knie.

Fritz fiel weit und weit in sich zurück. Er war jetzt kein Kind mehr. Er war aus der Einsamkeit des Kindes in die Einsamkeit des Erwachsenen getaucht. Der Schmerz sickerte fort. Die Schuld sickerte in die Erde. Er vergaß, was geschehen war. Und nur das Wissen, dass er Arzt werden würde, blieb von der Todesstunde seiner Mutter zurück.

Dr. Fritz Wilemer war 42 Jahre alt und schritt eilig durch die hohen Gänge des Krankenhauses, in dem er arbeitete, auf die Tür eines der Krankenzimmer zu.

„Guten Morgen, Herr Hohlstein", sagte er freundlich und trat nahe an den Mann heran. Er begann den Verband, auf dem *nasse, hellrote Flecken zu sehen waren, von der Bauchdecke zu lösen. Der Mann stöhnte.*

*„Haben Sie Schmerzen?", fragte Fritz wie nebenbei.*

*„Die ganze Nacht", flüsterte der Mann atemlos, „es ist schrecklich."*

*„Rutschen Sie bitte etwas weiter hinauf!", sagte Fritz, fasste den Mann unter den Achseln und zog, um ihm zu helfen.*

*Das Gesicht des Mannes verzerrte sich.*

*Fritz prüfte die stark gespannte Wunde auf der rechten Bauchseite des Patienten. Sie sah schön aus. Der Mann würde, so weit er es voraussehen konnte, keinen Wundbrand bekommen. Das beruhigte ihn. Er hatte tief und schnell geschnitten und diesmal die gesamte Gallenblase entfernt. Wie erwartet hatte er in ihr die Steine gefunden, die seiner Meinung nach für die kolikartigen Schmerzen verantwortlich waren.*

*Er hatte diese seltsamen Steine bei vielen Toten, die zuvor an ähnlichen Beschwerden gelitten hatten, gesehen. Nur hatte er immer versucht, die Steine einzeln aus der Gallenblase herauszulösen. Die Patienten waren dabei gestorben. Das Verfahren dauerte wahrscheinlich zu lange, und die Menschen starben am Schmerz, oder die verwundete Gallenblase entzündete sich. Nein, nein. Fritz war sicher, dass er mit seiner neuen Methode auf dem richtigen Weg war. Wenn dieser Mann überlebte, war ein großer Schritt in der Medizin getan.*

*Aber noch wagte er nicht an den Erfolg des Eingriffs zu glauben. Gewiss war es klug gewesen, diesmal wieder und noch mehr auf Sauberkeit bei der Operation zu achten. Er konnte es natürlich nicht beweisen, aber der Wundbrand ging deutlich zurück, wenn er die Regel der Juden beachtete: Wasche dich täglich unter fließendem Wasser. Aus diesem Grund hatte er eine Wasserleitung legen lassen. Aus dem täglich hatte er stündlich gemacht. Zusätzlich schrieb er eine bestimmte orientalische Seifenart vor.*

*Lichtkegel und tiefe Schatten fielen vom Fenster herab. Der Patient stöhnte leise. Immerhin, die Krise der ersten Nacht war überstanden.*

*Fritz tupfte die Wunde mit Arnikabrand ab.*

*Der Mann schrie auf.*

*"Sie müssen noch ein wenig Geduld haben", sagte Fritz leicht ungeduldig, "nur einen Augenblick. Das Brennen lässt gleich nach. Ich will Sie noch abhorchen. Ich muss prüfen, wie Ihr Herz schlägt."*

*Er drückte ihm das größere Ende des Stethoskopes gegen das Fleisch und horchte genau. Der Herzschlag war sehr schnell, aber kräftig. Also musste er keinen Aderlass durchführen, um den Kreislauf zu entlasten.*

*"Alles in Ordnung", sagte er leise, "Sie können beruhigt sein."*

*Der Mann antwortete nicht. Auf seinen trockenen, aufgerissenen Lippen hing ein Tropfen Blut. Er sank in den Polster zurück, und seine Augen hinter den halb geschlossenen Lidern waren wie tot. Er begann tief, fast singend zu stöhnen, so als wiege er sich im Schmerz.*

*"Sie müssen durchhalten", tröstete ihn Fritz. "Ein, zwei Tage noch, dann gehen die Schmerzen."*

*Fritz hatte sich entschieden; er würde dem Patienten weder Alkohol noch Opium geben. Er fürchtete einen Kollaps und wollte dieses Risiko nicht eingehen. Der Mann erschien ihm stark genug, um die Schmerzen zu ertragen.*

*Der Kranke stieß die Luft laut aus und sog sie wieder ein. Er konzentrierte sich auf das Atmen und den Ton, der aus seiner Brust drang, um sich gegen die Wellen des Schmerzes zu wehren.*

*"Sch..., sch..., die blaue Flamme", flüsterte er und versank in einem Meer von Wahnsinn und Schmerz.*

*Auf dem Weg in sein Arbeitszimmer traf Fritz einen Kollegen.*

*"Ah, Wilemer", sagte dieser, "haben Sie nicht Lust und Laune,*

*mit einem alten Mann eine kleine Mahlzeit in der Teeküche einzunehmen?"*

*"Ja, warum nicht? Es wird Mittag sein", lächelte Fritz.*

*Er schätzte und mochte Johann Gottlieb Catel, der vielleicht nicht immer auf dem neuesten Stand der Wissenschaft war, sich aber stets als hilfsbereiter, gut meinender Kollege erwiesen hatte.*

*"Wissen Sie", begann Catel das Gespräch, als sie sich an den Holztisch setzten und eine Magd das Gedeck auflegte, "langsam bin ich zufrieden, wenn ich in den Ruhestand gehen kann."*

*Fritz wunderte sich, weil er doch wusste, dass Catel seinen Beruf mit Leib und Seele liebte. Einen Augenblick lang war er besorgt.*

*"Fühlen Sie sich denn krank?", fragte er.*

*Die Magd stellte jedem der beiden Ärzte einen Teller dampfender Suppe hin.*

*"Nein, nein", antwortete Catel, "aber ich halte das Leiden der Menschen immer weniger aus. Ich war seit jeher schnell, wenn ich schnitt, und bin es immer noch, bestimmt, aber je älter ich werde, desto mehr Überwindung kostet es mich, in den Körper eines Menschen zu schneiden. Auch wenn es sein muss. Jeder Schnitt geht ein bisschen in mein eigenes Fleisch. Vielleicht kommt es daher, dass mir der Tod nun näher rückt. Ich bin alt. Wahrscheinlich kommt es daher."*

*Fritz schaute ihn misstrauisch an. Ob ihn Catel indirekt kritisierte?*

*Er konnte seinen Kollegen nicht ganz verstehen. Seit 40 Jahren wurde dieser täglich Zeuge des Leidens. Er selbst hatte sich, obgleich er um vieles jünger war, schon längst daran gewöhnt. Er kam als Arzt zu den Menschen, um ihnen zu helfen. Das Leiden einer Krankheit hatte mit ihm nichts zu tun. Er verursachte es nicht. Mochte Gott schuld sein, oder wer sonst. Moch-*

*te es einen Sinn haben oder nicht. Diese Fragen gehörten nicht in seine Zuständigkeit.*

*Er glaubte fest an den Fortschritt der Medizin. In vielerlei Hinsicht stand diese Wissenschaft noch am Beginn, besonders die Chirurgie, die erst vor wenigen Jahren in den Stand eines Universitätsfaches erhoben worden war. Er war dabei, kleine Bausteine zu erarbeiten ... Davon war er nämlich überzeugt, in den kommenden 100, vielleicht 200 Jahren würde die Chirurgie Fortschritte erzielen, die sich heute niemand vorstellen konnte.*

*Hohlstein war so ein Baustein.*

*„Ja, ja", seufzte Catel, „ich weiß schon, das verstehen Sie nicht. Vielleicht ist es auch etwas lächerlich ..." Er griff sich mit der Hand an seine Brust. „Nun, mein lieber Freund, immer noch keine Ambitionen in Richtung Verehelichung?", wechselte er plötzlich das Thema.*

*„Ach, lieber Catel", lächelte Fritz, „keine Zeit, Sie wissen ja, wie das ist."*

*„Da dürfte niemand, der seinen Beruf liebt, verheiratet sein", warf Catel ein.*

*„Haben Sie denn Kinder, werter Kollege?", fragte Fritz und war plötzlich verwundert, dass er das nicht wusste. Schließlich sah man sich jeden Tag.*

*Catel nickte. „Ja", sagte er, „ja. Ich habe eine Tochter, die selbst vier Kinder hat. Dann einen Sohn, er wird bald heiraten. Aber fünf Kinder sind bereits tot. Vier starben im Säuglingsalter. Nur die jüngste Tochter, ein Nachzügler, Susette, sie starb vor einem halben Jahr. Sie ist 15 geworden. Sie war unser Liebling. Ihr Tod tut besonders meiner Frau immer noch sehr weh ... Ich hätte es nicht ausgehalten, wenn Susette operiert worden wäre. Manchmal muss man dankbar sein für die Milde des Todes."*

*Dann hob er den Blick und sah ein empörtes Funkeln in den grauen Augen seines jungen Kollegen.*

*Hilde wacht auf. Mit einem Mal hat sie große Angst vor dem Mann, der sie im Traum ist und den sie gleichzeitig beobachtete.*
*„Fritz!", ruft sie seinen Namen, aber ihre Stimme erreicht ihn nicht.*

*Er ging, eine weiße Perücke auf dem Kopf, durch den Gang auf das Krankenzimmer zu, in dem Hohlstein lag.*

*Aber noch einmal verändert er sich. Er trägt einen türkisen Arbeitsanzug, eine Haube, durchsichtige Handschuhe und einen Mundschutz. Er steht vor dem Bett eines Menschen, von dessen Körper viele Schläuche und Kanülen wegführen. Die Brust des Menschen wird in einem regelmäßigen Rhythmus aufgepumpt. Ein Schlauch steckt in seinem Mund. Er kann nicht reden. Fritz beobachtet konzentriert einen Bildschirm. Aus den geschlossenen Augen des Kranken lösen sich Tränen und malen Rinnen auf seine eingetrocknete Haut.*

*Hildes Kopf füllt sich mit einem unaussprechbaren Schrekken.*

*Ich bin tot, denkt sie und betrachtet ihre Leiche, vor der Fritz steht, mit einem türkisen Arbeitsanzug, einer Haube, Handschuhen und einem Mundschutz bekleidet. Sie sieht, wie er ihren Bauch öffnet, und hört seine Stimme.*

*„Ich dachte, sie bekäme ein Kind", sagt er verwundert.*

*Plötzlich begreift sie, dass ihr Körper längst, seit Jahrtausenden schon, schwarzer Waldboden ist. Jemand gräbt Löcher. Ein Wesen nach dem anderen schlüpft heraus. Sie wachsen rasch und schreiten in einen großen, dunklen Saal. Hunderte Gestalten, in schwarze Kapuzenmäntel gehüllt, versammeln sich und nehmen schweigend Platz.*

*Eine tiefe, ernste Stimme hallt durch die Lautsprecher, die auf alle vier Ecken des Saales verteilt sind.*

„Wir haben euch aus allen Enden der Erde gerufen, damit ihr Recht sprechen möget. Wir führen euch zuerst den Angeklagten vor. Friedrich Wilemer ist sein Name."

Zwei vermummte Männer fassten Fritz unter die Arme und führten ihn vor den Richter. Seine Hände waren am Rücken zusammengebunden.

Der Richter, dessen Gesicht verhüllt war, wandte sich ihm zu. Er saß hoch oben auf einem Thron.

„Sprich!", sagte er, „bist du der Mann, der angeklagt ist?"

Eine seltsame Frage, dachte Fritz und hob die grauen Augen zu dem verhüllten Gesicht.

„Ich kenne weder die Anklage noch den Kläger", antwortete er, und die eigene Stimme erschien ihm brüchig und dünn.

„Er kennt die Anklage nicht! Er kennt die Anklage nicht", kreischte ein Mann aus einer Ecke hervor und begann wiehernd zu lachen. Dann sprang er, mit einem roten Rock bekleidet, vor den Thron und schlug Räder. Zwei Hörner wuchsen ihm, und ein geiler roter Schwanz steckte zwischen seinen Beinen.

„Ist es nicht herrlich, Herr!", rief er. „Er sagt, er kennt die Anklage und den Ankläger nicht!"

Ein Tropfen Speichel löste sich aus dem Mund dieser grotesken Gestalt, fiel zu Boden und klebte dort wie eine Perle aus honigfarbenem Harz. Dann hockte sich der Mann nieder und formte mit der Hand eine Muschel über seinem Ohr.

„Verzeiht", sagte Fritz, dem der seltsame Geselle bekannt vorkam, „aber ich weiß nicht, wovon Ihr sprecht!"

Mit einem Mal ging ein Raunen durch den Saal.

Gotthold Hohlstein, stark, kräftig, gesund, schritt beschwingt durch die Menge der vermummten Gestalten, die den Weg freigaben.

Fritz fühlte, wie die Spitze seines Brustbeins vereiste, obgleich er sich freute, den Patienten von damals wiederzusehen. Offen-

*sichtlich ging es ihm immer noch gut. Wie lange war es her, dass er ihn behandelt hatte? Fünf, sieben, zehn Jahre vielleicht?*

*Hohlstein verbeugte sich zuerst vor dem Richter, dann vor der am Boden hockenden Bocksgestalt.*

*"Wie heißt Ihr, und was ist Euer Begehren?", fragte die Stimme, die aus dem Lautsprecher kam.*

*"Mein Name ist Hohlstein", antwortete der Mann, "Gotthold Hohlstein, und ich klage diesen Mann an!" Er zeigte auf Fritz. "Ich klage ihn an, dass er mir den Glauben nahm."*

*Hohlstein verbeugte sich noch einmal tief vor der verhüllten Gestalt auf dem Thron.*

*"Den Glauben an Euch, Euer Gnaden."*

*Ein Diener des Herrn trat vor, um mit Gottes Stimme zu sprechen.*

*"Seid Ihr sicher, dass es dieser Mann ist?"*

*"Ja, Herr", antwortete Hohlstein fest, "es ist Friedrich Wilemer, mein Arzt."*

*"Seid Ihr sicher, Hohlstein, dass dieser Mann sich dieses schwersten Verbrechens schuldig gemacht hat?"*

*"Ja, Herr, er nahm mir den Glauben an Gott."*

*"Und seid Ihr gewiss, Hohlstein, dass euer Glaube auf sicherem Grund gebaut war?"*

*"Mein Glaube, Herr, stand auf sicherem Grund."*

*Fritz blickte Hohlstein verständnislos an. Er begriff nicht, was hier vor sich ging. Der Mann vor seinen Augen war, soweit er es beurteilen konnte, gesund. Seine Augen waren klar. Er selbst hatte viele Nächte an seinem Bett gewacht und gehofft, dass er gesund werden würde. Hatte Gott denn diesem Mann das Leben geschenkt? Fritz interessierte es plötzlich, ob Gott die Genesung Hohlsteins ein Anliegen gewesen war. Er wollte ihn fragen, aber bevor er die Lippen bewegen konnte, peitschte die Stimme des Herrn in sein Gesicht.*

„Wilemer, du hast die Anklage gehört? Bringe nun deine Verteidigung vor!"

*Fritz war verwirrt.*
*Er sah den Bock in seinen Augenwinkeln über ein Feld springen, sein riesiges Glied zwischen den Händen.*
*„O nein!", wieherte die Bocksgestalt, „der Teufel, der Teufel, der bin ich nicht!"*
*Fritz wandte den Blick ab.*

*„Verzeiht, Herr", begann er und war verwundert, dass er so unsicher war. Er gab sich noch einmal einen Ruck.*
*„Verzeiht", wiederholte er fester, „aber ich verstehe die Anklage Gotthold Hohlsteins nicht. Ich habe diesem Mann das Leben gerettet. Gewiss, ich habe eine neue Methode an ihm versucht. Ich schnitt einen Stein, der in seiner Gallenblase steckte und schuld an seinen Koliken war, mit der gesamten Gallenblase heraus. Er wäre gestorben an diesem Stein. Er wäre elendiglich zu Grunde gegangen. Meine Methode war seine einzige Chance ... Und ich vermute, Herr, Ihr selbst habt die Angelegenheit zu diesem guten Ausgang geführt."*
*„Nun, Gotthold Hohlstein", sagte die Stimme Gottes, „Ihr lebt. Was sagt Ihr dazu?"*
*„Dass er mir trotzdem den Glauben geraubt hat", antwortete Hohlstein laut und bestimmt und trat ganz nahe an Fritz heran.*
*Er legte Fritz den Arm um die Schulter und drückte ihn an sich. Er sprach seine eisigen Worte in seine Lippen hinein, so als wollte er ihn küssen.*
*„Mein Retter", flüsterte er in den Mund des Arztes. „Weißt du, wie ein Teufel aussieht? Nein? Du denkst wenig an Himmel und Hölle, mein Retter, mein Herr Doktor, nicht wahr?"*

*Und er zog ihn noch enger zu sich hin. Fritz' Herz schlug. Er spürte den kräftigen Körper des Mannes so nahe, dass ihm die Angst die Kehle zuschnürte.*

*„Eine glühende, rote Wolke überschwemmt dich. Hast du das schon einmal erlebt?"*

*Fritz spürte die feuchte Zungenspitze in seinem Mund.*

*„Nein? Noch nicht? Die Schmerzen rasen, rasen, rasen, und du glaubst, du wirst bald erwachen. Aber es ist nicht so. Es wird noch schlimmer, noch schrecklicher. Du schreist nach Hilfe, damit jemand kommt und hilft, lindert, und du schreist und flehst, aber die Antwort ist Leere, Kälte ... Allmählich ziehst du dich in diese Hölle zurück. Und du beginnst die eisige Flamme des Schmerzes anzubeten ... Plötzlich hast du das Innerste bestimmter Wörter erkannt: Du weißt, was Einsamkeit ist; du weißt, was Ewigkeit ist; und du weißt, was Hölle bedeutet."*

*Hohlstein stieß Fritz mit solcher Gewalt von sich fort, dass er zu Boden stürzte. Mühsam richtete sich Fritz wieder auf. Es war vollkommen still im Saal.*

*Hohlstein lachte laut auf, er wandte sich wieder Gott zu.*

*„Herr, ich stellte mir immer vor, die Teufel wären so bunte Gesellen wie der da vor Euch. Die Hörner tragen! Die luftig und hitzig zugleich sind! Die Luftsprünge machen und ficken. Mein Gott, bin ich einfältig gewesen!"*

*Er drehte sich wieder zu Fritz um und stieß mit dem Zeigefinger in dessen Bauch.*

*„Ich habe erst bei dem da die Teufel kennen gelernt."*

*Er nickte ein paar Mal.*

*„Die Teufel sind graue, schüchterne Wesen. Du spürst, dass sie anwesend sind, aber sie sind nicht da. Sie sind wie Maschinen. Kalt. Wesen der Gleichgültigkeit. Die Hölle ist von teilnahmslosen, mitleidlosen Wesen erfüllt. Ein fühlloser Raum."*

*Hohlstein schien in peinigenden Erinnerungen zu versinken. Dann stellte er sich noch einmal breitbeinig vor die Gestalt auf dem Thron.*

*„Seit ich die Schmerzen, die mir dieser Mann zufügte, erfuhr, ist mir die Existenz der Hölle gewiss. Dass es die Hölle gibt, ist ein evidentes, fundamentales Wissen, das keinen Zweifel mehr kennt. Wem die Existenz der Hölle in einer Weise gewiss wurde wie mir, der glaubt nicht mehr an Gott. An Barmherzigkeit. Das Vertrauen ist verloren. Gott gleicht nur noch einem Schatten, einer sinnlosen Idee ..."*

*Ein geheimnisvolles Flüstern hob an.*
*Fritz drehte sich einige Male im Kreis. Er war verwirrt. Plötzlich wurde es still.*
*Die vermummten Gestalten hoben ihre Kapuzen hoch. Ihre Gesichter waren Totenköpfe mit hohlen, ausgewaschenen Augen. Gottes Geist wehte aus den leeren Höhlen eisigen Atem in die Welt.*
*Fritz begriff plötzlich, dass ihn auf diese Weise die Hölle empfing. Seine Lippen wurden kalt. Der Gehörnte winkte ihm zu.*
*„Wenn ich nur wüsste, woher ich ihn kenne", überlegte Fritz, aber es fiel ihm nicht ein.*
*Er winkte zurück.*
*„Ich weiß nicht, wie es anders gegangen wäre", rief er ihm zu, „nicht einmal das weiß ich. Nicht einmal das ..."*

# Fünfter Tag

Über Nacht hat es stark abgekühlt. Ein Tief liegt über Umbrien, Wolken treiben rasch von Norden nach Süden.
Hilde und Sylvia treten gleichzeitig auf den Gang. „Nun", lächelt Hilde, „wer hätte gedacht, dass wir hier frieren werden!"
Sie trägt einen hellroten, flauschigen Pullover über einem kurzen, grünen Rock mit grüner Strumpfhose, und Sylvia fühlt einen Stich. Sie selbst trägt einen beigen Pullover zu einer beigen Hose, farblos und fad.
„Tja", murmelt sie, weil ihr nichts Besseres einfällt.
Als sie das „Jagdzimmer" betreten, nimmt sie wahr, dass sogar Christof aufblickt, so gut sieht Hilde aus. Gleichzeitig ärgert sie sich über ihr dummes Gefühl, anderen Frauen gegenüber minderwertig zu sein.
Marion deutet mit den Augen auf das Nassgrau, das vor dem Fenster liegt.
„Nun, wie geht es Ihnen?", beginnt sie. „Ich möchte mit einem Blitzlicht anfangen. Sagen Sie bitte auch, was Sie sich vom heutigen Tag erwarten. Was Ihnen durch den Kopf geht. Und ob Sie etwas bei sich bearbeiten möchten."
Das schlechte Wetter drückt auf die Stimmung. Keiner spricht. Theo schaut finster und nachdenklich. Benno gähnt. Dicke Regentropfen werden vom Wind gegen das Fenster geworfen. Marion lehnt sich zurück. Sie hört das Rauschen des Windes.

„Ich frage mich", sagt Theo nach einer Weile, „wem unsere Selbstanalysen eigentlich nützen. Wenn wir in unserer eigenen Grausamkeit herumwühlen, wird die Welt nicht weniger grausam. Wir sind nur eine kleine privilegierte Schicht."

Niemand antwortet. Niemand widerspricht.

Theo hat sich diese Frage schon oft gestellt. Wenn er mit Haftentlassenen arbeitet. Wenn er auf Reisen ist. Seit längerer Zeit hat er schon das Gefühl, im falschen Zug zu sitzen.

„Es geht um uns", sagt Sylvia schließlich, „um unser Leben. Die letzten zwei Tage waren sehr intensiv. Ich bin ein wenig durcheinander. Aber auch glücklich."

Sie macht eine Pause und blickt zu Christof hin. Wie weich und geborgen sie in seinem Arm lag. Verlegen richtet sie die Augen auf einen unbestimmten Punkt auf dem Tisch.

„Ich habe heute Nacht sehr viel geträumt. Es hatte irgendetwas mit den Fresken in Orvieto zu tun. Mit Signorelli, dem Maler."

Dann schweigt sie abrupt.

„Nun", räuspert sich Christof, „wie ihr ja inzwischen alle wisst ..." In diesem Moment fangen alle zu schmunzeln an. Das neue Liebespaar wirkt noch etwas befangen. Er nimmt einen weiteren Anlauf. „Wie ihr ja alle wisst, sind Sylvia und ich jetzt zusammen. Tja, also, mir geht es sehr gut."

„Ach, wieso denn, alter Geilspecht!", sagt Theo und boxt ihm freundschaftlich in die Seite.

Christof wird verlegen. Dann aber fügt er sich drein und grinst ebenfalls.

„Haben Sie ein Anliegen für heute?", fragt Marion.

Er schüttelt den Kopf. Auch er sitzt im falschen Zug, wenn auch anders als Theo.

„Am liebsten würde ich mit Sylvia allein sein", antwortet er leise.

„Nichts da", sagt Theo, „du musst noch zwei Tage mit uns zusammenbleiben!"

„Mensch", brummt Benno grantig, „also wenn ich ehrlich bin" – er macht eine kurze Pause – „mich ärgert, dass ich solo zurückbleibe. Ich habe keine Freundin, nirgends ist eine in Sicht. Ich habe Christof an Sylvia abgeben müssen. Oder sollte ich sagen, Sylvia an Christof? Wer sagt denn, dass sie mir nicht gefallen hätte! Und Hilde und Theo treiben es auch miteinander."

„Hör auf!" Hilde schüttelt den Kopf. „Das ist überhaupt nicht wahr."

„Leider", sagt Theo und zwinkert ihr zu. Plötzlich fühlt er sich hellwach.

„Nun, Benno, heißt das, dass Sie eifersüchtig sind?", fragt Marion.

„Na ja, eifersüchtig, hin oder her", sucht Benno einen Ausweg. Er merkt, dass sein Kopf rot ist.

„Nimm's nicht so schwer, Kumpel", tröstet ihn Theo, „ich bin ja auch solo."

„Scheiße", sagt Benno. „Es geht nicht ums Prinzipielle. Es geht ums Jetzt, um die Gruppe. Ich bleibe als der Trottel übrig."

„Da versteh ich dich gut", sagt Sylvia. „Ich bin schon oft in so einer Situation gewesen."

Benno ist wütend auf sie. Von ihr will er am wenigsten getröstet werden. Er will sie anpfauchen, aber dann schämt er sich plötzlich.

„Ist Ihnen das Gefühl, übrig zu bleiben, vertraut?", fragt Marion.

Er schüttelt unwillig den Kopf. „Was weiß ich", murmelt er, „eigentlich nicht. Eigentlich war das nie ein Thema für mich. So viel Geturtel in einer Gruppe ist doch nicht normal." Er stockt. „Ich will", fährt er fort und legt alle Kraft in seine

Stimme, "ich will, dass wir wieder eine normale Gruppe sind. Die gemeinsam arbeitet. Und weiterkommt. Das wünsche ich mir für heute."

"Und wollen Sie sich dieses Übrig-Bleiben nicht doch anschauen?", setzt Marion nach.

"Nein", antwortet er, "eigentlich nicht."

"Ich möchte arbeiten", unterbricht Hilde mit klarer und lauter Stimme das anschließende Schweigen.

Marion betrachtet sie aufmerksam. Sie kommt ihr sehr blass vor, mit dunklen Ringen unter den Augen.

"Ich habe es gestern genossen, mit Ihnen zusammen zu sitzen und zu rauchen", erwidert Hilde Marions Blick.

Die anderen sehen erstaunt auf. Marion überlegt, ob sie etwas erklären soll, aber dann sagt sie nichts. Sie gönnt Hilde den Vorzug.

"Rauchen Sie denn?", fragt Sylvia und schaut Marion fast vorwurfsvoll an.

"Manchmal", antwortet diese kurz, obwohl sie weiß, dass es Sylvia nicht darum geht.

"Mir geht so vieles durch den Kopf", fährt Hilde fort, "ich weiß nicht, wo ich anfangen soll." Sie schweigt eine Zeit lang. Dann gibt sie sich einen Ruck.

"Ich möchte ein Protagonistenspiel machen."

"Gar nicht schlecht", sagt Benno interessiert, "wir sind schon drei Tage zusammen und haben noch kein einziges Protagonistenspiel gehabt."

Aha, typisch Ausbildungskandidaten, denkt Marion leicht genervt. Hoffentlich hat sich Hilde kein fertiges Spiel ausgedacht.

"Bevor wir uns auf eine Methode festlegen", wirft sie ein, "wüsste ich gerne, worum es geht."

Gleichzeitig ärgert sie sich über ihren unwilligen Ton. Sollte sie sich nicht freuen, dass endlich jemand konkret an sich arbeiten will? Sie versucht wieder offen und freundlich zu sein.

„Hilde", sagt sie, „erzählen Sie uns bitte von dem Problem, das Sie bearbeiten wollen!"

Hilde schluckt. Man sieht ihren Kehlkopf langsam ein Stück hinauf und dann hinunter wandern.

„Ich habe noch nie davon gesprochen", sagt sie und senkt den Blick, „Gerald und ich möchten schon lange ein Kind. Aber es hat bis jetzt noch nie geklappt ..." Wieder macht sie eine lange Pause. „Ich möchte endlich wissen, warum es nicht funktioniert."

Marion versucht die Stimmung der Gruppe zu erfassen. Sie nimmt Erstaunen und etwas Schläfrigkeit wahr. Wenig Betroffenheit. Oder täuscht sie sich? Was hat Hildes Thema mit der Gruppe zu tun?

Sie steht auf und stellt sich in die Mitte des Raumes.

„Kommen Sie bitte", sagt sie zu Hilde, „begeben wir uns auf die Bühne!"

Hilde tritt von einem Fuß auf den anderen.

„Nun, sagen Sie einfach alles, was Ihnen einfällt!"

Marion bemüht sich, genau hinzuhören. Ihre Aufgabe ist es, durch einfühlsame Fragen das Problem einzukreisen und zu begreifen und gemeinsam mit Hilde eine geeignete Szene zu finden. Das kann dann ein Traum oder eine reale Situation sein.

Hilde macht, während sie spricht, immer wieder Pausen, sodass Marion den Eindruck bekommt, sie will spielen und doch wieder nicht.

„... es sind also schon fast acht Jahre, dass wir uns ein Kind wünschen ... Wir haben wirklich alles versucht. Vor drei Jahren schließlich alle Tests. Nichts ..." Sie hebt die Schultern und runzelt die Stirn. „Einem Kind steht eigentlich nichts im Wege."

„Zumindest nicht im organischen Sinn", wirft Marion ein.

„Na ja, die Ärzte reden sich leicht! Fahren Sie in den Urlaub, sagen sie, entspannen Sie sich, denken Sie nicht mehr dran, und schwupps, wird es geschehen. Als ob das so einfach ginge! Denken Sie einfach nicht mehr dran! Ich bin jetzt 35 Jahre alt. Ich wollte meine Kinder vor 30 bekommen. Ich finde alte Eltern schrecklich." Hilde stockt verlegen. „Ich werde allmählich nervös."

„Was würde es bedeuten, wenn Sie kein Kind bekommen würden?", fragt Marion, „Sie sind erfolgreich im Beruf, haben viele Kontakte. Ist es so wichtig für Sie?"

Hilde nickt, schüttelt aber gleichzeitig den Kopf. „Ich habe schon oft darüber nachgedacht ... Für Gerald wäre es nicht so schlimm."

Sie zögert. Ihr Körper verspannt sich.

„Will Ihr Mann überhaupt ein Kind?" Marion hat plötzlich den Verdacht, dass Gerald ein Kind als störend empfinden könnte.

„Er sagt ja, aber ich weiß es nicht so genau ... Auf der anderen Seite nimmt er mir den Druck. Er mag mich mit und ohne Kinder. Männer haben ja oft keinen so ausgeprägten Kinderwunsch."

Hilde merkt selbst, dass sie Gerald in Schutz nimmt. Ohne dass sie es sich erklären kann, ist sie in eine helle, schrille Aufregung geraten. Es ist ihr plötzlich sehr unangenehm, über Gerald zu sprechen.

„Will er ein Kind mit Ihnen?", setzt Marion nach.

Sie spürt, dass sie einen wichtigen Kern der Sache getroffen hat, aber gleichzeitig bemerkt sie Hildes Abwehr. Es ist sinnlos, sie weiter auf diesen Punkt anzusprechen. Sie wird nichts über ihre Ehe erzählen.

„Was würde es für Sie bedeuten, wenn Sie kein Kind bekommen würden?", wiederholt Marion ihre Frage von vorhin.

Hilde schweigt eine Zeit lang. Dann schüttelt sie noch einmal heftig den Kopf.

„Ich will darüber nicht nachdenken", sagt sie, „noch nicht. Ich will das Bild nicht loslassen, dass wir einmal eine lebendige, lustige Familie sind."

„Eine lebendige, lustige Familie?" Marion spürt einen unausweichlichen Sog in die Kindheit zurück.

„Ich will ein Kind! Ich will, dass wir eine lustige, lebendige Familie sind", beharrt Hilde trotzig und stampft mit dem Fuß auf.

„Wie alt fühlen Sie sich jetzt?", fragt Marion. Will Hilde selbst das lebendige Kind sein, das sie unbedingt möchte? „Kommen Sie, wiederholen Sie es noch einmal: Ich will ein Kind."

„Ich will ein Kind. Ich will ein Kind. Ich will ein Kind."

„Wie alt fühlen Sie sich?"

Jetzt springen wir endgültig in die Kinderschuhe, denkt Marion müde. Obwohl sie von ihrer Identität her Psychoanalytikerin ist, erlebt sie den schnellen Sprung in die Kindheit oft als Flucht. Besonders bei Ausbildungskandidaten. In die jetzigen Karten, das heißt in die reale Lebenssituation, lassen sich die zukünftigen Therapeuten bei ihren Spielen selten schauen.

„Sie sind also fünf oder sechs Jahre alt?"

„Ja, ja", sagt Hilde. „Wissen Sie, ich habe schon als kleines Mädchen ein Kind haben wollen. Ich konnte es gar nicht erwarten, dass ich groß werde, damit ich endlich Mutter sein kann. Ich habe stundenlang mit Puppen gespielt. Ich habe mir einen Polster unter den Pullover gestopft und habe behauptet, ich bekomme ein Kind."

Hilde schaut in die Runde. Zum ersten Mal nimmt sie die anderen wieder wahr. Die Gruppe wirkt teilnahmsvoll und etwas belustigt.

„Hm", sagt Marion, „haben Sie denn Geschwister?"
Hilde schüttelt den Kopf. „Nein, leider. Und dabei habe ich mir so sehr Geschwister gewünscht."
„Sie haben sich wohl sehr einsam gefühlt?"
„Ich glaube eigentlich nicht. In unserem Haus sind viele Tanten und Cousinen und Cousins ein- und ausgegangen. Die haben alle mit mir gespielt. Ich bin ein lustiges kleines Mädchen gewesen."
„Wie haben Ihre Eltern auf Ihre Spiele reagiert?"
„Ich weiß nicht. Ich bin früh aufgeklärt worden. Ich habe mir den Pullover hinaufgeschoben und die Puppe trinken lassen. Ich glaube, ich habe das bei meiner Tante gesehen, der jüngeren Schwester meines Vaters. Die hatte ein Baby und war oft bei uns auf Besuch."
„Die Puppe möchte ich sein", flüstert Theo Benno zu.
„Irgendwie ist das alles sehr lustig gewesen", fährt Hilde fort. „Wirklich. Ich war so neugierig, was das Baby alles kann und macht. Ich wollte ihm sofort sprechen beibringen. Ich konnte es einfach nicht glauben, dass das noch nicht geht. Ich dachte mir, mein Baby würde das bestimmt können."
Hilde schweigt verlegen.
„Haben Sie diese Fantasien jemandem mitgeteilt?", fragt Marion.
„Ja, meiner Mutter, meiner Tante; ich glaube, auch meinem Vater."
„Ich schlage Ihnen vor, dass wir diese Situation spielen. Vielleicht wird Ihnen dann einiges klarer, was Ihren Kinderwunsch betrifft. Also gut, wann und wo spielt sich denn das Geschehen ab?"
„Es könnte Sonntag Nachmittag sein. Beim Kaffee. Ja, im Garten. Mein Cousin wurde im Frühling geboren."
„Also im Garten. Rund um einen Tisch?"
„Ja. Ein Holztisch, unter einem Baum."

„Welche Personen sind dabei gewesen? Welche Personen brauchen wir? Leider sind wir, was die Spieler betrifft, etwas beschränkt."

„Also da ist mein Vater. Natürlich auch meine Mutter. Und meine Tante. Dann ich und meine Puppe und das Baby der Tante. Felix heißt er. Er ist fünf Jahre jünger als ich."

Hilde sieht spitzbübisch in die Gruppe. Jetzt geht es darum, die Rollen zuzuteilen.

„Wer könnte wen spielen?", fragt Marion.

„Also, Christof, kannst du bitte meinen Vater spielen?"

Christof nickt und zwängt sich hinter dem Tisch hervor.

Sylvia fühlt einen Stich. Ist das notwendig?, denkt sie verärgert. Gleich wird sie mich als Mutter auswählen und mit mir um den Vater konkurrieren.

„Spielst du bitte die Tante, Sylvia, die mit ihrem Baby auf Besuch ist?"

Um Konkurrenz geht es auf jeden Fall, denkt Sylvia.

„Für meine Mutter ist keine zweite Frau da", überlegt Hilde. „Das ist schlecht ... Aber es nützt nichts. Meine Mutter muss einfach anwesend sein ... Es tut mir leid, aber Benno, sei du so gut ..."

Benno lächelt süßsauer. Die Rolle stinkt ihm. Hätte Hilde nicht Theo oder Christof dafür auswählen können? Dass das alles für ihn ein Problem ist, hat er schon heute Morgen gesagt. Jetzt sucht sie gerade ihn als Frau aus! Offensichtlich ist er als Mann total uninteressant und geschlechtslos!

Theo richtet sich ein wenig enttäuscht und doch zufrieden in seine Rolle als einziger Zuschauer ein. Aber dann traut er seinen Ohren nicht.

„Ach, Theo", sagt Hilde lachend, „es wäre doch keine schlechte Idee, wenn du das Baby meiner Tante spielen würdest."

„Also hör mal!", sagt Theo, steht aber dann doch auf. Irgendwie ist es lustig. Er hätte durchaus Lust darauf, an den Brüsten einer Frau zu liegen. Hilde wäre ihm lieber als Sylvia. Sie hat offenbar seine anzügliche Bemerkung vorhin nicht gehört.

Marion schon. Sie schmunzelt. Sie hat das Gefühl, dass Hilde Theo auf diese Art harmloser macht.

Marion richtet mit Hilde den Raum ein. Das ist angesichts der Beengtheit im Zimmer gar nicht leicht.

„Das alles ist der Garten", ordnet Hilde an. „Das ist der Tisch, der passt ganz gut ... Dort auf dem Stuhl an der Wand sitzt mein Vater ... Komm, Christof, setz dich bitte dorthin! Er liest die Zeitung. Meine Mutter und meine Tante plaudern miteinander ... Benno, du sitzt da! Dabei hat meine Mutter immer ein Auge auf mich. Das Baby schläft auf einer Decke am Boden ... Geht das vielleicht, Theo, dass du dich einfach hierher legst?"

„Aber nur mit einer wirklichen Decke." Theo latscht die Stiegen hinauf, um sich aus dem Zimmer eine zu holen.

Hilde stellt sich ins linke Eck an der Tür.

„Ja, das passt ganz gut", sagt sie. „Dort hinten stehen ein paar Bäume, ich stelle einen Sessel hin. Da bin ich mit meiner Puppe gewesen."

„O. k.", sagt Marion. „Dann doppeln Sie die Personen jetzt bitte ein!"

Hilde könnte beim Eindoppeln stundenlang reden. Sie stellt sich zuerst hinter Benno und legt ihm die Hände auf die Schultern.

„Ich bin Hildes Mutter", erklärt sie. „Ich bin zu dieser Zeit 34 Jahre alt. Ich bin nicht berufstätig, nein, ich bin zwar von Beruf Lehrerin, aber ich habe meinen Beruf aufgegeben, als ich geheiratet habe. Mein Mann ist Jurist. Wir haben ein schönes

Haus, und ich führe ein bequemes, angenehmes Leben. Mit meiner Tochter bin ich recht glücklich. Sie ist lieb und intelligent. Zuerst war mein Mann enttäuscht, dass es kein Sohn war, aber jetzt ist er in das Mädchen regelrecht vernarrt. Vielleicht etwas zu sehr. Ich selbst hätte lieber einen Sohn gehabt. Man sagt ja, dass die Bindung zwischen Mutter und Sohn inniger ist. Aber Hauptsache, das Kind ist gesund. Heute ist Beate mit Felix auf Besuch ..."

Hilde hat gerötete Wangen. Sie drückt mit den Händen noch einmal Bennos Schultern und lässt sie dann los.

„Haben Sie noch Fragen, Benno?", will Marion wissen.

„Ja. Wie ist meine Beziehung zu meiner Schwägerin?"

„Gut", antwortet Hilde. „Ihr habt viele gemeinsame Interessen, also – ich muss ja ich sagen! Also, ich habe meine Schwägerin recht gern. Sie hat so etwas Unkonventionelles an sich. Im Augenblick redet sie ununterbrochen über das Kind, aber das ist ja normal. Sie holt sich bei mir Rat. O. k.?"

Hilde tritt zu Sylvia und legt ihr die Hände auf die Schultern.

„Die Tante hat Kunstgeschichte studiert." Hilde lächelt. „Ihr kennt sie schon. Es ist dieselbe, die Gerald und mir von den Fresken in Orvieto erzählt hat."

Sie senkt die Lider, um sich zu konzentrieren.

„Also im Augenblick bin ich voller Mutterglück und Mutterstolz. Ich bin 28 und lebe in einer unglücklichen Ehe, in der ich mich vernachlässigt und unterdrückt fühle. Deshalb komme ich auch oft hierher zu Besuch. Mein älterer Bruder ist irgendwie wie ein Vater für mich, und die Schwägerin so eine Art ältere Schwester ... Die kleine Hilde ist süß. Zur Zeit ist mein Interesse allerdings fast hundertprozentig auf das eigene Baby gerichtet."

Hilde kniet sich nun auf die Decke zu Theo. Er spürt den Druck ihrer Hände in seinem Nacken. Am liebsten würde er Hilde zu sich herabziehen, ganz romantisch, ein Blumenfeld,

Picknick und so, ihr den Arm unter den Nacken legen, sich über sie beugen und sie küssen. Er stellt sich vor, dass er die Hand zwischen ihren Beinen hinaufgleiten lässt.

„Also ich bin der kleine Cousin. Ich heiße Felix und bin drei Monate alt", hört er Hildes Stimme.

Theo wird missmutig. Diese Rolle turnt ihn nicht an. Er kann Säuglinge nicht ausstehen.

„Ich bin ein sehr friedliches Kind. Obwohl meine Mama mich ständig lobt, dass ich so brav bin, habe ich doch das Gefühl, ich sollte etwas lebhafter sein. Aber das mag ich nicht. Sonst geht es mir wirklich gut. Ununterbrochen schauen mich alle an. Meine Cousine Hilde redet stundenlang mit mir. Jetzt lache ich schon, wenn sie nur kommt."

Hilde steht wieder auf. Etwas verwirrt blickt sie um sich.

„Wollen Sie noch etwas wissen?", fragt Marion Theo.

Dieser schüttelt den Kopf und dreht sich auf den Bauch. Ein fauler Säugling hat auch etwas für sich. Und wenn es ihm nicht mehr passt, braucht er nur plärren!

„Naja, jetzt fehlt nur noch mein Vater", sagt Hilde. Christof kommt zu ihr, damit sie ihn eindoppeln kann.

Hildes Stimme wird ganz weich, während sie spricht.

„Also ich bin ein sehr intelligenter, erfolgreicher Mann. Aber auch ein liebevoller Ehemann und Vater. Meine Familie steht bei mir an erster Stelle."

Hilde zögert, denn ihr fällt auf, dass sie ihren Vater stark idealisiert. Immer noch. Aber schließlich beschreibt sie ihn durch die Augen eines Mädchens, das erst sechs Jahre alt ist.

„Meine Tochter ist mir das Liebste auf der Welt. Sie ist sehr intelligent, und sie erfasst die Dinge, die man ihr aufgibt, sehr schnell. Gleichzeitig hat sie ein fröhliches, lebendiges Wesen. Das ist mir sehr angenehm, weil ich selbst eher ruhig und ernst bin. Auch meine Frau ist eher ruhig. Am ehesten ähnelt Hilde meiner jüngeren Schwester Beate, die heute auf Besuch ist."

Hilde fühlt einen Stich in der Brustgegend. Dass sie ihrer Tante ähnlich sein soll, hat sie auch selber noch nie bedacht.

„Es belastet mich, dass Beates Ehe unglücklich ist. Eine Scheidung kommt in meinen Augen niemals in Frage. Beate ist wirklich sehr ungeduldig und auch anspruchsvoll. Ich mache mir Sorgen, dass ihr meine Tochter auch in dieser Hinsicht ähnlich sein könnte. Hilde ist sehr in kleine Kinder vernarrt. Das ist ein gutes Zeichen. Mädchen sollen sich einüben in ihre zukünftigen Aufgaben. Mit einem Sohn wäre es leichter. Aber ich bin dafür, dass Frauen studieren, auch wenn sie dann ihren Beruf nur kurz ausüben. Sie sind schließlich die Erzieherinnen der Kinder." Hilde weiß plötzlich nicht mehr weiter. „Brauchst du noch etwas?", fragt sie Christof.

Er überlegt einige Augenblicke lang.

„Wie heiße ich denn eigentlich? Wie nennen mich meine Schwester und meine Frau?"

„Mein Vater heißt Fritz."

Hilde schweigt nachdenklich. Der Name ihres Vaters liegt mit einer seltsamen, neuen Qualität in ihrem Mund. So als würde sie noch jemanden Bedeutenden mit diesem Namen kennen.

„Also gut", sagt Marion, „fangen wir einfach an."

Hilde legt sich zu dem kleinen Felix auf die Decke und beobachtet ihn.

„Hallo, Felix, du, du, du", brabbelt sie und stupst ihn am Kopf an. „Schau doch mal, heute ist so ein schöner Tag."

Theo dreht ihr den Kopf zu. Er hebt die Lider und sieht sie ungläubig an.

„Sag einmal Mama, sag Ma-ma, M-a-m-a ...!"

Theo schließt wieder die Augen. Bei diesem Blödsinn hält er es für besser zu schlafen.

„Mein Gott, Hilde", sagt ihre Mutter, „lass Felix jetzt in Ruhe! Babys brauchen viel Schlaf. Spiel mit deiner Puppe!"

„Aber ich will ihm doch beibringen, dass er Mama sagt!"
Ihr Vater blickt von der Zeitung auf. „Hilde", wirft er ein, „das geht doch nicht. Dafür ist er noch zu klein."
„Stimmt das so ungefähr?", fragt Marion Hilde. „Passt das so, wie die anderen spielen?"
Hilde nickt.

„Aber lass sie doch, Fritz", sagt Beate. „Sie ist doch selber noch klein." Dann wendet sie sich zu ihrem Kind um. „Ist er nicht entzückend, Elisabeth, wie er da liegt?"
Benno als Elisabeth seufzt und nickt. „Er ist wirklich lieb und so brav."
„Meinst du, dass ich ihm mehr Spielsachen vor die Wiege legen soll? Verstehst du, was ich meine? Sozusagen mehr Reize für ihn?"
„Na ja, das wäre vielleicht nicht schlecht. Man kann schließlich auch so kleine Kinder bereits fördern. Wie geht es dir denn in der Nacht? Schläft er durch?"
„Meistens wacht er so gegen eins auf. Dann schläft er wieder bis sechs."
„Sei nur froh, dass er keine argen Bauchkrämpfe hat. Buben haben das oft ärger als Mädchen."
„Manchmal hat er sie schon, gestern etwa. Das ganze Gesichtchen hat sich verkrampft. Ich weiß jetzt schon genau, warum er schreit, wenn er schreit."
Weißt du nicht, denkt Theo und beginnt zu plärren.
Sylvia als Beate kniet sich sofort nieder zu ihm.
„Ja, mein Liebling", sagt sie, „was hat denn mein kleiner, tapferer Schatz?"

Theo horcht auf. Das „tapfer" berührt ihn. Irgendwie schmeichelt es ihm, dass er tapfer sein soll.
„Warum weint er denn, Tante Beate?", fragt Hilde.

„Ach", sagt Christof als Hildes Vater, „Elisabeth, sei doch so gut und bringe uns inzwischen noch eine Tasse Kaffee."

Benno als Elisabeth nickt freundlich und steht auf.

„Ja, was ist denn, mein Kleiner?", versucht Sylvia als Beate ihren Sohn zu beruhigen. Sie tätschelt ihm den Rücken.

„Vielleicht hat er Hunger?", sagt Hilde. „Soll ich Mama sagen, sie soll das Fläschchen aufwärmen?"

Ich hab in die Hosen geschissen, denkt Theo grantig. Riecht ihr das nicht? Es belustigt und nervt ihn zugleich, ohne Worte zu sein.

„Er hat erst vor einer halben Stunde getrunken", antwortet Beate. „Nein, das kann es nicht sein. Aber vielleicht sollten wir ihn wickeln." Sie lächelt süßlich. Sie hat plötzlich Lust, Theo die Hosen hinunterzuziehen, um ihn zu beschämen.

„Darf ich dabei sein?", fragt Hilde.

„Natürlich, gern", sagt Beate und drückt Theo die Beine nach oben. Sie knickt seine Knie ein und tut so, als würde sie ihm eine Windel unter das Kreuz schieben.

Hilde fällt ein, wie riesig der Penis und die Hoden bei Säuglingen im Verhältnis zu ihrem übrigen Körper sind. Wie Theo wohl als Kleinkind ausgesehen hat? Ob seine Eichel eher breit oder schmal ist?

„So, mein Schatz, mein tapferer, kleiner Mann", sagt Beate, „gleich haben wir es geschafft."

Bei der Bezeichnung „tapferer, kleiner Mann" wird Theo rot.

„Hilde, ich schlage Ihnen vor", sagt Marion, „Sie spielen die Szene nach, wo Sie Ihrem Vater Ihre Schwangerschaft und Ihre Geburt zeigen."

Hilde hüpft zu Christof. Er liest eine Zeitung.

„Papa", sagt sie, „wann bekomme ich ein Geschwisterchen?"

Christof als Vater sieht überrascht auf.

„Aber Hilde", sagt er vorwurfsvoll.

„Ja, Papa, bitte. Ich wünsche mir so sehr ein Brüderchen. So eins wie Felix." Sie zeigt auf Theo, der sich auf die Ellbogen stützt und die Wand anstarrt.

„Nun, Hilde, wenn du brav bist, kann es sein, dass du etwas später ein Brüderchen bekommst", sagt Christof.

„Ist das so gewesen?", fragt Marion.

Hilde schüttelt den Kopf.

„Gut, dann macht einen Rollentausch!"

Hilde und Christof wechseln den Platz. Hilde spricht jetzt als ihr Vater Fritz.

„Sei bitte nicht albern, Hilde", sagt Hilde als Vater.

Sie und Christof wechseln erneut den Platz. Hilde ist wieder sie selbst.

„Sei bitte nicht albern, Hilde", wiederholt Christof.

Hilde beißt sich auf die Lippen. Dann dreht sie sich um. Sie zieht sich den Pullover aus, rollt ihn zusammen und steckt ihn unter ihr T-Shirt. Sie kommt mit einem großen Bauch zurück.

„Schau, Papa, ich bin schwanger geworden. Es macht nichts, wenn Mama kein Kind mehr bekommt. Jetzt kriegen wir beide, du und ich, ein Kind."

Christof als Vater schaut sie entsetzt an.

„Rollentausch", sagt Marion leise.

Hilde setzt sich auf Christofs Platz. Sie schlägt ein Bein über das andere.

„Na ja, mein Schatz, spiel nur weiter mit deinem Püppchen. Aber lass den Papa jetzt wieder seine Zeitung lesen. Die Mama spielt später mit dir", sagt sie als ihr Vater.

Dann rutscht sie wieder heraus, Christof setzt sich hin.

„Gib jetzt Ruh. Die Mama spielt später mit dir", wiederholt er.

Hilde hüpft provozierend vor ihm auf und ab. „Ich bekomme ein Kind, ich bekomme ein Kind!", ruft sie und dreht sich langsam im Kreis. Sie achtet auch darauf, dass Theo sie sieht. Sie schiebt das T-Shirt weit nach oben, sodass ihr nackter Bauch und ihr BH sichtbar werden. Am liebsten würde sie sich nackt ausziehen und sich zwischen Christof und Theo im Kreis drehen.

„Lass das, Hilde!", sagt Christof streng. „Du bist ein kleines Mädchen und verstehst von diesen Dingen noch nichts."

Marion überlegt, ob ein Rollentausch angebracht ist, aber Hilde hat sich ganz nahe vor Christof hingestellt. Sie schiebt das Becken nach vorn. Sie zerrt das Knäuel Pullover aus ihrem T-Shirt heraus und hält es unter ihr Schambein. Sie spreizt die Beine. Sie tut, als würde sie den Pullover aus ihrer Scheide herauszerren.

„Da kommen die Kinder heraus, und da kommen sie hinein", sagt sie laut. „Schau her! Ich weiß es genau. Da kommen die Kinder her!"

„Lass das endlich!", sagt Christof als Vater streng und verlegen zugleich und vermeidet es, Hilde anzuschauen. Er hebt den Kopf und schaut sich nach seiner Frau um. „Elisabeth, ist der Kaffee nicht bald fertig?"

„Wie sollen wir unser Baby nennen, Papa?", fragt Hilde hartnäckig.

„Also, Elisabeth, wo bleibst du denn so lange?", ruft der Vater ärgerlich in Richtung Tür.

„Ich glaube, wir nennen ihn Fritz", fährt Hilde unbeirrt fort. „So wie dich."

Und sie schiebt das T-Shirt hoch und legt das verknotete Knäuel Pullover an ihre Brust. „Ich habe nämlich viel Milch, nicht so wenig wie Tante Beate."

Christof lächelt innerlich, aber er schaut immer noch weg. Hilde steht so dicht vor ihm, dass er sie riechen kann.

„Ich bin mir sicher, Papa", sagt sie plötzlich, „dass du auch der Vater vom kleinen Felix bist. Tante Beate ist auch deine Frau. Sie schaut dich immerzu an."

Christof schluckt. Es verwirrt ihn, dass Beate Sylvia ist. Gleichzeitig fühlt er, wie er als Vater immer hilfloser wird.

„Rollentausch", sagt Marion.

Christof stellt sich provozierend vor Hilde auf.

„Wiederholen Sie bitte, was Hilde gesagt hat", ordnet Marion an.

„Bestimmt ist auch Tante Beate meine Frau", sagt Christof als Hilde. Die anderen schmunzeln. Die Rollen scheinen durcheinander zu kommen. Auf der Gruppenebene ist der Versprecher ja wahr. „Sie schaut dich immerzu an."

Hilde als Vater holt mit der Hand aus, wie um seiner Tochter eine Ohrfeige zu geben, steht dann aber auf. „Ich muss noch arbeiten", sagt sie rasch.

Marion zeigt erneut einen Rollentausch an.

„Ich muss noch arbeiten", wiederholt Christof und geht in die Ecke, wo Benno und Sylvia stehen.

Hilde bleibt mit ihrer Puppe zurück.

„Was geht Ihnen durch den Kopf?", fragt Marion.

Hilde hält den Kopf gesenkt. „Er sieht mich nicht an", sagt sie. „Ich verstehe das nicht. Er sieht mich nicht einmal an."

Sie ist verärgert. Dass ihr Vater streng und verzopft ist, hat sie vorher auch schon gewusst. Also schaukelt sie missmutig ihre Pullover-Puppe und wirft den Pullover dann in einem hohen Bogen in die hintere Ecke des Raums.

„Was macht Sie so zornig?"

Hilde bemüht sich nachzudenken, aber es fällt ihr nichts ein. In ihrem Kopf ist nur Nebel. Gleichzeitig ist sie enttäuscht. Sie fühlt, dass die große Erkenntnis ausbleiben wird. Klar hat ihre Kinderlosigkeit etwas mit ihrem Vater und ihrer Ambivalenz ihm gegenüber zu tun.

Marion beobachtet sie aufmerksam. Sie merkt, dass Hilde in einer Sackgasse steckt.

„Wollen Sie immer noch eine lebendige, lustige Familie haben?", fragt sie.

Hilde erstarrt. Dann steigen Tränen in ihre Augen. Sie fühlt sich zornig und einsam.

„Ich möchte," sagt sie, „dass mein Vater mit mir und meinen vielen Geschwistern durch den Wald marschiert. Wir singen Lieder, sammeln Pilze und schlagen am Abend unseren Platz um ein Lagerfeuer auf."

Sie wischt sich die Tränen ab und lacht.

Marion blickt in die Ecke und schaut Christof an. „Greifen Sie das Bild auf und spielen Sie es vor!", sagt sie. Christof nickt belustigt.

„Kommt, Kinder, auf geht es, in den Wald!", ruft er und setzt sich vor Benno und Sylvia in Bewegung, die gleich zu singen anfangen. „O du lieber Augustin!", röhrt Benno laut und falsch, „alles ist hin!" Auch Theo springt auf. Durch den neuen Spielverlauf fühlt er sich aus seiner hilflosen Rolle befreit und macht einen Wachstumssprung von mindestens fünf Jahren. Eine Zeit lang läuft er Christof hinterher. Dann schleicht er sich zu Hilde, die zusieht.

„Na, wie wär's mit uns zwei?", flüstert er ihr ins Ohr.

Sie boxt ihn in den Bauch und läuft davon. „Fang mich, fang mich!", ruft sie. Da rennen auch Sylvia und Benno los, sie versuchen aber, Theo zu fangen.

„Halt, stillgestanden!", brüllt Christof als Vater, aber seine Kinderschar gehorcht ihm nicht mehr. Sie rennen kreuz und quer durch das Zimmer.

Sylvia fasst Christof an der Hand. Dann stellt sie sich auf die

Zehenspitzen und küsst ihn auf den Mund. Seine Augen strahlen.

„Ach, scheiß drauf", sagt er, lässt seine Vaterrolle fallen und spielt mit. Er hetzt hinter den anderen her oder läuft ihnen davon.

Marion traut ihren Augen nicht. Sie hat sich eine kurze Vignette vorgestellt, so eine Art Spiegel von Hildes idealisiertem Vorstellungsbild einer glücklichen Kindheit. Aber die Gruppe besteht plötzlich nur noch aus Kindern, und die sind außer Rand und Band. Einen Moment lang überlegt sie, ob sie unterbrechen soll, aber dann lässt sie es laufen.

Das Kind der Selbsterfahrungsgruppe scheint unersättlich zu sein. Sie fassen sich an den Händen und spielen Tellerreiben, immer ein Paar, die anderen schauen zu. Angefangen haben Theo und Hilde, dann kommen Benno und Hilde, Sylvia und Christof, Sylvia und Hilde.

„Ich kann nicht mehr!", ruft Hilde und sinkt auf den Boden. Sie bettet ihren Kopf auf Bennos Bauch, und Bennos Kopf gräbt sich in Theos Magen. Eine Rippe drückt ihn am Ohr. Christof legt seinen Kopf in Sylvias Schoß und spürt unter geschlossenen Lidern, wie die Kreisbewegung in seinem Kopf langsamer wird. Sie liegen alle mit geschlossenen Augen.

Marion schaut auf die Uhr. „O. k.", sagt sie, „wenn es dann allmählich für euch passt, werdet bitte wieder erwachsen und kommt zurück in den Kreis."

Aber es passt noch nicht. Die fünf Ausbildungskandidaten liegen kichernd auf dem Boden.

„Wisst ihr", sagt plötzlich Benno, „wie der Graf Bobby zum Graf Rudi gesagt hat …", und er liefert eine Parodie der nasalen, vornehmen Sprache des alten Wiener Adels. „Zwei Tomaten gehen über die Straße", lacht Hilde. „Ein Lastwagen kommt. Und was sagt die eine Tomate zur anderen? Come on, Ketch up!"

Marion blickt noch einmal auf die Uhr. Essen ist um halb eins. Sie greift sich an die Stirn. Offenbar hat sie jetzt die Rolle der Mutter oder Heimleiterin, die die Kinder zur Ordnung ruft.

„Also", sagt sie laut, „das Mittagessen ist bald fertig."

„Was!", schreit Theo, „Mittagszeit! Juhu! Essen!" Und er springt auf, obwohl Benno den Kopf auf seinem Bauch hat, und stampft über den Boden. „Hunger! Hunger! Hunger!", brüllt er. Auch Hilde und Benno springen auf. Sie klatschen in die Hände und hüpfen hinter Theo her.

„Wir wollen essen! Wir wollen essen!"

Christof öffnet nur langsam die Augen. Es schüttelt seinen Bauch und Brustkorb vor Lachen, als er den anderen zusieht. Sylvia streichelt mit den Fingerspitzen über sein Haar.

Plötzlich zeigt Theo auf Christof und Sylvia und hüpft in großen Sprüngen rund um das Paar.

„Wir wollen vögeln! Wir wollen vögeln!", schreit er.

„Alle Vöglein sind schon da ...", stimmt Benno an.

In diesem Moment klopft es. Die Tür öffnet sich einen Spalt breit. Und das entsetzt-neugierige Gesicht von Giovanna schiebt sich herein.

„Scusi", sagt sie und schweigt mit offenem Mund.

„Sylvia", sagt Christof sehr leise und streicht zärtlich über ihr Haar, „nimmst du eigentlich die Pille?"

Die beiden liegen einander zugewandt auf Sylvias Bett. Es ist kühl. Sie haben eine Wolldecke über das Leintuch gelegt. Draußen gibt es nur Regen und Wind; von der Sonne, die um die Mittagszeit herabbrennen sollte, keine Spur.

„Ich möchte keine Kinder", sagt Sylvia. Sie dreht sich auf den Rücken, streckt sich und schaut auf die weiß getünchte Decke des Zimmers. „Und du? Willst du einmal Kinder?"

Christof fühlt ein schmerzliches Ziehen in der Brust.

„Fünf, sechs, sieben", lacht er. „Meine Hände sind dazu da,

riesige Essenskörbe für meine Familie nach Hause zu schleppen, zusätzlich trage ich meine Frau auf Händen; ich bin so eine Art Barak aus der ‚Frau ohne Schatten', der Frau und Kinder hegt und pflegt und beschützt."

„O je", seufzt Sylvia und drückt sich enger an ihn.

„Hast du nun verhütet?"

Er schämt sich, dass er nicht früher an Verhütung gedacht hat. Das widerspricht seinem Männerbild. Er will Verantwortung tragen.

„Mach dir keine Sorgen!", beruhigt ihn Sylvia.

„Ich mache mir keine Sorgen", sagt er schnell, „ich würde mich freuen, wenn wir ein Kind bekommen, so absurd das vielleicht für dich klingt, nur möchte ich nicht, dass du glaubst ..." Christof verliert den Faden.

Sylvia ist gerührt und misstrauisch zugleich. Ein Mann, der gleich ein Kind von ihr will?

„Bist du sehr konservativ?", fragt sie und wundert sich über sich selbst.

Schließlich kennt sie ihn schon so lange, von all den Psycho-Seminaren. Sie weiß wirklich viel über ihn. Aber es fällt ihr schwer, sich zu erinnern. Wie ist das mit seiner Mutter gewesen? Ein mysteriöser Autounfall? Hat sie diese Mutter nicht schon einmal gespielt? Ihr ist, als gäbe es einen Kern in Christofs Wesen, der ihr vollkommen fremd ist.

„Mein Gott, du tust ja, als hättest du mich vorher noch nie gesehen? Du weißt von Beginn an mehr über mich als jede Frau in meinem Leben bisher."

Sylvia nickt. „Ich weiß nichts über dich", sagt sie dann und dreht sich ihm zu. Sie küsst ihn kurz auf den Mund.

Christof lacht, aber innerlich ist er ernst. Er versteht, was sie meint.

Sie legt ihren Arm auf seine Hüfte, er streichelt ihren Nacken und ihre Schultern.

„Ich hingegen weiß viel über dich", kontert er, „aber nicht, ob und wie wir verhüten. Ich sage absichtlich wir."

Sylvia lacht.

„Wir tragen ein kleines Hormonpräparat unter der Haut", antwortet sie. „Seit einem Jahr; zwei Jahre soll es angeblich wirken."

„Bedenke, dass ich eifersüchtig bin!", flüstert er und rückt ganz nahe an sie heran.

„Das musst du nicht", hört er sie sagen.

Sie drückt sich an ihn. Seine warmen Hände streicheln ihren Rücken entlang, und als sie miteinander schlafen, hat sie Macht über sein Geschlecht.

Pietro hält sich versteckt und wartet. Er kann jetzt nichts tun. Er muss auf die Dunkelheit warten. Der Wind und die Kälte beruhigen ihn. Er blickt in die Wipfel und Baumkronen, die rauschend hin und her schwanken. Gläserne Tropfen hängen von den Bärten und Nadeln. Sie schwellen an, zerplatzen und fallen auf die ausgetrocknete Erde. Der Regen kommt wie in Nadelstichen, die der Wind vor sich herjagt.

Pietro verschmiert das Regenwasser mit dem Schweiß seiner Haut.

Ich kann nichts tun, denkt er, ich muss auf die Dunkelheit warten.

Seine Seele ist leer. Anders als der Herr weiß er von Anfang an, dass niemand mit ihm wachen wird, wenn seine Todesstunde über den Horizont rollt.

„Lieber Masseo", flüstert er, „sühnen wir durch Verrat unsere Schuld?"

Er erschrickt. Er denkt an die fremden Menschen, die in seinem Torre gewohnt haben.

Er sieht die Ausländer vor sich, wie sie im Garten vor dem Torre um den Tisch saßen und tranken. Sie lachten. Sie verstehen noch nichts. Aber die Ältere sollte Verantwortung zeigen. Warum zieht sie sich fast nackt aus, wenn sie alleine im Garten liegt? Warum hat sie ihn nicht losgelassen mit ihrem Blick, als er im Sonnenblumenfeld stand?

Pietro lehnt sich auf. „Der arme Herr", flüstert er, „jetzt leidet der Herr wegen mir. Jetzt weint der Herr wegen mir."

Und er denkt an Andrea, Guiseppe, Mercato und Masseo, die zurückbleiben mussten. Geweihte Erde muss sie empfangen.

Masseo hatte runde, weiche, hellbraune Augen. Masseo und Alessandra haben sich im Wald einmal geküsst. Pietro erinnert sich. Als er dazu gekommen ist, haben sie ihn angefleht, dass er sie nicht verrät. Er sie verraten? Er ist doch niemals ein Verräter gewesen! Alessandra hat ihm und Masseo ihr Loch zwischen den Beinen gezeigt. Es ist das einzige Mal gewesen, dass er sein Ding in das Loch einer Frau hineingesteckt hat. Zuerst Masseo, dann er. Ja, das einzige Mal. Er hat es niemandem erzählt. Nicht einmal Giulio. Er hat sich viele Wochen lang nicht mehr vor Marias Augen getraut. In die Kirche auch nicht. Eines Tages hat ihn Masseo an der Schulter gefasst und ihm lange in die Augen geschaut. Seither weiß Pietro, wie weich und hellbraun seine Augen sind. Mit einem Flaum von hellem Gold. Wie die Sonne so schön.

„Ich heirate Alessandra", hat Masseo gesagt, „sie kriegt ein Kind."

Pietro schämt sich immer noch.

Können sie ihm verzeihen? Seitdem er krank ist, belagert und bedrängt ihn diese Frage ohne Unterlass, Tag und Nacht.

Das Blut eines Lebendigen wird euch zum Leben erwecken. Es muss frisches, nach Eisen duftendes, warmes, pulsierendes Blut sein, das Blut, das die Sünden hinweg nimmt; geheiligtes Blut.

Soll es wirklich Giulios Umarmung sein, die ihn sühnt?

Marion kämpft gegen den Wind. Die gelben Köpfe der Sonnenblumen leuchten gespenstisch unter dem tiefen, schnell treibenden Schwarzgrau der Wolken.
Pietro Bernardo wurde noch immer nicht gefunden. Wie Christof richtig vermutete, sind die Knochen der Toten etwa 30 bis 40 Jahre alt. Ihre Identität ist nicht geklärt. Insgesamt handelt es sich um die Überreste von sieben Menschen, zwei Frauen und fünf Männern, vier waren noch im Verlies, drei hat Pietro in bestehende Gräber gelegt. Er hatte die Gräber gerade frisch ausgehoben.
Plötzlich fühlt sich Marion beobachtet. Sie geht schneller. Die Wipfel der Bäume schwanken. Der Wind lässt die Äste knacken. Ich muss mich beeilen, denkt sie und wundert sich über das mulmige Gefühl, das sie antreibt. Hat sie Angst? Reiten Gespenster in den Wolken? Warum geht ihr Pietro nicht und nicht aus dem Kopf?

Als sie das Jagdzimmer betritt, erzählt Benno gerade einen Witz. Also setzt sich die ausgelassene, lebhafte Stimmung vom Vormittag fort?
Hilde lächelt Marion freundlich zu. Theo setzt dazu an, auch einen Witz zu erzählen, bremst sich dann aber ein.
„Tut mir leid", sagt Marion, „dass ich etwas zu spät bin, aber ich habe mich bei meinem Spaziergang verschätzt."
Sie reibt sich die Finger. Ihr ist noch kalt. Sie bemüht sich, die Befindlichkeit der Gruppe zu erfassen, aber sie wird das Gefühl der Unwirklichkeit nicht los.

„Nun", beginnt sie zögernd und sieht Hilde an. „Wie geht es Ihnen?"

„Gut", antwortet diese, „wirklich gut; das Blödeln hat mir gut getan." Sie lacht. „Ich kann mich kaum erinnern, einmal so blöd gewesen zu sein wie vorhin."

Theo und Benno beginnen ebenfalls laut zu lachen, aber Marion geht nicht darauf ein.

„Sind Sie einverstanden", sagt sie, „dass Sie zuerst zuhören, wie es den anderen bei Ihrem Spiel gegangen ist?"

Sie lässt ihren Blick noch einmal von Gesicht zu Gesicht gleiten. „Geben Sie Hilde bitte Rückmeldung und sagen Sie ihr, was ihr Spiel bei Ihnen ausgelöst hat."

„O. k.", schmunzelt Hilde, „ich höre zu."

Sie muss aufpassen, dass sie nicht loslacht. Sie hat keine Ahnung, warum. Sie hat die ganze Mittagspause gemeinsam mit Theo und Benno gelacht. Auch Benno kämpft im Moment gegen seine Heiterkeit an.

Marion lässt sich nicht irritieren. Sie versucht genau wahrzunehmen, was das Lachen bedeutet. Ist es ein befreiendes Lachen? Oder ist es ein Lachen gegen die Angst? Was bedeutet das Lachen?

Hilde versucht sich zu fangen. Es fällt ihr sogar schwer, sich an ihr eigenes Spiel zu erinnern. Was hatte sie eigentlich für ein Problem?

„Also bei uns hat dein Spiel ein Gespräch über Verhütung ausgelöst", beginnt Sylvia trocken. Das Gekichere geht ihr auf die Nerven.

Benno und Theo lachen laut auf, aber Hilde sieht Sylvia fassungslos an.

Es ist eine Ohrfeige gewesen, und die sitzt.

Marion spürt es auch.

Christof erschrickt. Er ärgert sich über Sylvia. Er möchte

nicht, dass sie intime Dinge ausplaudert, Details, die wirklich nur sie und ihn etwas angehen. Plötzlich hat er Angst davor, dass sie ihn bloßstellen wird.

Hilde schaut Sylvia nachdenklich an.

„Und?", sagt sie nach einiger Zeit eisig. „Was ist dabei herausgekommen? Verhütet ihr nun, oder nicht?"

Sylvia beißt sich auf die Lippen. Sie streicht sich die Haare zurück. Allmählich weicht sie Hildes Blick aus.

„Na, was denkst du denn?", sagt sie schließlich.

Christof atmet auf.

„Was bedeutet die Feindseligkeit zwischen euch?", hört er Marion fragen.

Hilde schluckt. Sie drückt Daumen und Zeigefinger an ihre Nasenwurzel. Dann zuckt sie die Schultern, schüttelt den Kopf.

„Mein Gott", sagt sie leise, „was weiß ich, was mit mir los ist. Ich habe mir das schon gestern gedacht, als ihr beide als Liebespaar aufgetaucht seid. Wenn du ein Kind kriegst, Sylvia, und ich nicht, dann bringe ich mich um."

„Dann bringen Sie sich um?", wiederholt Marion überrascht.

Hilde nickt. „Ich habe das natürlich nur so gedacht. Es ist nicht ernst gemeint, und es ist doch ernst. Ich will nicht, dass sie schwanger wird und ich nicht. Ich halte das einfach nicht aus. Das nicht. Das ist unfair. Das bitte nicht!"

Hilde ist wieder das trotzige Kind.

Sie stockt. „Ich will ein Kind! Ich will es!"

„Warum, Hilde?", fragt Marion leise.

„Warum! Warum! Weil ich, mein Gott, weil ich sonst weniger wert bin. Weil ich nicht einmal das zustande bringe, was Millionen andere Frauen können. Weil ich es mir eben wünsche. Weil ich es mehr verdient habe als die anderen ..."

„Als wer?", hakt Marion nach.

„Als wer schon! Als Sylvia zum Beispiel, die eh kein Kind will. Oder als Sie. Sie sind schon 40 gewesen, als Sie Ihre

Tochter bekommen haben. Als wer denn! Als tausend andere Frauen, die eben Kinder bekommen haben!"

„Wer schenkt denn die Kinder, Hilde, was denken Sie dazu?"

Hilde senkt den Kopf. Sie wird rot. „Der liebe Gott", antwortet sie.

„Der liebe Gott?"

„Ja. Das habe ich immer geglaubt."

„Obwohl Sie so früh aufgeklärt worden sind?"

„Ja", betont Hilde noch einmal, „die Kinder kommen von Gott."

„Von Gott Vater vielleicht?", vermutet Benno lächelnd.

Hilde schweigt. „Nein", sagt sie nach einer Weile sehr ernst, „ich glaube, dass die Mütter der Frauen die Macht darüber haben, ob der Samen des Mannes im Bauch einer Frau fruchtbar wird oder nicht."

Sie ist selbst überrascht über das, was sie sagt.

„Meine Mutter hätte kein Kind haben sollen", fügt sie hinzu.

„Sie mag mich nicht. Sie gönnt mir kein Kind."

Hilde beginnt leise zu weinen.

Marion wartet, sie lässt ihr Zeit.

„Und?", fragt Marion nach einer Weile.

Hilde wischt sich die Tränen aus den Augen, lächelt.

„Irgendwie ist es etwas ganz Neues", sagt sie.

„Und Sie, Sylvia, was denken Sie?"

Sylvia ist betreten. Sie beschließt, ehrlich zu sein.

„Ich habe die ganze Zeit gespürt, dass Hilde mit mir konkurriert", sagt sie. „Ich dachte, um Christof. Ich habe heute meine Überlegenheit genossen. Hilde ist immer hübscher, lebenslustiger, beliebter gewesen als ich. In jedem Seminar sind ihr die Männer hinterhergelaufen. Gegen sie hatte ich nie eine Chance. Aber als ich ihre Tante gespielt habe, war ich ihr sogar um ein Kind voraus. Das Blöde war nur, dass sie mit mir um ihren Vater, also um Christof, gekämpft hat."

Sie lächelt verlegen und schaut Hilde an.

„Will sie womöglich auch noch ihn, habe ich gedacht, als ich ihre Ablehnung gespürt habe, weil ich mit Christof zusammen bin."

„Ich bin dir auch neidig gewesen", sagt Hilde.

„Auf Christof?", fragt Sylvia erstaunt. „Stehst du denn auf ihn?"

Hilde schüttelt den Kopf.

„Nein", sagt sie, „nicht auf ihn selbst, nur auf den Ernst eurer Liebe."

„Also hört mal!", ruft Christof dazwischen. „Ich komme mir bei euch vor wie ein Kaufobjekt. Ein minderwertiges noch dazu!"

Er wird immer wütender.

„Was meinst du mit minderwertig!", regt sich Benno auf. „Ich komme in dem Stück überhaupt nicht vor."

„Weiber!", murrt Theo und schüttelt den Kopf. Dann rückt er sich auf seinem Sessel zurecht und richtet seine Wirbelsäule gerade.

„Macht euch nichts draus, Kumpel", setzt er fort und verstellt seine Stimme.

„Die Subtilität der weiblichen Konkurrenz ist laut Psychoanalyse derart differenziert und kompliziert, dass die konkreten Objekte des weiblichen libidinösen Begehrens in ihrer Individualität vollkommen uninteressant und ohne weiteres austauschbar sind."

Theo hat in einem dozierenden Tonfall gesprochen.

Benno prustet laut los, auch Christof muss lachen, obwohl er immer noch zornig ist. Gleichzeitig spürt er, wie sehr er Sylvia begehrt. Er hat schon wieder Lust, mit ihr zu schlafen.

Marion schmunzelt, Hilde schüttelt lachend den Kopf.

„Nun, Herr Professor", steigt Benno auf Theos Ton ein. „Wie erklären Sie sich das genannte Phänomen?"

„Sehen Sie, meine sehr verehrten Damen und Herren, das momentane Chaos entwickelte sich aus der sehr differenzierten Methode der psychodramatischen Theorie der vollkommenen Rollendiffusion. Plötzlich weiß niemand mehr, wer er ist ..."

Die anderen biegen sich vor Lachen.

Marion hat den Eindruck, dass Hilde einen Schritt weiter gekommen ist. Die Ehrlichkeit der beiden Frauen tut gut. Sie spürt, dass sich zwischen Christof und Sylvia nun eine Kluft aufgetan hat. Auch die beiden müssen streiten, denkt sie, aber ihre Auseinandersetzung gehört nicht in die Gruppe.

Christofs Blick bleibt trotzig gesenkt.

„Nun", sagt Marion, als das Lachen allmählich wieder verebbt, „wie ist es den anderen gegangen bei Hildes Spiel?"

Theo berichtet von seinem Erleben als Säugling; von dem ambivalenten Gefühl, selbstständig nur schreien oder lachen zu können. „Obwohl ich so gerne faul bin", sagt er, „ist es mir schwer gefallen. Gerade im Umgang mit Frauen bin ich es nicht gewohnt, passiv zu sein. Ich traue den Frauen nicht. Entweder sie verschlingen dich oder sie lassen dich liegen. Es ist wirklich eine Erleichterung gewesen, als ich mit den anderen durch den Wald rennen konnte."

Dann sieht er Sylvia sehr ernst an.

„Das Ärgste war, wie du zu mir gesagt hast: mein tapferer kleiner Mann." Er wiederholt es. „Mein tapferer, kleiner Mann."

„Ich glaube, wir wurden alle von unseren Müttern missbraucht", sagt er schließlich nachdenklich. „Mit dieser Anrede hätte mich meine Mutter in den Krieg schicken können. Wirklich. Ich hätte gemordet für sie."

Marion spürt, wie tief er berührt ist.

Benno erzählt von seinem Ärger, dass ihm Hilde die Rolle einer Frau zugeteilt hat. Er äußert etwas Neid auf das bequeme Leben mancher Frauen, die von ihren Männern erhalten werden. Christof hat sich als Vater sehr hilflos gefühlt. Und so fort.

Marion hört nur noch halb hin. Die Rückmeldung läuft ohne große Probleme oder Erkenntnisse ab. Marion bestätigt, bestärkt, fragt manchmal nach, aber sie hakt nirgends mehr ein.

Sie denkt über die Funktion des Lachens in der Psychotherapie nach. Gleichzeitig erwacht in ihr wieder jenes seltsame, fremde Gefühl. Ein Balken knackt. Der Wind jagt die Wolken, und wieder glaubt sie, das Heulen von Gespenstern zu hören.

Theo steht vor dem Spiegel. Er starrt sein Bild an und versteht es nicht. Er ist so aufgebracht, dass seine Hände zittern.

Kannst du neuerdings eine Zurückweisung nicht einstecken, sagt er zu sich. Aber dann fühlt er wieder das rote Knäuel von Hildes Haaren in seiner Handfläche und ist noch in der Erinnerung überwältigt, dass diese Haare so weich sind.

Er sieht noch immer ihren offenen Blick. Sie steht in die Ecke gedrängt, er ganz dicht bei ihr. Und er schiebt ihren Rock hoch, während seine andere Hand dieses weiche Haar knetet und ihren Hinterkopf fühlt, der sich in seine Hand schmiegt. Er weiß, dass sie seinen Penis spürt, so dicht drängt er sich an sie heran. Er schiebt die Zungenspitze in ihren Mund, und sie stöhnt. Gleich wird sie weich und heiß werden unter seinen Händen.

In diesem Moment stößt sie ihn zurück und schlüpft aus seiner Umarmung.

„Warum?", murmelt er und greift noch einmal nach ihr.

„Bitte lass mich!", sagt Hilde. „Ich bin eben altmodisch." Sie versucht zu lächeln. Sie will nicht zerstören, was bisher war.

„Wegen Gerald?", fragt er. Sie nickt.

Theo schüttelt verächtlich den Kopf. Es macht ihn fast rasend, dass dieser Augenblick für immer verspielt ist. Dieses Gefühl hat er nicht oft. Er hat Hilde verloren. Er weiß, dass es so ist.

„Ich bin deine ernste, deine große, deine wahrhaftige Liebe", flüstert er in den Spiegel.

Einen Moment länger, nur noch eine Sekunde, und sie hätte nicht mehr Nein sagen können. Was immer geschehen wäre, da ist er sicher, es hätte sein Leben verändert. Auch ihres.

Er ist wütend, mehr noch verzweifelt.

Was habe ich falsch gemacht?

Setzen sich bei verheirateten Frauen prinzipiell irgendwelche Moralvorstellungen durch? Ist das schon wieder etwas, was er dieser Scheißkirche verdankt? Ist er selbst der einzig freie Mensch in diesen verdammten katholischen Ländern? Muss Hilde ihr halbes, fades, unbefriedigendes Glück ein Leben lang ertragen, nur weil sie einmal Ja gesagt hat? Oder klammert sie sich immer noch wie ein unreifes Kind an das verlogene Glück dieser gefängnisähnlichen Institution von Ehe und Familie?

Theo hätte Lust zu onanieren, aber aus Wut und Enttäuschung. Er greift sich an den Penis, der immer noch leicht erigiert ist, zieht ihn aus der Hose und betrachtet ihn eine Zeit lang. Mit seinen Samen den Hass über die Welt ausschütten.

Irgendein Mädchen soll her! Er lässt die vielen Mädchen, mit denen er gebumst hat, vor seinem inneren Blick vorüberziehen. Ihm ist dabei fad. Sein Penis wird schlaff. Das Wetter ist beschissen.

Er packt sein Glied in die Hose und klopft bei Benno.

„He", sagt er, „gehst du mit mir auf ein Bier?"

Die Stimmung beim Abendessen ist müde, schlecht, depressiv. Christof und Sylvia vermeiden jeden Blickkontakt, Hilde und Theo auch. Christof schaufelt schweigend das Essen in sich hinein. Benno versucht einige Male einen Witz, aber umsonst, niemand steigt darauf ein. Sogar Giovanna sieht müde und gedrückt aus.

Marion nimmt alles aufmerksam wahr, allerdings nur aus Gewohnheit. Sie überlegt, während sie isst, was für die Abendeinheit sinnvoll sein könnte, aber es fällt ihr nichts ein. Als sich die Gruppe nach dem Essen im Jagdzimmer trifft, macht sie es kurz.

„Ich denke", fängt sie an, „dass jeder etwas Zeit für sich selbst braucht. Mir geht es zumindest so. Wenn also bei niemandem etwas Dringendes ansteht, schlage ich Folgendes vor ..."

Hier wartet sie einige Sekunden und blickt in die Runde. Die Gesichter erscheinen ihr wie Mauern.

„Nun, wir haben über den Kinderwunsch gesprochen. Ich möchte Ihnen einen Gedankenanstoß oder eine Art Aufgabe mit in den Abend geben."

Sie räuspert sich und wartet wieder.

„Es ist eine Art Gedankenexperiment. Überlegen Sie bitte spontan, ob Sie sich einen Sohn oder eine Tochter wünschen würden. Wie stellen Sie sich dieses Kind vor? Wie sollte es ausschauen? Welche Begabungen oder Charakterzüge sollte es haben? Was ist Ihr Bild von Ihrem Sohn oder von Ihrer Tochter?"

Theo schaut sie grantig an. Dieses Thema interessiert ihn überhaupt nicht. Hilde starrt mit gesenktem Kopf auf ihre Zehen. Auch Sylvia und Christof lassen keine Regung erkennen. Nur Benno sieht betroffen und nachdenklich aus.

„Ich möchte nicht, dass Sie jetzt antworten", sagt Marion. Ihre Stimme ist heute merkwürdig belegt. „Ich möchte, dass Sie sich zurückziehen, diesen Gedanken nachhängen und eigene Bilder dazu auftauchen lassen."

„Nun?", fragt sie.

„O. k.", sagt Benno, „mir ist das recht." Er steht auf, greift mit den Händen nach der Sessellehne und sieht wartend in die Runde. „Das heißt, dass ich mich jetzt zurückziehen kann?"
Marion nickt.
„Benno, warte!", sagt Theo. „Ich komme mit dir mit."
Benno sieht überrascht aus. Will er das überhaupt? Eigentlich hat er sich vorgestellt, ein oder zwei Stunden alleine zu sein. Zu seinem Schrecken erhebt sich auch noch Christof.
„Ich gehe mit euch", sagt er, ohne Sylvia anzusehen.

Marion schmunzelt über den Abgang der Männer. Sie steht langsam auf. Einen Moment lang überlegt sie, den Abend mit Hilde und Sylvia zu verbringen, aber dann siegt ihr Bedürfnis, alleine zu sein.

Als sie die Stiegen zu ihrem Zimmer hinaufsteigt, denkt sie an die Themen des heutigen Tages. Plötzlich hält sie inne. Wie auf einer Stopptafel sieht sie vor sich die Frage: Ist mein Leben ein fruchtbares, ist es ein sinnvolles Leben?

Pietro kriecht den Weg entlang. Er schiebt die Ellbogen vorwärts und zieht den Körper nach. Ab und zu legt er die Stirn auf seine Arme. Seine Brauen heben sich. Er horcht, hört den Wind und das Knarren der Bäume. Es ist Nacht. Die Steinplatten sind hart.

Pietro erinnert sich, wie er vor langer Zeit diesen Weg angelegt hat. Plötzlich steigt das laute, knatternde, stotternde Vibrieren der Bohrmaschine in seiner Erinnerung auf, und für einige Momente ist er nur noch der schweißbedeckte Körper von damals, der sich gegen die Maschine stemmt, um den alten Asphalt aufzubrechen. Es staubt, stinkt, dröhnt, dass die Ohren zerreißen. Wie viele Jahre ist das nun her?

Er tastet mit den Fingerkuppen über die Oberfläche des Weges. Er fühlt einen feinen, feuchten Pelz, der nach Moos riecht. Ihm ist, als würde er die Tiere der Innenwelt hören, die Maulwürfe, die unterirdisch Gänge graben, und die Würmer, die die schwarze, schwere, vom Regen durchtränkte Erde durchwühlen und lockern. Unter der Oberfläche von Gras und Platten liegt das Labyrinth für die Seelen der Toten. Drei Tage irren sie in diesen Gängen umher.

Pietro strengt sich an. Er riecht den Schweiß, der seinen Körper bedeckt. Er fühlt sich wie im Krieg. Er kämpft gegen die Sünden der Welt. Er schleppt sich mit den Ellbogen voran. Seine linke Hand krallt sich um den Hals einer Flasche mit seinem Wein, der ist sein Trost, der ist sein Stolz, der ist sein sonnendurchfluteter Roter. Er wird mich ausweisen vor Gott und den Menschen.

„Nun muss ich zu Ende bringen, was ich begann", flüstert er. Ein rasender Schmerz schneidet durch seinen Bauch.

„Nein, Herr", flüstert er, „ich habe nichts zu verlieren."

Seine Zunge leckt einen Tropfen grauer Feuchtigkeit auf.

„Francesco wird für mich eintreten. Aber ich muss uns eine Wohnung bei Jesus erkämpfen. Nicht nur für mich. Maria, Giulio, Alessandra, bittet für mich."

Pietro dreht sich auf den Rücken, um zu rasten, und sieht einen Moment lang die Sichel des Mondes. Wie die silbrig glänzende Scheide eines Messers tanzt sie vor seinem Blick. Erschrocken greift er in die Außentasche seiner Hose und fühlt die Kühle seines Messers in seiner Hand. Beinahe hat er vergessen, was er zu tun hat.

Er muss sich beeilen. Er braucht den Schutz der Nacht.

Mühevoll schleppt er sich weiter, ein verwundetes Tier, das auf Händen und Füßen so schnell wie möglich vorwärts zu kommen versucht.

Den Hühnern die Köpfe abschlagen, erinnert er sich und lacht.

Wie sie dann tanzten, und waren doch tot. Er schnalzt mit

der Zunge gegen die Innenseite der Lippen. Im Dreiertakt schnalzt er und lacht.

„Brava", hat er als Bub immer gerufen, wenn er ein Tier losgelassen hat und es vom Hackstock aufgeflattert ist. Das Blut ist über seine Schürze und den Hackstock gespritzt. Der warme Geruch.

„Brava, Bella, tanze für mich!", hat er gelacht, während ihn das tote Auge aus dem kleinen Kopf angestarrt hat. Er hat den armen Hühnern den Kopf abgehackt, und Maria hat sie später gerupft. Maria hat Geschichten dabei erzählt. Blut tropfte von der Hacke, von der Schürze, von den Händen. Tropfen von weichem, warmem, blasigem Blut.

„Maria, Mutter Gottes, bitte für uns. Du bist gebenedeit und gebenedeit ist die Frucht deines Leibes", betet Pietro.

„Frucht deines Leibes, Frucht deines Leibes", wiederholt er und denkt an die Sonnenblumen, an die abgeernteten Felder, an das Lesen der Trauben, an den Wein. Sein Roter ist wie ein Rubin, den er in der undurchdringlichen Finsternis fand.

Alessandras Leibesfrucht war ein tot geborenes Kind.

Pietro faltet die rissigen, trockenen Hände und stellt sich das Kreuz des Herrn vor. Er schleppt sich weiter, als trüge er selber den schweren Balken. Bald hat er sein Ziel erreicht, bald. Er murmelt das Ave Maria und betet das Kreuz an, das unbeirrbar und schweigend aus seiner Vorstellungskraft wächst. Er kennt es ja schon so lange. Zu ihm hat schon Francesco gebetet, und der Herr hat mit Francesco gesprochen. Damals in San Damiano. Richte mein Haus wieder auf, hat Jesus gesagt. Was Jesus sagt, ist immer sehr einfach. Pietro schöpft Kraft aus der Anbetung des Herrn. Er fühlt den Ernst der dunklen, schwarz umrandeten Augen Christi. Das Leiden des Gottesknechtes liegt über der Heilsgeschichte der Menschen.

„Francesco, zu dem das Kreuz von San Damiano gesprochen hat, bitte für mich!"

Pietro ist seinem Ziel nah. Blut spritzt aus den Handflächen und Füßen des Herrn. Von den Füßen tropft das heilige Blut in die Erde, zu den Gebeinen und Schädeln der Toten. Drei Tage und drei Nächte blutet der Herr. Die Botschaft ist einfach. So einfach und klar spricht der Herr.

„Giulio, Maria, Alessandra, Masseo, Mercato, Andrea, Giuseppe, bittet für mich, dass der allmächtige Vater mein Opfer annehmen wird."

Zuerst werden wir am Tisch des Herrn den Sonnenblumenwein trinken. Du musst Blut schwitzen vor Angst. Wie Abraham seinen Sohn Isaak bringe ich mein Schlachtopfer dar. Ich reiße mit den Glasscherben des Gefäßes den Leib auf, damit du seinem gegeißelten Leib gleichst, dem Leib Gottes, der hinwegnimmt die Sünde der Welt.

Theo streckt sich auf dem Bett aus. Es ist ein gemütlicher und schöner Abend unter Männern gewesen. Ihm wird warm ums Herz, wenn er an Christof und Benno denkt.

Armer Benno, wenn du wirklich einen Sohn willst, dann mache doch einen!

Aber schließlich haben die Frauen die Macht, das zu entscheiden. Davon spricht keine von diesen Emanzen, dass das ungerecht ist. Wo soll Benno mit seinem Kinderwunsch hin? Eine Frau kann einen Mann hereinlegen, um schwanger zu werden, aber umgekehrt geht das nicht. Theo hat Mitleid mit Benno, der schließlich fast vierzig Jahre alt ist und Angst vor der Einsamkeit hat.

Es ist niemals zu spät, murmelt Theo und hängt diesem Satz nach. Es ist niemals zu spät. Der Satz ist falsch. Wenn man bestimmte Augenblicke versäumt, ist es für immer zu spät.

Er tritt zum Fenster: Der Wind treibt die Wolken zusammen und reißt sie gleich darauf wieder auseinander.

Marion kocht auch nur mit Wasser, überlegt er, und diese

Erkenntnis tut ihm gut. Er hofft, dass er bald selbst Seminare abhalten wird. Manager trainieren! Damit sich diese verdammte, teure Ausbildung wenigstens einmal rentiert.

Aber die Ausbildungsleiter werden nichts abgeben wollen von ihren Pfründen. Blöd werden sie sein! Ausbildungen sind das beste Geschäft. Alle sind willig, alle sind brav. Keiner will durchfallen. Jeder will sich die narzisstische Kränkung ersparen, nicht geeignet zu sein. Die Kohle fließt wie von selbst. Dabei hat man vor einigen Jahren für eine Therapieausbildung noch einen Bruchteil der Seminare gemacht und bezahlt, die sie heute verlangen.

Theo ist überzeugt, dass das alles mit purer Geldgier zu tun hat. Der Ärger lässt ihn nicht mehr los. Immer kreisen diese Themen in seinem Kopf!

Hinwerfen sollte man alles.

Anarchist müsste man werden.

Er sieht das müde Gesicht seiner Mutter vor sich. Tag für Tag geht sie in die Fabrik und legt jeden Groschen zur Seite. Sie spart für seine Schwester und ihn. Sie erwartet nicht einmal, dass er dankbar ist. Das Bild eines verlassenen Lagerfeuers taucht vor ihm auf, Asche, schwarze Holzkohlenstücke, Spuren von kaltem Rauch.

„Wenn ich könnte", flüstert er, „würde ich dir das Lebenslicht bringen."

„Ach, mein tapferer, kleiner Mann!"

Er steigt langsam und zögernd zu ihr ins Bett. Er spürt die Kälte, die von ihrem Körper ausgeht. Sein Penis ist eine Fackel.

*Edward*

*Das knarrende Blöken der Kamele, und die nackten hellen Waden einer Frau, in denen sich die glühenden Blicke der Treiber verfangen. Ein großer Strohhut über einem sommersprossigen Gesicht; feines, hellrotes Haar, übertriebenes, unechtes Lachen. An ihrer Seite er selbst. Ihre Hand auf seinem Arm.*

*Theo fühlt sich wie in einem Film. Er beobachtet das Paar und ist verwirrt, dass er, obgleich er dieser Mann ist, die Gedanken der jungen Frau lesen kann, als ob es seine eigenen wären.*

*„Edward sieht schlecht aus", dachte sie. „Kommt das noch von letzter Nacht? Hat ihm das Haschisch nicht gut getan? Ich habe gelacht und gelacht ... Aber warum hat Edward wieder alle möglichen Dinge gesehen? Warum ist er nur wie ein Tier?"*

*Rose fuhr sich mit der Hand über die Stirn, um die Erinnerungen zu verscheuchen. Edward, wie er über sie herfiel. In seiner Hand wurde ihr Körper seelenlos. Er verlangte Dinge von ihr, die sie beschämten, aber er wies ihre Vorbehalte als Relikte einer puritanischen Erziehung zurück.*

*Sie trank, um ihren frisch angetrauten Mann ertragen zu können. Sie war auch jetzt, am frühen Nachmittag, leicht angeheitert.*

*„Warum auch nicht", dachte sie. „Ich hätte nichts dagegen, mich vor die Kameltreiber zu werfen ..." Hatte Edward nicht gerade die Überwindung allen Ekels gepredigt? War sie nicht bereit, jedes Wort, das er sprach, zu befolgen? Sie hatte sich dafür entschieden, als sie ihn geheiratet hatte. Er war ihr Weg. Er würde der Weg vieler werden.*

*Das beige Gelb des Sandes trug das rötliche Ocker der Pyramiden, die sich in scharfen Kanten vom Himmel abhoben. Dieser war von einem klaren, dunklen, fast duftenden Blau. Hinter einem Meer von Grün, das der Nil schuf, wuchsen die Häuser der Stadt.*

*Theo wird plötzlich bewusst, dass der bedrückende Smog, der sonst über Kairo liegt, fehlte.*

*Seine Hand war um ein Amulett gekrallt, um das Auge des Horus, jenes ägyptischen Gottes, der auffliegt in eine neue Wiedergeburt. Wenn Rhe stirbt und durch den Leib der Nachtgöttin Nuth wandert, erhebt sich der Falke im Sonnenflug.*

*Den Weg der Toten beschreiten. Vom grünen Taltempel hinauf.*

*Den Blick in das unbewegte Gesicht des Sphinx sinken lassen, der bis zu den Schultern in Sand eingegraben war.*

*„Bruder Perdurabo", hörte er flüstern.*

*Erschreckt wandte er sich um, aber niemand war da. Hatte er in letzter Zeit zu viel mit Drogen experimentiert? Auf seinen Reisen, Haschisch, Opium, Kokain, um so den pulsierenden, lebendigen Urgrund der Welt zu verstehen! Manchmal fühlte sich Edward dem Geheimnis ganz nah.*

*„Geh zurück", entgegnete er der Stimme, die er vernommen hatte, „ich habe den Golden Dawn schon lange verlassen. Ich durchquere die Flammen einer tieferen Welt."*

*War er nicht um vieles weiter als die Brüder des Ordens? Er fühlte seine Seele wie in einem Sturm, der über die Meere jagte. Was er jetzt tat und wusste, war nur ein Abklatsch dessen, was er einst wissen würde. Ein Abklatsch seiner zukünftigen Macht.*

*Edward hasste die Mauer, von der er sich abstieß.*

*„Der Gott der Christen ist tot!", schrie er plötzlich in die Stille der Wüste.*

*Die Kameltreiber sahen zu ihnen hin und grinsten. Bei vielen konnte man Zahnlücken sehen. Rose zuckte an seiner Seite zusammen.*

*„Es wird Zeit, die christliche Sklavenmoral zu zerschlagen." Er fühlte sich als ein großer Prophet. Wie von selbst legten sich ihm Nietzsches Worte in den Mund. „O wie mir ekelt vor euch! Es sind die Schwindsüchtigen der Seele: kaum sind sie geboren, so fangen sie schon an zu sterben und sehnen sich nach Lehren der Müdigkeit und Entsagung."*

*Edwards Augen tauchten in die Augen des Sphinx.*
*„Kranke und Absterbende waren es, die verachteten Leib und Erde und erfanden das Himmlische und die erlösenden Blutstropfen ... Der Mensch ist etwas, das überwunden werden muss, aber der Mensch kann auch übersprungen werden."*
*Seine Stimme hatte sich verändert. Sie bekam einen schärferen Ton und durchschnitt als gläserne Saite die Luft:*
*„Der übersprungene Mensch. Der Über-sprung. Der Sprung über und in den Abgrund!"*
*Edward atmete tief durch und wandte sich Rose zu. Ein verächtliches Lächeln legte sich auf seine Lippen. Sie war seiner Größe nicht gewachsen. Noch brauchte er sie, ein, zwei Jahre vielleicht. Aber sie war weit davon entfernt, seine Göttin, die scharlachrote Frau seines Herzens zu sein.*
*Ihre Hand auf seinem Arm war ihm mit einem Mal lästig, und er hätte sie gerne wie eine Fliege verscheucht. Rasch blickte er sich nach dem Kutscher um, der sie nach Gizeh gefahren hatte, und klatschte in die Hände.*
*„Bringe die Dame ins Hotel", befahl er, „und komme dann wieder zurück!"*
*Rose blickte Edward erstaunt an, aber sie widersprach nicht. Der Kutscher zwickte sie in den Oberarm und führte sie wie eine Gefangene ab.*

Nun breitete Edward einen Teppich im Sand aus und ließ sich darauf nieder, den Blick unablässig auf die Pyramiden gerichtet. Er war erfüllt von einem heiligenden Gefühl, denn er befand sich an einem der bedeutendsten Orte der Welt. Als Magier wusste er, dass in der Dreizahl der Pyramiden die geistige Energie des Universums konzentriert lag. Hier befand sich eine der Schnittstellen zwischen der geistigen und der materiellen Welt, zwischen dem Mikrokosmos und dem Makrokosmos, zwischen dem Einen und der Dualität. Hier öffnete sich dem Eingeweih-

*ten zu gewissen Zeiten wie von selbst der Nebel, und er konnte zur ungeteilten göttlichen Energie durchstoßen mit seinem magischen Schwert. Einssein mit der pulsierenden, lebendigen, schöpferischen Energie; durchströmt, erhoben, hinausgeschleudert aus den Grenzen der sichtbaren Welt! Gott sein: Gott Pan, Gott Saturn und Set, der eselsköpfige Gott der ägyptischen Wüsten.*

*Plötzlich sah Edward das Bild eines Esels vor sich, der in der Wüste umherirrte und sein Ziel nicht fand. Wie demütigend!*

*Warum fiel ihm seine Mutter ein, wie sie in ihrer Dummheit von Sünde gesprochen hatte. Immer nur von Sünde.*

*"Wenn du nicht brav bist, bist du das Biest."*

*Sie hatte das große Tier der Johannesapokalypse gemeint. Die Eltern hatten die Sünde nicht herausprügeln können aus ihm, dem Himmel und der Hölle sei Dank!*

*Die sexuellen Fantasien waren um so leuchtender und herrlicher in ihm erstanden!*

*Wieder trübte ein Anflug von Verachtung und Ärger seine Gedanken. Der schüchterne, ängstliche Körper seiner Frau fiel ihm ein, der sich seinem göttlichen Glied beugte wie ein geschlagener Hund. Nicht aus Lust, nicht aus der scharlachroten Farbe des Lebens heraus, sondern aus Gehorsam und Angst.*

*"Geht doch dem schlechten Geruch aus dem Wege! Geht fort von der Götzendienerei der Überflüssigen!", zischte Edward.*

*Er senkte die Lider und umklammerte mit dem schmalen Schlitz seiner Augen das Rot, das den Himmel färbte und den Abend ankündigte.*

*"Wohin gehe ich?", flüsterte er.*

*Zeichnete nicht das Wollen den Menschen aus, diese große Kraft, die die Genügsamkeit und das Schicksal zertrat?*

*Ein See voll roter leuchtender Kraft stieg aus der Nacht in den sterbenden Tag.*

*Mit einem Mal erschien es Edward, als kuschelte sich ein weiches, flauschiges Tier an seine Seite, um mit ihm den Sonnenuntergang zu betrachten. Er griff erstaunt zu dieser Stelle, aber da war nichts als der Stoff seines Anzugs. Edward hielt den Atem an. Nach einiger Zeit löste es sich und flog wieder fort, aber die Stelle darunter an seiner Seite hatte zu brennen begonnen. Es war ein glühender, runder, kreisförmiger Schmerz, der aus ihm herausbrach, und gleichzeitig erfüllte ihn ein unfassbares Glück.*

*Die Luft vibrierte vom Atem des Geistes, der ihn aufgesucht hatte.*

*Edward senkte den Kopf, um sich zu verbeugen.*

*„Wie heißt du?", fragte er.*

*Was ihm antwortete, war eine tonlose Stimme.*

*„Tue, was du willst – das sei das ganze Gesetz! Liebe ist das Gesetz. Liebe unter Willen."*

*Edwards Herz klopfte.*

*„Tue, was du willst ...", wiederholte er, „was du willst ..."*

*Er fühlte, wie sich ihm das Geistwesen noch einmal näherte, denn ein brennender Hauch strich über seine Haut. Er roch es im Rot des Fleisches und erkannte es im Geschlecht einer Frau über seinem Gesicht. Er atmete tief. Er streckte die Zunge heraus, um sie zu berühren.*

*„Ich heiße Aiwaz", flüsterte der Geist und gab ihm damit Macht über sich.*

*Edward rührte sich nicht.*

*Wie einfach es war! Wie betörend! Die Liebe unter dem Willen! Die scharlachrote, pulsierende Lust als Weg zum Einen.*

*Überwältigt von dieser Erkenntnis hob er den Blick. Die Pyramiden ragten aus einem Meer von flammendem Rot, das sich sanft zu wellen begann, ein glühender See, aus Feuer und Wasser gemischt.*

*Hadit und Nuth lagen im Liebesakt, unter der Führung des Willens. Der Wille war die Richtung, die Liebe die Überwindung der Dualität.*

*Die funkelnde Weite des Universums riss ein und ging über in den ruhigen Flug eines Falken, der über den Spitzen der Pyramiden zu kreisen begann. Gott Horus. Der Name des neuen Äons. Seine Zahl: 666. Sein wissendes Gleiten. Die Augen des Adlers und die Augen der Eule. Die Botschaft des Tieres, sein Gesetz und die Freude der Welt.*

*Ich bin es, flüsterte er.*

*Der Mensch hat das Recht, nach seinem Gesetz zu leben. Erfüllet euch nach Willen in Liebe ...*

*Plötzlich stürzte sich der hoch über den Pyramiden kreisende Falke im Sturzflug hinab und tauchte in die roten Fluten des Meeres. Ein Aufschrei, und immer höhere und wildere Wellen, und das Tier hob sich mit der höchsten Welle wieder heraus und flog, ein glühender Schweif, durch den schwarzen Körper der Nacht.*

*Tue, was du willst, der flammende Schrei.*

*Weihte ihn Aiwaz in die sexuelle Ekstase mit dem Universum ein?*

*Ein und aus stieß und tauchte der Gott.*

*Rot war die Farbe der neuen Zeit: Rot wie die Sonne. Rot wie das Blut, das die Magier trinken. Rot wie die mit Blut bestrichenen Hexen auf dem Altar. Flammendes Rot.*

*Du hast kein Recht als deinen Willen zu tun. Mitleid ist das Laster von Königen. Tritt nieder die Elenden und die Schwachen.*

*Der Wille als das Absolute, als die Zahl Eins. Erst der Eingeweihte kann den wahren Willen erkennen.*

*Aiwaz goss Rot über ihn aus, Augen und Ohren überflutete sie, dann flog sie fort, und Edward sank in die vibrierende Leere des Abends. Er wusste, er hatte eine göttliche Botschaft empfangen.*

*„Liber al vel Legis"*, Buch des Gesetzes, übertitelte er sie. Satz für Satz schrieb er auf.

Er war gerufen, nach Gleichgesinnten zu suchen. Thelema, Wille, würde der Name des Ordens sein. Männer und Frauen, auserkoren von ihm, in jeder Stufe von ihm geweiht.

Rose wird zu Grunde gehen, lächelte er, noch voll von den Bildern seiner Vision.

Er taumelte ein wenig, als er aufstand und sich nach dem Kutscher umsah. Hundert Meter entfernt saßen einige Männer im Halbkreis um ein Feuer. Die Nacht hatte sich in warmer Dunkelheit an die Pyramiden gelegt.

Hinter einem kleinen Sandhügel wand sich die gebückte Gestalt des Kutschers hervor und winkte.

„Hier bin ich, Herr!", rief er, „ich hole die Pferde, einen Augenblick, Herr!"

Edward wandte sich um.

„Herr! Herr! Herr!"

Die Wüste und die Nacht nahmen die Anrede auf.

# Sechster Tag

Marion erschrickt, als sie merkt, dass sie gefesselt auf dem Boden liegt. Sie ist an den Handgelenken an zwei Pfosten angebunden und kann sich nicht bewegen. Ihre Beine sind aufgestellt und gespreizt. Ihr Mund fühlt sich trocken und rissig an.

Verwirrt dreht sie das Gesicht zur Seite. Borken, Gras, lindgrünes, milchiges Licht. Das Sirren und Singen der Vögel. Hat sie das Geschrei der Vögel geweckt?

Auf ihrer Haut wachsen Sterne aus gepolstertem Moos und weißgraue Flechten, eine grüne Schale, aus der Leben entsteht.

„Wenn ich kein Mensch mehr bin", überlegt Marion, „warum habe ich dann noch Angst?"

Mühsam hebt sie den Kopf und erschrickt wieder.

„Ich bekomme ein Kind", flüstert sie.

In kurzen Krämpfen werden kleine Gestalten durch ihre Scheide gepresst. Es sind winzige Körper mit blinden, verschlossenen Augen, die aus ihrem Leib platschen, und sofort stapfen sie los. Wie frisch geschlüpfte Schildkröten treibt es sie in Richtung Meer.

„Sie werden sterben!", schreit Marion. Der Schweiß tropft ihr von der Stirn, aber sie kann die Wehen nicht stoppen.

„Sie laufen zu den Klippen und stürzen. Sie kennen das Meer und den Wind nicht! Ihre Geburt ist ihr Tod!"

Marion schreit, aber die Luft und der Wind nehmen ihre Stimme nicht auf.

Da tippt sie mit dem Finger auf die Enter-Taste eines Computers. Einen Augenblick lang reißt das Bild. Dann erscheinen die Wesen, die sie auf die Welt gebracht hat, auf dem Bildschirm und wandern vom linken zum rechten Rand. Von oben aber erscheint ein größeres, viereckiges Roboterkind, das die Neugeborenen frisst.

Im Hintergrund schreibt sich kursiv ein Text in die flimmernde Fläche des Bildschirms:

*Es brennt mein Lieben im*
*schamlosen Grund*
*Zärtlich verblüht die*
*abendliche Sonne*
*der Dorn ritzt blutende Frühe*
*Ich falle in den Tod*
*Liebende Schleier betten*
*die Blüten der flammenden*
*Sonne*
*(aus: Der lachende Stein)*

Die Buchstaben flirren und zittern; die Wörter verzerren sich bis zur Unkenntlichkeit und purzeln an den unteren Rand, wo sie aufgesaugt werden.

„Es ist ein Spiel!"

Marion fällt schweißgebadet in ihr Bett. Der Traum schüttet sie aus wie bei einer Geburt. Es dauert eine ganze Weile, bis sie sich erinnert, wer sie ist.

Als Christof morgens die Küche betritt, sitzt Giovanna vor dem Tisch, die Ellbogen auf die Oberschenkel gestützt und das Gesicht in die Hände gelegt. Einen Augenblick sieht sie ihn mit geröteten Augen an, dann aber legt sie den Blick zurück in den Schatten ihrer Hände.

„Giovanna", spricht er sie leise an und legt ihr die Hand auf die Schulter. „Was ist mit Ihnen?" Er spricht mit ihr italienisch. Sie antwortet nicht. Ihre Schultern beginnen zu zittern.

Er schaut zum Fenster. Der Himmel ist wieder wolkenlos, und die Welt liegt in einem hellen, blendenden Licht. Plötzlich merkt er, dass der Duft frischen Kaffees fehlt. Es ist fast acht.

Zärtlich denkt er an Sylvia, an den warmen Geruch von Körper und Schlaf, als er nachts zu ihr ins Bett gekrochen ist. Sie hat getan, als würde sie ihn nicht hören, aber sie hat sich weich in seine Arme gedrückt. Er ist nicht mehr böse auf sie. Was hat ihn denn so über die Maßen gekränkt? So ein großes Geheimnis ist das Thema Verhütung nun auch wieder nicht. Er schämt sich dafür, dass er so wortlos, so unmittelbar, so vehement beleidigt war. Sylvia ist immer noch sauer auf ihn. Allerdings erst, seit sie wach ist.

„Nun, und jetzt?", hat sie gesagt, als sie aufgewacht ist. „Ausgesponnen?"

Plötzlich hebt Giovanna ihr Gesicht. Die vielen Fältchen um ihre braunen Augen zittern, auch ihr Kinn.

„Ich kann es nicht glauben", weint sie. „Stellen Sie sich vor, Signor Müller, wie schrecklich! Armer Pietro! Was hat ihn so erschreckt? Fühlte er sich verfolgt? Er ist tot."

„Tot?", wiederholt Christof betroffen. „Was ist denn passiert?"

„Die Pulsadern hat er sich aufgeschnitten. Mit dem Kopf voran ist er in die Erde gestürzt und verblutet. Der arme Pietro!"

Sie schüttelt den Kopf und starrt auf die braunen Rücken ihrer Hände, die sie nervös hin und her dreht.

„Wissen Sie," erzählt sie, und ihre Augen werden mit jedem Wort, das sie spricht, lebendiger, „ich war, als ich ein junges Mädchen war, 14 Jahre vielleicht, einmal sehr verliebt. Nein,

nein, Signor Müller, nicht in Pietro, Pietro war ja ein so stiller und schüchterner Mensch." Sie senkt den Kopf und stockt. „Man verliebt sich, ohne an die Folgen zu denken, wenn man so jung ist. Man ist so offen und verletzlich." Ihre Stimme ist belegt. „Nein, nein, ich verrate Ihnen nichts von meiner Jugendsünde. Es ist so lange her ... Es war gewiss die aufregendste Zeit meines Lebens. Früher war alles viel schwieriger als heutzutage, glauben Sie mir! Aber was damals geschehen ist, wäre auch heute noch ein Skandal, es wäre genauso undenkbar wie damals. Und ohne Pietro wäre ich vielleicht zu Grunde gegangen."

Christof sieht sie überrascht an.

„Pietro hat für diesen gewissen Mann ... für meinen Geliebten ... gearbeitet. Er hat für ihn viele Dinge erledigt. Dieser Mann durfte sich nie und nimmer sehen lassen mit mir. Er wäre wohl angezeigt worden. In seinem Alter, und in seiner Position, mit einem so jungen Mädchen ... Aber es war auch für mich nicht leicht. Pietro musste mich immer abholen, um mich zu ihm zu bringen ... in der Dunkelheit der Nacht ... Er hat den Pfeifton eines Vogels nachgemacht. Ich bin heimlich aus dem Haus geschlüpft. Er hat mich auch immer zurückgebracht."

Giovanna wischt sich die Tränen aus den Augen, aber sie tropfen unentwegt über ihr Gesicht.

„Pietro war mir damals ein sehr wertvoller Freund, Signor Müller, ich habe ihm auf dem Heimweg so vieles erzählt, von meinem Glück, von meinen Träumen, aber auch von meiner Scham, meiner Angst ... Pietro hat mehr über mich gewusst als irgendein anderer Mensch. Er hat nie etwas verraten. Er ist für mich so eine Art Beichtstuhl geworden, nicht der Mensch dahinter, nur das vergitterte Fenster, in das man spricht. Oder ein Tagebuch, dem man seine geheimsten Gedanken anvertraut. Dabei hat er mir nie etwas von sich erzählt. Ich glaube, er hatte gar keine Sprache."

Giovanna weint nun hemmungslos. Marion und Benno sind in die Küche getreten und stehen schweigend da.

„Ich glaube nicht", weint Giovanna, „dass Pietro irgendeinem Menschen etwas Böses tun konnte!"

Sie schlägt mit der offenen Handfläche einige Male gegen ihren Kopf.

„Er tut mir so leid!", flüstert sie. „Mit Wunden am ganzen Körper, mit Wunden überall haben sie ihn gefunden. Ausgeblutet wie ein Tier. Die Friedhofserde durchtränkt von seinem Blut ... Er hat sich überall Wunden zugefügt, Schnitte, Stiche, an den Armen, auf dem Bauch, auf der Brust. Er hat sich selber gequält ... Mein Gott, warum? Warum nur?"

Sie öffnet die Hände und schüttelt immer wieder den Kopf.

„Er ist auf der nassen Erde eines Grabes gelegen ..."

Christof blickt auf. Nun stehen auch Hilde, Theo und Sylvia unsicher in der Tür.

„Sie haben Pietro gefunden", erklärt er, ohne die Hand von Giovannas Schulter zu nehmen. „Er hat sich umgebracht."

Giovanna bekreuzigt sich ein paar Mal und versucht sich zu fassen.

„Bitte sagen Sie nichts weiter, von all dem, was ich Ihnen von mir erzählt habe", sagt sie und macht sich mit hastigen Bewegungen daran, das Frühstück herzurichten.

Die Betroffenheit in der Gruppe ist groß. Pietros Selbstmord schockiert sie alle.

„So viel Aggression gegen sich selbst", sagt Hilde fassungslos, „vielleicht hat er die Menschen im Verlies doch umgebracht."

„Es könnte wirklich eine Art Sühneopfer für eine Schuld sein, die er sich aufgeladen hat." Um Christofs Mund liegt ein sehr trauriger Zug.

„Was ist denn eigentlich ein Sühneopfer?", überlegt Sylvia.

Christof räuspert sich. „Eine rituelle Schlachtung", antwortet er. „Ursprünglich hat man, glaube ich, auf einem Altar ein Schaf oder einen Widder geschlachtet."

„Ein Opferlamm eben, das auf sich nimmt die Sünden der Welt", sagt Theo, aber trotz des Spottes klingt seine Stimme müde. Seine Hände zittern.

„Solche Opfer hat es auch im alten Griechenland gegeben", sagt Hilde.

Marion spürt sofort den Geruch von Kräutern, Salz und Meer in der Nase und versinkt für einige Augenblicke im Land ihrer Seele. Schließlich wird sie von Benno aus ihrer Zuflucht herausgerissen.

„Also bleiben wir doch konkret", sagt er bestimmt. „Ihr meint also, Pietro hat sich schuldig gefühlt. Und um diese Schuld zu tilgen, hat er sich selbst gerichtet, geopfert?"

Bennos Augen sind fast schwarz. Er starrt einen unbestimmten Punkt auf dem Tisch an.

„Nun, Pietro fühlte sich vielleicht in die Enge getrieben, als wir die Knochen gefunden haben, die Polizei hat ihn gesucht, außerdem war er unheilbar krank, er hat vielleicht keinen Ausweg mehr gesehen ..."

Bennos Blick bohrt sich weiter in die Tischplatte, aber er stößt nicht vor bis zu dem Punkt, an dem er den Selbstmord verstehen könnte. Eine seltsame Leere kreist in seinem Kopf, er kennt sie schon lange, er hasst sie, er fürchtet sie, sie lähmt ihn, aber wenn sie von ihm Besitz ergreift, kann er nichts gegen sie tun.

„Ich beneide ihn fast", flüstert er plötzlich, „um die Lebendigkeit und Kraft seines Todes."

Er blickt auf und sieht die Überraschung in den Augen der anderen.

Nur Christof hält die Augen gesenkt. Das Bild seiner Mutter taucht vor ihm auf, der letzte Augenblick ihres Lebens, der

Moment, als sie auf den Baum zugerast war. Immer schneller. Immer näher. Ohne zu bremsen.

„Mich schockiert diese Art, sich umzubringen", wirft Sylvia ein.

Hilde nickt. „Mich auch. Das ist doch entsetzlich, Benno! Sich überall Stiche und Wunden zuzufügen! So viel Grausamkeit gegen sich selbst. Also ich bin überzeugt, dass dieser Mensch im höchsten Ausmaß wahnsinnig war. Vielleicht war er schizophren ... Also in der Nervenklinik habe ich einen Schizophrenen kennen gelernt, der sich selbst sieben Schnitte in den Unterarm zugefügt hat. Während eines Schubes. Er hat seinen eigenen Vater umgebracht ..."

„Stellt euch vor", murmelt Sylvia, „wenn Pietro nur einen Bruchteil dieser Grausamkeit bei seinen Opfern angewendet hat!"

Marion erinnert sich an den Traum, in dem sie gefesselt im Wald lag, mit geöffneten Beinen. Ist es vielleicht den Opfern so ergangen? Sie schüttelt die Erinnerung ab und erschrickt, als sie Benno ansieht. An seinem schwarzen, brennenden Blick wird ihr bewusst, wie nahe Depression und Aggression beieinander liegen, wie sich die eine in die andere verwandelt, ohne dass man es merkt, zwei gefährliche, ununterscheidbare Schwestern.

„Gestern Abend", beginnt sie, „habe ich Ihnen vorgeschlagen zu überlegen, welches innere Bild Sie von Ihrem eigenen Kind haben ... Hildes Thema, ihr Wunsch nach einem Kind, hat er nicht mit einer Frage zu tun, die uns alle betrifft: Was lässt unser Leben fruchtbar werden? Wie muss es aussehen, damit es ein gelungenes, ein fruchtbares Leben ist?"

Marions Augen sind nun konzentriert nach innen gerichtet.

„Seit heute Morgen stellt sich die Frage vielleicht noch einmal schärfer ... Wahrscheinlich ist jedem von Ihnen der Gedanke an Selbstmord in irgendeiner Weise vertraut."

Sie macht eine Pause und scheint nach Worten zu suchen.

„Wie sieht das Leben aus, wenn es misslungen ist, gescheitert?", fährt sie fort. „Was muss geschehen, dass ich keinen anderen Ausweg mehr weiß, als mich umzubringen?"

Sie ist nicht sicher, ob ihre Gedankenklammer hält. Sie wartet, was die Gruppe aufgreifen wird. Es dauert eine Zeit lang, weil sie zu viele Fragen vermischt hat.

Sylvia erinnert sich daran, was Christof über sich erzählt hat. Der Autounfall seiner Mutter. Er war 16 Jahre alt. Danach war der Selbstmord sein Begleiter durch die Stunden des Tages. Fast jeden Tag eine neue Entscheidung. Bis zum nächsten Donnerstag noch, dann sehe ich weiter. Auf diese Weise hat Christof von einem Tag auf den anderen durchgehalten. Das hat zwei Jahre gedauert.

Sie empfindet große Zärtlichkeit für diesen verlassenen, verzweifelten Jungen.

Christof strahlt, als sie plötzlich aufsteht und ihn umarmt. Sein Herz springt in seinem Brustkorb wie ein junger Stier.

„Auch ich habe schon öfter an Selbstmord gedacht", sagt Sylvia und geht zu ihrem Sessel zurück. „Wenn sich immer die gleichen Muster wiederholen, kann man wirklich nur mehr heraussterben." Sie macht eine Pause. „Aber das vertraute Unglück ist so viel sicherer als das unbekannte Glück", fährt sie fort und wendet sich dann direkt an Christof. „Ich habe Angst, dass ich jetzt, seit ich mit dir zusammen bin, noch leichter aus den Angeln gehoben werden könnte ..."

Sie wird rot und senkt den Kopf.

„Wenn ich es recht verstanden habe, war das eine Liebeserklärung", sagt Marion freundlich. „Und ich bin überzeugt, Sie haben recht. Wenn wir uns auf etwas Neues wirklich einlassen, sind wir um vieles verletzlicher und bedrohter als vorher."

Sylvia streicht sich die Haare hinter die Ohren. Sie ist plötzlich dankbar, weil sie das Gefühl hat, dass sie den Schritt ohne Marion nicht hätte tun können.

„Das Leben wird spannender, wenn man sich auf etwas Neues einlässt", sagt Theo. Er schaut Hilde dabei nicht an, aber sie weiß, dass er sie meint.

In diesem Moment bemerkt Marion, dass Benno weint. Schwere Tropfen rinnen ihm aus den Augen über die Wangen. Ein dunkles, tiefes Schluchzen schüttelt ihn. Er legt das Gesicht in die Hände.

Christof streichelt über Bennos Haar.

Der Ton, der aus Bennos Brustraum hervorgurgelt, ist wie das dunkle Brodeln eines Teekessels über einem offenen Feuer.

„Was ist mit Ihnen?", fragt Marion leise, so als würde sie mit dieser Frage ein Kind, das sich wehgetan hat, beruhigen.

Es dauert lange, bis Benno antwortet.

„Ich bin so traurig, dass ich keinen Sohn habe", flüstert er; dann fällt er wieder in heftiges Schluchzen zurück.

Das Feuer lodert dunkel, als würde der Wind hineinblasen, und das Wasser des Teekessels singt.

„Ich werde einsam sterben, niemand wird bei mir sein."

Das Schluchzen schwillt an und ebbt wieder ab.

„Ich habe immer wieder an Selbstmord gedacht. Immer wenn die Leere gekommen ist und wieder ein wenig zurückging. Gerade dann ... Das Leben hat keine Farben. Es ist an mir vorübergegangen. Keine Blumen, keine Kerzen. Niemand besucht mein Grab."

Das Schluchzen fällt in weichen Stößen aus seiner Brust heraus.

„Sogar mein Selbstmord wäre müde."

Benno hebt den Kopf. Seine Augenränder sind rot. Er nimmt ein Taschentuch und schnäuzt sich.

„So", sagt er, „danke, jetzt ist es genug."

Erst allmählich kommen die anderen zu sich.

„Seltsam", sagt Hilde, die langsam aus ihrer Benommenheit

auftaucht, „irgendwie war es schön, mich von deiner Trauer wiegen zu lassen."

„Es ehrt mich ja, ein Schlaflied für die Frauen zu sein ...", sagt Benno und schnäuzt sich noch einmal.

Christof lacht auf. Das hätte eine Bemerkung von ihm sein können.

„Ich wollte dich nicht kränken", sagt Hilde ernst.

„Schon gut", antwortet Benno, und wieder breitet sich Schweigen aus.

„Ich verstehe, was Hilde meint", sagt Sylvia. „Es war, als würde man hilflos in einem Fluss treiben, und dann lässt man die Angst einfach sein und versucht nur noch die Wellen zu spüren. Man kann ohnehin so wenig tun."

„Geht es wieder?", fragt Marion. Sie ist erstaunt über die Zärtlichkeit, die sie fühlt.

Benno nickt. Er hat plötzlich das Gefühl, wieder ganz zur Gruppe zu gehören. Es ist, als habe sich der Großteil einer alten verkrusteten Leere aus seinem Brustraum gelöst.

„Ich denke mir, dass die Beschäftigung mit dem Tod uns sehr viel über unser Leben und den Wert unseres Lebens erzählt", sagt Marion nach einer längeren Pause. „Ich möchte, dass Sie in der Zeit, die wir noch bis zur Mittagspause haben, versuchen, einen Grabspruch für sich zu finden."

Sie wartet die Reaktionen ab.

„Das finde ich etwas makaber in unserer Situation", sagt Hilde.

Marion glaubt eine Spur Vergnügen in ihrem Blick zu erkennen. Auch Christof mustert sie neugierig. Theos Gesicht drückt Verschlossenheit aus.

„Was möchten Sie, dass auf Ihrem Grabstein geschrieben steht?", fährt sie fort. „Denken Sie bitte einmal darüber nach! Was ist das Wesentliche in Ihrem Leben? Was hat Ihr Leben ausgemacht? Ein, zwei oder drei Sätze genügen ... Da kann *ein guter Bäckermeister* genau so gut stehen wie *Er hat sich sein Leben lang für die Seinen aufgeopfert ...*"

„Na ja", schmunzelt Christof und streckt sich, „dann werden wir einmal schauen, was der Sinn unseres Lebens sein könnte."
Die Frage, warum er Arzt werden wollte, ist ihm im Laufe des Seminars irgendwie abhanden gekommen. Was heißt irgendwie? Zärtlich berührt er Sylvias Hand.

„Genau darum geht es in dieser Übung", nickt ihm Marion zu. „Schreiben Sie bitte Ihren Grabspruch auf ein Blatt Papier. Wir besprechen sie dann in der Nachmittagssitzung."

Hilde sieht Theo vor sich, immer wieder Theo: die tiefen Schatten um seine Augen; den brennenden Blick.

Ob er wirklich ihretwegen so mitgenommen aussieht?

Sie stellt sich vor, wie sie mit den Lippen seinen Mund sucht, während seine Hand ihren Schenkel hinaufgleitet. Er berührt ihr Geschlecht, schiebt seinen Finger unter den Stoff in die Falten ihrer Schamlippen und drückt ihn in den Scheideneingang.

Hilde versucht ihre Fantasie zurückzudrängen und presst die Hand gegen ihr Geschlecht, aber in diesem Moment springt ihre Erregung schon auf und löst sich in einem kurzen, intensiven Orgasmus.

Verwirrt streicht sie sich mit der Hand über die Stirn. Es ist sicher Monate her, seit sie zum letzten Mal onaniert hat.

Dass dieser Mann so gut aussehen kann!

Was wäre geschehen, wenn sie nicht Nein gesagt hätte ...?

Und Gerald? Sie hätte ihm einfach nichts erzählt ...

*Sie war eine treue Ehefrau,* wird auf meinem Grabstein stehen, denkt sie zornig. Und was hatte die treue Ehefrau dann davon?

Sie stellt sich vor, wie Theo ganz nah bei ihr steht und sein Penis sie ausfüllt und trägt.

Rasch steht sie auf, damit sie kein zweites Mal onaniert.

*Treue, dumme Ehefrau mit gutem Ruf,* schreibt sie spöttisch auf ein Blatt Papier und hat damit ihren Satz für den Grabstein gefunden.

Ob ihre Mutter ihren Vater betrogen hat? Oder Tante Beate diesen Mann, gegen den sie sich so sehr aufgelehnt hat? Hoffentlich waren die klüger als sie.

Sie hat der Versuchung widerstanden. Den interessantesten Mann ihres Lebens wies sie zurück. Am liebsten würde sie das Papier, auf das sie diesen Satz schreibt, zerfetzen!

Noch könnte sie an Theos Tür klopfen …

Sie blickt zum Fenster und ist überrascht, wie hell es heute ist.

Wenn Gerald wüsste, was in diesem Augenblick in ihr vorgeht!

Sie schaut auf die Uhr. Halb eins. Wahrscheinlich sitzt er im Café neben seiner Kanzlei und isst einen Salat. Ob er oft an sie denkt? Sie ist vollkommen sicher, dass er sie noch nie betrogen hat. Wenn ihr andere Männer gefallen, zwinkert er ihr zu. Wahrscheinlich kommt er gar nicht auf die Idee, dass sie ihn betrügen könnte. Das liegt außerhalb seiner Vorstellungskraft. Jede Art von Eifersucht ist ihm fremd. Oder nicht?

Was würde er sagen, wenn sie ihm erzählt: „Du, ich habe mit Theo geschlafen."

Zuerst würde er ihr nicht glauben. Und dann? Fast schmerzlich wird ihr bewusst, wie sehr Gerald sie liebt.

Er ist weicher als sie. Nicht ganz so ehrgeizig, und voller Humor. Sie gehen nach der Arbeit gern ein Glas Wein trinken. Wenn sie von ihren Gefühlen erzählt, wird er sehr zärtlich. Er versteht nicht alles, was sie bewegt, seit sie sich im Rahmen dieser Ausbildung so viel mit sich beschäftigt. Manchmal sieht sie in seinen Augen einen Anflug von Angst.

Spürt er, wie weit sie manchmal von ihm entfernt ist?

Sie zwingt sich, daran zu denken, wie es wäre, mit Theo zu leben: wie sie Arm in Arm bummeln, sich in Auslagen spiegeln, ihr Kopf an seiner Schulter ... Ob Theo überhaupt in Auslagen schaut? Ob Mode ihn interessiert? Oder Möbel? Oder Kunst?
Sie verharrt einige Minuten fast regungslos.
Immer wieder erscheint sein schmales, schattiges Gesicht vor ihrem Blick. Seine brennenden Augen, die sie entkleiden und zugleich entflammen ...
Plötzlich wird ihr bewusst, wie sehr sie sich ausliefern würde.
Aber Theo ist nicht behutsam.
Sie würde verbrennen.
So sehr hat sie noch keinen Mann in ihrem Leben begehrt!
*Ein Feuerwerkskörper, der explodiert und verlischt*, schreibt sie auf das Blatt und muss plötzlich lächeln.
Hilde, würde Theo sagen, wenn du unbedingt ein Kind haben willst, dann musst du es schon alleine großziehen. Ich habe dir nie etwas vorgemacht. Du hast immer gewusst, dass Ehe und Familie für mich Horrorszenarien sind ...
Das, mein lieber Theo, will ich nicht sein.

Sie fühlt sich besser als vorher. Mit einem Mal ist sie sicher, dass ihre Entscheidung richtig gewesen ist. Die Konzentration auf ein Kind hat ihre Beziehung zu Gerald eingeengt und müde werden lassen.
Hilde streift ihre Kleider ab und stellt sich für lange Zeit unter die Dusche. Das Wasser rinnt weich über ihre Haut. Es wärmt sie und kühlt sie gleichzeitig ab.
Als sie zurückkommt, greift sie nach einem neuen Blatt Papier.
Sie zeichnet einen Grabstein.
*Sie war ein bunter Mensch*, schreibt sie in die Fläche des Steins. Eine Zeit lang verliert sich ihr Blick in den Falten und Rillen ihrer Hand. Jetzt ist sie mit sich zufrieden.

„Nun, wie ist es euch bei der Grabstein-Übung gegangen?",
fragt Marion. Trotz der Erschütterung über Pietros Selbstmord
und der doch ernsten Übung scheint die Gruppe in gelassener
Stimmung zu sein. Schließlich ist die Wärme des Sommers
wieder zurückgekehrt. Sie selbst hat die Sonne im Garten des
Torre genossen wie zu Beginn des Seminars, während sich
Benno, Sylvia und Christof auf den bequemen Liegen am Pool
ausgestreckt haben.

„Für mich war die Übung ungemein interessant", fängt Christof
an. „Aber auch so schwierig, dass ich mir vorgekommen bin wie
ein Schüler, der verzweifelt nach einem passenden Anfang für
seine Schularbeit sucht."

„Ich wette, du hast sehr gute Aufsätze geschrieben!", meint
Hilde.

„Leider nein. Beim Schreiben habe ich mir nie leicht getan.
Beim Reden schon!"

Er lacht sein volles, schallendes Lachen.

„Es ist mir immer schwer gefallen, Sätze für die Fülle meiner
Gedanken zu finden. Ich konnte nie ganz genau ausdrücken,
was ich gemeint habe."

„Wenigstens hast du eine Fülle von Gedanken gehabt", wirft
Benno missmutig ein. „Bei mir hat der Deutschprofessor immer
gesagt, ich hätte keine guten Gedanken!"

„Nun", fragt Marion, „Christof, haben Sie eine Inschrift für
Ihren Grabstein gefunden?"

„Naja", antwortet dieser etwas zögernd, „zuerst sind mir
einige Dinge eingefallen, die mir sehr wichtig im Leben sind.
Warum will ich eigentlich Arzt sein? Bin ich nicht ein allzu
hilfloser Helfer? Lenke ich mit meiner Arbeit von mir selbst ab?
Ich lese euch einige Entwürfe vor. Also zum Beispiel: *Er wurde
von seinen Patienten und von seiner Familie geliebt.*"

„Du bist ja ganz schön narzisstisch", grinst Theo kopfschüttelnd.

„Tja, das ist so bei uns Ärzten", schmunzelt Christof. „Dann habe ich z. B. geschrieben: *Tag und Nacht arbeitete er*, und ich glaube, dass das wirklich eine große Gefahr ist für mich. Ich bin vor mir selbst auf der Flucht. Vielleicht war das aber auch nur, weil ich privat wenig Glück gehabt habe."

Er sieht Sylvia zärtlich und zugleich etwas zweifelnd an. Er weiß, dass sie sich so wie er vor dem Zurückkommen fürchtet, vor dem Alltag zu Hause.

„Ich bin draufgekommen", fährt er fort, „dass ich die Menschen vielleicht gar nicht so liebe."

Alle blicken überrascht auf. An seiner Liebe zu den Menschen hat niemand gezweifelt – bei allen neurotischen Anteilen seiner Person! Behutsamkeit, Einfühlsamkeit, Wärme – was macht Liebe denn aus?

Christof zerknittert die Ecken seines Papiers.

„Also da könnt ihr das vorläufig endgültige Ergebnis sehen, den Satz, der auf meinem Grabstein eingraviert werden soll: *Seine Berührbarkeit rettete ihn vor der Einsamkeit der Meditation.*"

Er lehnt sich ruhig zurück. Marions Augen ruhen nachdenklich auf ihm. Ein wenig kommt es ihm vor, als würde ihr Blick wie der Schatten eines Vogels über ihm kreisen, aber das ist ihm nicht unangenehm.

„Also sei mir nicht böse", sagt Benno und bläst die Luft laut aus, „aber ich habe dich noch nie im Leben mit Meditation in Verbindung gebracht." Er deutet dabei mit der Hand die Form von Christofs Bauch an.

Hilde lacht. „Na ja", wirft sie ein, „Meditation ist schließlich nicht Askese. Viele Abbildungen von Buddha zeigen einen dicken, lachenden Mann ... Obwohl, mich überrascht dein Grabspruch irgendwie auch."

„Allerdings ist zu bedenken", verändert Theo die Richtung

des Gesprächs, „dass das mit der Berührbarkeit stimmt." Fast zärtlich betrachtet er Christof, streicht mit seinen Augen über dessen Füße, Beine, über den Bauch, den Brustkorb, das Gesicht, über die Arme und Hände und begegnet dann Christofs Blick. Ein kaum merkbares Lächeln legt sich auf seinen Mund.

„Weißt du noch, Franziskus?", flüstert er.

Christof nickt. Wie misstrauisch Theos Körper war, als er ihn zu streicheln begann. Wie er sich allmählich entspannte. Es war so schön, seine Nähe zu fühlen.

Die Nähe zu fühlen? Auch Sylvia ist ihm schmerzlich nah.

Aber kann dieses Gefühl die Einsamkeit durchbrechen, die wie die Atemluft ist, die ihn umgibt und durchströmt? Die Nähe tut fast körperlich weh.

Theo und Christof blicken einander immer noch an. Allmählich lässt die Intensität nach.

„Naja dann, Kumpel", grinst Theo, „wir gehen auch weiterhin auf ein Bier."

Der Satz war wie ein Abschied.

„Klar", antwortet Christof.

Männer, denkt Sylvia erstaunt. Diese Art, etwas abzuschließen, ist ihr fremd. Zudem ist sie über Christofs Grabspruch etwas beunruhigt. Sieht sie da eine seiner Seiten nicht? Oder ist ihr diese Einsamkeit doch vertraut? Dass er etwas Philosophisches hat, ist ihr schon öfters aufgefallen. Ob sie da mithalten kann? Sie ist traurig, weil die Liebe die Einsamkeit der Menschen niemals ganz aufheben kann.

Nachdenklich sieht sie auf ihre Hände.

„Was heißt eigentlich Meditation für dich, Christof?", fragt sie freundlich.

„Ich weiß es nicht genau", antwortet er. Es ist ihm etwas unangenehm, dass er sich nicht genauer ausdrücken kann. Gleichzeitig freut es ihn, dass Sylvia nachfragt. „Mir ist kein besseres Wort eingefallen."

Er schaut die anderen an. „Sylvia hat recht, ich bin kein Mensch, der täglich meditiert oder der einen bestimmten Meditationsweg erlernt hat."

Er schlägt ungeduldig mit dem Rücken der linken Hand gegen die rechte.

„Außerdem bin ich zu faul dafür. Seht ihr, das habe ich zuerst gemeint. Ich finde nicht ganz die passenden Wörter oder Sätze für das, was ich denke."

Sylvia lächelt belustigt, als sie seine Unsicherheit spürt.

„Ich habe das Wort Meditation genommen, weil meine Gedanken ganz egal, was ich tue, und wenn es noch so konkret ist, immer etwas Religiöses haben. Nicht als eine Antwort, die eine Religion geben kann, sondern eher als eine Frage. Ich bin vielleicht so eine Art christlicher Philosoph, der gerne für sich allein nachdenkt ... Andererseits sind mir Menschen sehr wichtig. Darum das *rettete* ..."

Christof verschränkt seine Arme über dem Bauch. Er ist zufrieden mit seiner Erklärung. Er hat sogar auf das theologisch gemeinte *rettete* aufmerksam gemacht.

„Also zu meinem Bild von dir passt das ganz gut", sagt Benno nach einer Weile. „Ich beneide dich fast. Nicht um deine meditative oder philosophische Seite. Die habe ich auch. Aber Theo hat gesagt, du bist berührbar. Darum beneide ich dich ... Ich zeige euch jetzt, was ich aufgeschrieben habe ..."

„Entschuldigung, Benno", unterbricht Marion, „einen Augenblick noch. Passt das für Sie, Christof? Oder möchten Sie noch etwas sagen?"

Christof zögert. „Ich mag euch wirklich unglaublich gerne", sagt er schließlich.

Benno boxt ihn in den Arm. Bei aller Freundschaft liegt auch eine Spur Ungeduld in dieser Geste. Seine Hände sind gespannt und zittern leicht.

„Nun, Benno? Wie lautet Ihr Grabspruch?"

Marion sieht ihn aufmerksam an.

*Er war ein liebevoller Vater und ein erfolgreicher Psychotherapeut*, liest er verlegen vor und legt das Blatt Papier auf den Tisch. Er scheint unter hohem Druck zu stehen. Angriffslustig blickt er von einem zum anderen. Erwartet er Widerspruch? Oder Protest? Aber wogegen?

Hilde lächelt ihn liebevoll an. „Du wärst bestimmt ein guter Vater", sagt sie nach einiger Zeit.

Benno funkelt so zornig zurück, dass sie erschrickt.

„Schau nicht so bös!", ruft sie aus, „ich würde das nicht sagen, wenn ich es nicht so meinen würde."

„Sie glauben es nicht?", fragt Marion nach, aber Benno übergeht ihre Frage.

„Was denkst du, Sylvia?", erkundigt er sich scharf. „Möchtest du mich zum Vater haben? Sei bitte ehrlich!"

Sylvia spürt, dass es ihm um etwas sehr Wichtiges geht. Sie möchte ihn nicht verletzen.

„Mein Gott, wenn ich deine Tochter wäre, würden wir halt ständig streiten ... Warum fragst du gerade mich?"

„Antworte ehrlich!"

„Ich habe das Gefühl, du willst hören, dass dich niemand zum Vater haben möchte, obwohl Hilde gerade etwas anderes gesagt hat. Ich müsste nachdenken, ich weiß es einfach nicht." Sie wird ärgerlich, ohne zu wissen, warum. „Wolltest du nicht einen Sohn, also frag die Männer in der Gruppe!"

„Verdammt noch mal!", brüllt Benno sie an, „ich will wissen, ob ich ein liebevoller Vater sein könnte!"

„Also wenn du mit deinen Kindern auch so herumbrüllen würdest ...!"

„Genau darum geht es!", fällt Benno ihr ins Wort. Er scheint nun irgendwie zufrieden zu sein. Dann wendet er sich Marion zu.

„Ich werde Sie nicht fragen, was ich Sie fragen möchte", erklärt er.

Marion lächelt.

„Also, Benno, was werden Sie mich nicht fragen?"

Es ist ihr schon klar, dass es um den zweiten Teil der Grabinschrift gehen wird.

„Ich habe mich vor einigen Jahren entschlossen, meinen Beruf zu wechseln", beginnt Benno umständlich. „Ich will aus dem faden Bereich Verwaltung aussteigen und etwas wirklich Sinnvolles tun. Ich stecke seither mein ganzes Geld und meine ganze Zeit in diese verdammte Ausbildung. Und wissen Sie, was ich glaube?"

Er durchbohrt Marion mit einem wütenden Blick.

„Was glauben Sie?", fragt sie ernst.

„Ich glaube, dass ich kein guter und erfolgreicher Psychotherapeut werden kann ... So, jetzt ist es heraus!"

Benno starrt grimmig seine zur Faust geballte Hand an.

Die allgemeine Betroffenheit ist groß. Niemand spricht.

„Ich werde mich vor Ihrer Frage nicht drücken", sagt Marion nachdenklich nach einiger Zeit, „aber vorher möchte ich, dass Sie selber erzählen, wie Sie zu Ihrem harten Urteil über sich selbst kommen. Gibt es einen Anlass dafür? Beschäftigt Sie diese Frage schon länger?"

Benno ist nach seinem Bekenntnis in sich zusammengefallen. Die Luft, die ihn aufgebläht hat, ist draußen. Er wirkt traurig, ein bisschen wie ein alter, einsamer Mann.

„Ich habe ja schon einige Klienten gehabt", sagt er müde. „Zwei sind schon nach dem Erstgespräch nicht mehr wiedergekommen. Man überlegt dann natürlich stundenlang, was man falsch gemacht hat. Wahrscheinlich hat es ja gar nichts mit einem selber zu tun. Und wenn doch, es ist doch klar, dass nicht jeder mit jedem gut kann, es muss einen nicht jeder lieben."

„Genau", wirft Theo ein, „das ist auch so!"
Benno lächelt ihn an.
„Nein, nein, Theo. Da ist etwas anderes. Die Menschen, wisst ihr, vertrauen mir nicht."
Benno hat nun einen roten Kopf. Er senkt den Blick und starrt auf den Tisch. Eine einzelne dicke Träne kippt ihm über den Augenrand und rinnt über seine Wange. Seine Finger krallen sich ineinander.
„Ich übertreibe nicht und steigere mich auch in nichts hinein, wirklich", fährt er fort und versucht seiner Stimme Festigkeit zu verleihen. „Was so weh tut, ist, dass ich nichts von dem, was ich erfahren habe und weiß, weitergeben kann."
Er blickt Marion fest in die Augen.
„Ich denke täglich darüber nach", sagt er, „ich überlege mir, was die Ursache dafür sein könnte, dass mir die Menschen nicht vertrauen. Ich vermute, ich bin zu zornig, ich stehe zu sehr unter Druck, will immer etwas Besonderes leisten ... Ihr kennt mich ja eh."
Er schluckt und räuspert sich. „Ich möchte von Ihnen hören, Marion, wie Sie das sehen."

Die anderen schauen sie alle gespannt an. Sie spürt das plötzliche Misstrauen, das von der Gruppe ausgeht. Natürlich wollen sie Benno beschützen.
Sie richtet ihre Aufmerksamkeit nach innen. Sie spannt gleichsam ihr eigenes Bild, das sie sich von Benno gemacht hat, über ihrem Sonnengeflecht aus. Sie mag ihn mittlerweile sehr gern. Am Anfang hat sie die Mischung aus Gefallen-Wollen und Aufbegehren gestört. Zeitweise ist Benno wie ein Dampfkessel, der jeden Moment explodieren könnte. Dann ist es anstrengend, mit ihm zusammen zu sein. Er hat sicherlich eine schwere Über-Ich-Störung.
„Ich verstehe, was Sie meinen", sagt sie ernst.

Sie spürt, wie er innerlich zusammenzuckt. Hat er gehofft, sie würde ihm widersprechen?

„Ich finde auch, dass Sie manchmal unter großem innerem Druck stehen, wie Sie es selber beschreiben; und ich glaube auch, dass das für den Aufbau einer therapeutischen Beziehung hinderlich ist."

Sie sucht seine Augen, denn sie will auf keinen Fall, dass er ihrem Blick ausweicht. Sie braucht den Augenkontakt, weil sie plötzlich Angst vor der Macht ihrer Worte hat. Was Benno von ihr erwartet, ist ein Urteil, das sich auf sein weiteres Leben auswirken wird.

„Ich würde gerne für Sie einen Grabspruch sagen ..."

Sie stockt. Ob das wirklich gescheit war? Aber dann fährt sie fort:

„Er heißt: Er lernte es, sich und anderen Zeit zu geben."

Sie spürt Theos verächtlichen Blick und kommt sich plötzlich sehr lächerlich vor.

„Ich weiß, dass man zu bestimmten Zeiten Entscheidungen treffen muss. Sie wollen wissen, ob die Psychotherapie der richtige Beruf für Sie ist? Ob Sie geeignet sind? Auch wenn Sie es von mir erwarten, ich kann Ihnen jetzt keine Antwort darauf geben. Ich sage Ihnen, lassen Sie sich noch Zeit. Das hat auch etwas Absurdes, wenn jemand sagt, ‚Lass dir Zeit, mach dir keinen Druck', und genau dieser Satz erzeugt vielleicht noch einmal Druck. Genau das ist das Problem, verstehen Sie, was ich meine?"

Benno nickt.

„Ja", wiederholt er, „genau das ist das Problem."

Seine Knie fühlen sich schwach an, er ist unendlich müde. Ob er einfach einschlafen soll?

„Ich möchte, dass Sie mir ganz genau zuhören", spricht Marion weiter und hakt ihren Blick in seine Augen, damit sie nicht fortschwimmen.

„Ich möchte Ihnen sagen, was mir aufgefallen ist, seit wir zusammen sind."

Benno reißt sich zusammen. Wieder spürt er die Angst, versagt zu haben.

„Sie stellen sich den dunklen, grausamen Seiten. Das ist für einen Therapeuten eine ungemein wichtige Qualität. Nur so werden Sie die dunklen Seiten Ihrer Klienten verstehen und aushalten ... Die Schrecken einer psychischen Krankheit sind Ihnen nicht fremd. Das ist sehr hilfreich ... Weiters arbeiten Sie mit einer ungeheuren Offenheit und Ehrlichkeit an sich selbst ... Sie haben, denke ich, auch viel Zähigkeit und Kraft. Ich glaube auch, dass Sie sich für Menschen engagieren und einsetzen können."

Benno sieht Marion überrascht und etwas ungläubig an. Marions Augen sind ernst.

„Ich würde mir wünschen, dass Sie annehmen können, was ich Ihnen gesagt habe."

Hilde freut sich und reibt sich die Hände. „Siehst du wohl, du zweifelnder Thomas!", lächelt sie.

„O. k.", sagt Marion, „wollen Sie jetzt noch hören, was Ihnen die anderen sagen?"

Benno nickt. Er wiederholt in seinem Inneren Marions Worte. Er versucht sich dabei Zeit zu geben. Ich habe es auch morgen noch nicht vergessen, denkt er, ich kann es auch erst morgen verstehen. Die Stimmen dringen wie aus weiter Ferne zu ihm.

Was sagte Christof? Theo hält fest, dass er unter den Therapeuten die „säuselnden Softies" nicht leiden kann. Warm und weich legt sich Sylvias Stimme an sein Herz.

„Weißt du", sagt sie, „ich habe nachgedacht. Ich würde dich gerne zum Vater haben."

„Wie das?", fragt er und schluckt.

„Weil du nicht ausweichst, Benno, wenn ich mit dir streite. Du hältst mir stand."

Die Einheit war intensiv, eine Pause ist jetzt angesagt. Danach bespricht Hilde ihre Inschrift: *Sie war ein bunter Mensch.*
Sie wirkt gelöst und entspannt.

„Das Bearbeiten meines Kinderwunsches war sehr wichtig für mich; ich denke, ich habe mich in viele Dinge hinein verrannt, ohne zu sehen, wer ich bin und was ich überhaupt alles habe."

Sie weicht Theos Blick nicht mehr aus, sondern lächelt ihn an.

Theos Grabstein ist rätselhaft. Er hat ein Mädchen gezeichnet, das, die Beine verschränkt, in grauroten Flammen sitzt.

„Ihr könnt euch ja vorstellen", sagt er, „dass ich einmal verbrannt werden will. Ich will nicht unter die Erde, ich will nicht in eines dieser nassen, kalten Gräber. Wenn ich tot bin, will ich noch einmal aufflammen. Durch und durch warm soll mir sein, bevor ich – nicht mehr bin."

„Was bedeutet dein Bild?", fragt Sylvia. Sie ist von der Zeichnung fasziniert. Es ist ihr, als würde sie eine völlig neue Seite von Theo darin entdecken. Wer ist dieses wilde, schwarzhaarige Mädchen, das mit geschlossenen Augen ruhig in den Flammen sitzt?

„Keine Ahnung", antwortet Theo.

„Was hast du darunter geschrieben?", will Christof wissen und zeigt auf die seltsam verzerrten Schnörkel unterhalb der Zeichnung. „Ist das eine Geheimschrift?"

Theo beginnt zu lachen.

„Niemand darf ahnen, wie meine tiefgründige Grabinschrift lautet. Nun, meine wertvollen sterblichen Überreste befinden sich in einer Urne, und diese steht in einer verstaubten, uralten, vorchristlichen Bibliothek ..."

„Hu, welch ein großes Geheimnis!", steigt Christof auf Theos Ton ein.

Sylvia sieht Theo neugierig von der Seite an. Er sonnt sich ein wenig darin.

„Also verrate uns endlich das große Geheimnis", sagt schließlich Benno, der etwas ungeduldig wird. „Lasse dich herab und teile uns mit, was da steht!"

Theo zuckt die Schultern.

*Seine Seele ihn endlich erkannte, als er im Feuer verbrannte!*, liest er vor.

Er grinst. Hoffentlich ist jetzt jedem klar, dass er die Sache überhaupt nicht ernst nimmt.

„Du bist ein Depp", murmelt Benno, und Theo nickt zufrieden.

„Ihre Seele auf dem Bild ist sehr schön", sagt Marion ernst.

„Finden Sie?", erwidert er, und ein spöttischer Zug legt sich auf seinen Mund. Sein Blick ist voll Arroganz.

Sie beginnt sich zu ärgern.

„Ja, das finde ich", antwortet sie, ohne zu lächeln, und wendet sich Sylvia zu.

Sylvias Blatt ist vollkommen leer. Ihr Grabstein enthält keine Inschrift.

„Auf meinem Grabstein soll nichts stehen, weder ein Name noch ein Spruch, auch kein Bild. Zuerst habe ich mir eine Blume vorgestellt. Sie sollte eingeritzt sein. Eine Sonnenblume. Oder gemalt."

Sie streicht sich die Haare zurück.

„Pietros Tod ist so schrecklich, aber die Sonnenblumen sind so schön."

Sie schaut Marion unsicher an.

„Ich will keinen Grabstein", erklärt sie schließlich. „Ich

möchte nur ein Holzkreuz, ohne Namen, und viele Sonnenblumen in die Erde meines Grabes gepflanzt."

Marion sieht das leuchtende, gelbe Feld, durch das der Wind streicht, vor sich. In ihrer Brust wird es eng und bang. Sie denkt an Bernhard, an seine rissigen Hände. Auch er wird gehen ... Er sieht nicht mehr gut und kann deshalb keine kleinen Figuren mehr schnitzen. Besonders bei der Arbeit an den Gesichtern tut er sich schwer. Auch seine Kraft zu gestalten lässt nach. Er fängt die großen Ideen nicht mehr ein, um sie zu erden. Er will nur noch ganz selten mit ihr schlafen. Manchmal sieht sie den in sich versunkenen Blick sehr alter Menschen in seinen Augen, die momentane Verwirrtheit, wenn sie von weit her heraufzutauchen scheinen. Er nickt ihr zu, lächelt, aber er kommt aus einer anderen Welt. Ist er bereits mit den vielen Toten seines Lebens verbunden?

Es schmerzt sie, an diese Dinge zu denken. Sie kann sich kein Leben vorstellen ohne Bernhard. Und plötzlich erschrickt sie, wie begrenzt auch ihre Zeit ist.

„Ich will nicht sterben", hört sie Sylvias Stimme, „ich wurde auch nicht gefragt, ob ich leben will."


Giovanna hat Christof gebeten, zu ihr in die Küche zu kommen. Allein. Er vermutet, dass es um Pietro geht. Um seinen schrecklichen Tod.

Leise klopft er an die Küchentür.

Giovannas Augen strahlen, als sie ihn sieht. Winzige Fältchen breiten sich wie Wellen um ihre Augen aus.

„Fein, dass Sie da sind", sagt sie, zieht ihn herein und schließt sofort wieder die Tür.

„Heute findet das Abschiedsessen statt, ich werde mir Mühe geben, es gibt Kaninchen auf umbrische Art. Ich hoffe, Sie mögen Kaninchen?"

Christof nickt.

„Glücklich die Frau, die Sie einmal heiraten wird! Es muss wunderbar sein, für jemanden zu kochen, der die Kunst des Kochens schätzt. Männer, die nie hungrig sind oder denen das Essen gleichgültig ist, sind schreckliche Ehemänner, davon bin ich überzeugt. Ich hätte nie einen dünnen Mann haben wollen."

Christof schmunzelt über diese Komplimente.

„Aber für mich ist es für all diese Dinge zu spät ... Bitte, Signor Müller, bitte setzen Sie sich doch. Trinken wir zusammen ein Glas Wein?"

Sie lächelt, während sie den Wein in zwei große Bordeauxgläser einschenkt. Dann wird sie sofort ernst.

„Kosten Sie!", befiehlt sie leise.

Christof führt gehorsam das Glas zum Gesicht, schwenkt es, riecht, schwenkt es noch einmal und trinkt. Der Wein schmeckt schwer und fruchtig zugleich. Er kleidet den Mund aus und rinnt breit und dicht die Kehle hinunter. Ohne Zweifel, das ist ein sehr kostbarer Wein.

„Feiern wir etwas?", lächelt er, aber dann hebt er den Blick und sieht Giovanna betroffen an.

„Doch", nickt sie und lacht. „Doch, Sie haben recht. Trinken Sie nur! Es ist der Wein von Pietro! Aber ich bitte Sie, Signor Müller, der Wein ist nicht vergiftet, schlucken Sie doch!"

Christof weiß selbst nicht, warum seine Hände zu zittern beginnen.

„Ja, ja, es ist Pietros Sonnenblumenwein, von dem er immer geredet hat. Er hat viele Experimente gemacht. Jahrelang. Kosten Sie ihn nur! Was sagen Sie zu dem Wein?"

Christof schwenkt das Glas noch einmal vor seinen Augen. Im satten, dichten Rubinrot tanzen Lichtpunkte, die aufzuspringen scheinen, als würden Trauben zerplatzen. Fasziniert hebt er den Wein unter die Nase. Einen Augenblick lang glaubt er den Geruch von Blut zu erkennen, aber er täuscht sich.

Christof nimmt das Eichenholz, in dem der Wein reifte, wahr. Dann einen warmen, flüchtigen Hauch von Vanille, der in die fruchtige Süße einer Brombeere übergeht. Er berührt ihn mit der Zunge und ist überrascht über das erste Prickeln, das ihm wie Lichtperlen erscheint und ihn an die Säure von Weißweinen erinnert. Dann aber beruhigt sich der Wein und fließt in leichten Wellen über Zunge und Gaumen und strömt schließlich dunkel und voll die Kehle hinunter. Ein wärmendes Gefühl entwickelt sich. Die Mundhöhle ist wie mit fruchtigem Samt ausgekleidet.

„Der Wein schmeckt ungemein dicht", murmelt er.

„Nicht wahr, das finde ich auch."

Giovanna strahlt.

„Nach dem satten Gelb der Sonnenblumen. Haben Sie auch daran gedacht? Aber Spaß beiseite, niemand hätte dem armen Pietro so einen Wein zugetraut. Am wenigsten mein kluger Cousin. Alle haben sie gedacht, dass der Wein eine Spinnerei ist, bestenfalls ein naturbelassener Roter, ein wenig sauer, mehr nicht. Wissen Sie, ich glaube nicht, dass diesen Wein schon jemand gekostet hat, außer Pietro, ich und jetzt Sie."

Sie schwenkt das Glas unter ihrer Nase und trinkt langsam und genießerisch. „In Umbrien verstehen wir etwas von Wein. Glauben Sie mir, dieser hier ist wirklich etwas Besonderes."

Plötzlich leert sie das Glas in einem Zug und stellt es ab. Tränen treten in ihre Augen. Ihr Kinn zittert. Christof berührt behutsam ihre Schulter.

„Ich fühle mich so schuldig", flüstert sie.

Ein paar Augenblicke lang ist es still.

„Freilich, Pietro und ich haben immer wieder ein paar Sätze gesprochen. Was macht der Weingarten? Oder: Reifen die Trauben? Oder: Magst du ein Glas Wein? Oder: diese dumme Regierung in Rom ... Ja, ja, solche belanglosen Dinge haben wir immer wieder ausgetauscht. Pietro redete ja nicht viel. Eigentlich sagte er nichts. Aber es war ganz in Ordnung, wie es war. Ich habe mich immer ein bisschen geschämt, dass er so viel über mich wusste. Mein Geliebter von damals ist schon lange gestorben. Er war ja 40 Jahre älter als ich, und Priester."

Christof sieht sie überrascht an.

„Habe ich Ihnen das gar nicht erzählt? Nein? So wichtig ist es nicht. Nicht mehr. Ja, schon lange nicht mehr."

Sie umfasst seine Hände und drückt sie fest.

„Es war alles in Ordnung, bis mein Cousin den Turm renovieren ließ. Da ist Pietro durcheinander gekommen. Wirklich. Richtiggehend verstört. Du hast doch für dein Zeug in deinem Haus ausreichend Platz, hat Marcelli zu ihm gesagt. Aber Pietro beruhigte sich nicht. Es war das einzige Mal in all den Jahren, dass er mich um etwas gebeten hat. Hilf mir, hat er gesagt. Ich werde mit meinem Cousin reden, habe ich ihm versprochen, aber, wie Sie ja wissen, hat es nicht viel geholfen. Aber Pietro hat sich dann wieder beruhigt. Marcelli hat ihm den Umbau erklärt. Es hat Pietro beruhigt, dass man nur die oberen Stockwerke umbauen wollte. Er hat sogar selber mitgearbeitet. Heute wissen wir ja, warum ihm das Ganze so ein Anliegen war. Dass der Turm eine Grabstätte gewesen ist."

Giovanna lächelt, aber ihre Augen glühen.

„Dass er Krebs hat, habe ich von einer Nachbarin erfahren. Ich bin sofort zu ihm gegangen. Wenn du etwas brauchst, habe ich ihm gesagt, bin ich für dich da. Pietro hat sich gefreut, aber er hat mich kein einziges Mal um Hilfe gebeten."

Giovanna beruhigt sich wieder ein wenig. Sie schenkt sich noch ein Glas Wein ein.

„Ich kann nichts mehr rückgängig machen", sagt sie. „Mein Cousin hat Pietro sofort zur Rede gestellt, als er bei euch im Torre zum ersten Mal die Sonnenblumen ausgestreut hat. Er sollte den Turm überhaupt nicht betreten, wenn er vermietet ist. Marcelli war ziemlich unfreundlich zu ihm."

Plötzlich verschränkt Giovanna die Arme um ihren Körper und steht auf. Sie dreht Christof den Rücken zu und blickt aus dem Fenster. Ihre grauen Haare hat sie zu einem Knoten hochgesteckt. Sie wirkt zerbrechlich und alt.

„Als die Polizei nach ihm gesucht hat", flüstert sie, „kam er zu mir. Er hat mir das Versprechen abgenommen, niemandem davon zu erzählen. Pietro schleppte seinen Vorrat von seinem Roten hier ins Haus, mehrere Kisten. Seinen Rubesco, den Sonnenblumenwein. Nimm ihn du, hat er gesagt, du bist die einzige, die noch lebt. Ich fragte nicht nach, wie er das gemeint hat. Du musst dem Inspektor sagen, wer die Toten da unten sind, habe ich ihn ermahnt. Dann habe ich einfach alles geschehen lassen."

Sie dreht sich zu Christof um. Ihre Finger schieben sich ineinander.

„Es geht nicht mehr lange mit mir, hat er gesagt. Dabei hat er so schlecht und so gehetzt ausgeschaut. So krank. Ich hätte ihn überreden müssen zu bleiben. Er hätte meine Pflege gebraucht."

Giovanna beginnt zu weinen, zu schluchzen. Es dauert eine Zeit lang, bis sie in der Lage ist, weiterzusprechen.

„Bevor er ging, hat er gesagt, dass der Wein der Schlüssel zu seinem Leben ist. Seine Rechtfertigung. Seine Krone. Ich habe nicht verstanden, was er meint. Dann hat er mir ein Kellerbuch gegeben, Signor Müller. Ich musste ihm versprechen, dass ich es erst lese, wenn er gestorben ist. Ich dachte an seinen Krebs. Ich habe ihm gehorcht. Ich möchte es nicht der Polizei geben ..."

Wieder schluchzt sie eine Zeit lang.

„Wir wollen auf Pietro anstoßen und trinken", flüstert sie schließlich und schenkt ihnen beiden noch ein weiteres Glas ein. „Er war so stolz auf diesen Wein."

Sie sieht Christof lange in die Augen.

„Ich möchte Ihnen das Buch geben. Ich möchte mit Ihnen

mein Wissen teilen ... Die Polizei wird auf ihre Weise herausfinden, was wichtig ist. Es spielt keine Rolle mehr. Pietro ist tot. Und auch ich bin innerlich tot."

Sie schüttelt den Kopf. „Nein, bitte, widersprechen Sie nicht. Ich bin innerlich schon lange gestorben. Schon als ich sechzehn Jahre alt war."

Noch einmal greift sie nach Christofs Händen.

„Bitte sprechen Sie mit niemandem darüber. Auch nicht mit Ihren Freunden. Ich habe Pietro versprochen zu schweigen. Aber ich kann es nicht. Bitte, versprechen Sie es mir!"

„Ja", sagt Christof leise.

Er ist neugierig auf das, was in dem Kellerbuch steht, aber er hat keine Eile.

„Salute!" Giovanna stößt ihr Glas gegen seines, und ein heller, schwingender Ton steigt in den Raum. Tanzendes Licht. Verwandelte nicht Jesus Wasser in Wein? Jetzt wandelt sich die Schwere in Leichtigkeit. Wein trinken bedeutet immer ein Fest. Lachend schwingt der Himmel zur Erde herab.

Habe ich einen Schwips?, denkt Christof, weil sich trotz dieser schrecklichen Geschehnisse das Lächeln nicht mehr von seinen Lippen ablösen lässt.

„Der Wein ist stark", nickt Giovanna. Sie steckt ihm eine kleine Stofftasche zu. „Da drin ist Pietros Kellerbuch. Ich bitte Sie, verstauen Sie es gleich unter Ihren Sachen. Nicht, dass es jemand herumliegen sieht ... Aber jetzt muss ich zu kochen beginnen. Höchste Zeit."

Benno geht gleich nach der letzten Einheit in sein Zimmer, um zu packen. Morgen früh reisen sie ab. Warme Luft strömt vom geöffneten Fenster herein. Wie wohl das Wetter in Salzburg ist? Wetten, es regnet. Aber eigentlich ist ihm das Wetter egal. Morgen Abend in seiner Garconniere wird er als erstes den Fernseher anschalten und die Einsamkeit fühlen.

Wenn er an sein Büro im Krankenhaus denkt, steigen Unwillen und Hektik in ihm auf. Ob er jemals umsteigen wird?

Er legt sich aufs Bett, stellt das eine Bein auf, das andere legt er über sein Knie, die Hände verschränkt er über dem Brustkorb. In dieser Haltung versucht er den Gruppenprozess zu analysieren. Dazu blieb in der Gruppe zu wenig Zeit. Nur die übliche Abschlussrunde mit dem „Wie geht es mir jetzt?", „Was nehme ich mit?" hatte Raum. Und natürlich eine Rückmeldungsrunde für Marion, aber auch die war sehr kurz. Im Großen und Ganzen positiv. Der Zeitrahmen stellt sich ja meistens als zu knapp heraus.

Benno runzelt angestrengt die Stirn. Die Prozessanalyse? Wie ging die noch? Die Sache mit den verschiedenen Ebenen? Welche Themen herrschten vor? Und was bedeuteten diese Themen für die jeweilige Ebene des Einzelnen und der Gruppe? Wie hießen die Ebenen noch? Objektebene, Subjektebene, Beziehungsebene, Symbolebene und Gruppenebene? Zum Beispiel bei Hildes Spiel. Was sagte dieses Spiel über ihre Herkunftsfamilie aus? Das wäre die Objektebene.

Benno konzentriert sich, aber es gelingt ihm nicht einmal, das eine Spiel auf den verschiedenen Ebenen zu betrachten.

Er ärgert sich über Marion. Welche Themen haben sich warum wie entwickelt? Das wäre doch wirklich nicht zu viel verlangt gewesen, dass sie mit der Gruppe eine solche Analyse und Auswertung macht. Schließlich sind sie ja Ausbildungskandidaten, die etwas lernen sollen!

Allerdings muss man ihr zugestehen, dass das Seminar durch Pietro völlig irre geworden ist. Die Blüten in der Küche und im Verlies. Die Knochen. Die Polizei. Der Umzug. Die Ungewissheit, was mit diesem Mann los ist. Als würde plötzlich jemand von außen dazu kommen, der nicht bloß fühlt, denkt, fantasiert und diese Fantasien bestenfalls spielt, sondern der auslebt, was die anderen nur fantasieren. So etwas hat bestimmt noch keine

Ausbildungsgruppe erlebt. Eigentlich ist es klar, dass die Analyse zu kurz kommen musste. Dann dieser schreckliche Selbstmord.

Im Nachhinein gesteht Benno Marion zu, dass sie es wirklich gut gemacht hat. Jetzt wird ihm das erst richtig bewusst. Dieses Seminar war vollkommen verrückt. Sylvia, die wegen Pietro völlig ausgeflippt ist. Theo mit seinen mörderischen Fantasien. Dazu eine Liebesgeschichte, oder wer weiß, vielleicht sogar zwei.

Heute Abend ist ein Essen im Kerzenschein unter dem Sternenhimmel geplant. Giovanna wird sicher all ihre Kochkunst in die Kaninchen legen.

Benno streckt sich aus und merkt, wie müde er ist, als es plötzlich an seiner Tür klopft.

„Komm, Benno", sagt Christof, „ich will noch nach Orvieto in die Vinothek, um Wein für unser Diner zu besorgen." Christof schwankt ein wenig und hält sich am Türstock fest. Sein Gesicht ist leicht gerötet. Dann beginnt er zu singen.

„Ein Becher Wein zu rechten Zeit ist mehr wert als alle Reiche dieser Erde!" Er presst die Töne wie ein Opernsänger aus seiner Kehle. „Das ist das Lied von der Erde", erklärt er, als Benno ihn unterm Arm fasst und mit ihm die Stiegen hinuntergeht, „von Gustav Mahler."

Benno schiebt ihn ins Auto und schaut ihn belustigt, liebevoll und doch etwas neidisch von der Seite an. Ob Wein oder Kunst, Christof wurde wohl alles in die Wiege gelegt. Ob Sylvia deshalb Christof gewählt hat und nicht ihn? Warum hat er keine Freundin?

„Dunkel ist das Leben, ist der Tod", singt Christof.

„Was kaufen wir denn ein?", fragt Benno, um Christof zu stoppen, obwohl ihn der Text durchaus anspricht.

„Ein paar Flaschen Orvieto als Weißen. Dann eine Flasche Rubesco und eine Flasche Sagrantino. Ich finde nämlich, wir sollten den Abschiedsabend würdig mit umbrischen Weinen begehen." Christof erzählt einige Dinge über Rebsorten und Weingüter, aber Benno hört nur halb hin.

Mit einem Mal erinnert er sich an Pietros Hof, in dem er den Grabschmuck aus Sonnenblumen gesehen hat. Pietros Blumen. Pietros Wein. Sein Roter, auf den er so stolz war. Liegt er im Keller in seinem Haus? Auch Pietro hat keinen Sohn, um ihm seinen Wein zu vererben.

Benno stellt sich vor, wie er sein Glas hebt und mit ihm anstößt. „Auf uns arme Menschen!", würde er sagen.

„Dunkel ist das Leben, ist der Tod!", hört er als Antwort.

Noch liegen ein Fest und eine halbe Nacht vor dem Morgen. Das beruhigt ihn. Hass und Liebe erscheinen ihm nun als eine unbedeutende Schale, nicht mehr.


### Masseo

*„Ein Becher Wein ist mehr wert …"*

*Benno hält sich an den Bettkanten fest. Das Bett, auf dem er liegt, kommt ihm vor wie ein Kreisel, der immer langsamer wird, dann aber ist es, als würde er von unsichtbarer Hand noch einmal beschleunigt.*

*Eine ungeheure Kraft presst ihn gegen eine Mauer, aus seinem Körper heraus.*

*„Ich bin ein Ja zu euch, ein flammendes Ja!"*

*Er drückte sich tiefer in die Mauer hinein und horchte. Eine grüne Eidechse raschelte, und aus einer Mauerritze hing eine vereinzelte Mohnblume, aus deren rotblättriger Blüte die dunkle Kapsel heranwuchs. Lebte in ihr die Stimme, die er gehört hatte?*

*Verwirrt sah er sich um. Hatte vielleicht ein Dämon mit ihm gesprochen? Würde dieser von nun an immer wieder zu ihm kommen, um ihn zu versuchen? Aber warum?*

*Lebte er nicht so, wie Christus gelebt hatte und wie es der heilige Franz vorgezeigt hatte? Arm, nur mit einer Kutte und Unterhosen bekleidet. Zog er nicht mit seinem jungen Gefährten Rufino bettelarm durch die Welt und predigte den Menschen das Evangelium?*

*Warum ließ er sich dann so erschrecken? Die Welt war voll von den Stimmen der Wesen, vom Rauschen der Blätter, vom Singen des Windes, vom Knistern und Stöhnen des Feuers, die Tiere riefen, die Vögel sangen, und die Sprachen der Menschen, Engel und Dämonen erfüllten die Welt. Was war dann Besonderes daran, wenn er, Masseo, etwas hörte, das er nicht zuordnen konnte? Er, Masseo? War das der Name, mit dem man ihn rief?*

„*Ich bin ein flammendes Ja!*"

*Was bedeutete dieser Satz?*

*Warum fürchte ich mich?, ärgerte sich Masseo über sich selbst, stand auf, schüttelte den Staub aus seiner Kutte und sah sich nach Rufino um. Der lag im Schatten einer Eiche und schlief. Er war jung und brauchte den Schlaf. Masseo grinste. Er nahm einen Halm und kitzelte die Fußsohlen seines jungen Freundes, die mit einer dicken Schicht Hornhaut überzogen waren. Ein Lächeln breitete sich über Rufinos Gesicht aus. Wovon träumte er? Wurde er gewiegt wie die Blätter im Wind? Behütet an der weichen Brust einer Frau? Angestrahlt von Augen, die ihn mit dem zärtlichen Glanz der Abendsonne wärmten?*

*Rufino döste noch ein paar Sekunden, dann schreckte er hoch. Was war los? Endlich erkannte er das lachende Gesicht von Masseo. Es war heller Mittag, die Sonne stand hoch. Er stieß mürrisch mit den Füßen nach Masseo, aber seine Augen zwinkerten schon.*

„*Was fällt dir ein, mich zu wecken!*", *schimpfte er.* „*Es ist noch viel zu heiß, um weiterzugehen!*"

„*Ich habe mich gefürchtet*", *antwortete Masseo leise und viel zu ernst.*

*Und im selben Augenblick, als er das sagte, versuchte er den Satz wieder hinunterzuschlucken.* So etwas hatte er noch niemals gesagt. *Gewiss, manchmal war er schwerhörig und manchmal müde; aber er war zäh und seit Jahrzehnten an das harte Leben der Brüder gewöhnt. Seine Pflicht war es, den Unerfahrenen zu unterweisen, zu beschützen, zu beruhigen und zu trösten, wenn es allzu schwer wurde. Rufino war immerhin erst 16 Jahre alt. Masseo schüttelte im Spaß Kopf und Arme, um sie beide diesen Unsinn wieder vergessen zu lassen. Er suchte nach einem Scherz, der alles erklärte und wieder zurücknahm, aber es fiel ihm nichts ein.*

*Stattdessen sagte er ernst: „Wir wollen nach Perugia gehen und predigen."*

*Hatte ihn denn eine Tarantel gestochen? Das stimmte doch nicht! Sie hatten vorgehabt, weiter nach Norden zu wandern! Verwirrt stand er für einige Augenblicke da, dann aber fügte er sich in die Situation. Er gab Rufino einen freundlichen Stoß.*

*„Wundere dich über nichts", sagte er lachend, „deinen alten Bruder Masseo hat heute ein allzu heißer Strahl der Sonne erwischt."*

*„Das meine ich auch!", lachte Rufino zurück.*

*Und so machten sich die beiden Minderbrüder auf den Weg nach Perugia. Die Sonne brannte auf ihre geschorenen Köpfe, die Steine unter ihren nackten Fußsohlen waren spitz und heiß, eine feine Schicht hellen Staubs lag auf den Büschen und Gräsern des Wegrands. Rufino pfiff ein Lied. Er bemühte sich, munter und fröhlich zu sein, wie es dem Herrn gefallen würde, aber Bruder Missmut saß ihm im Genick. Mussten sie wirklich aus einer Laune heraus unter der sengenden Mittagssonne wandern? Im anstrengenden Hinauf und Hinab über die Hügel, so als hätten sie Eile? War nicht morgen auch noch ein Tag?*

*Er spürte, wie ihn die dicke Schicht Schweiß unter der groben Kutte juckte. Er wollte sich in den Schatten legen und wieder träumen ...*

*Die Sonne wanderte weit in den Westen und sammelte ihre Strahlen ein wie ein glühendes Stück Kohle die Flammen. Am späten Nachmittag stiegen Masseo und Rufino die steilen Stufen zum östlichen Stadttor von Perugia hinauf und gingen zum großen Platz vor dem Dom. In den Straßen drängten sich Hunderte von Menschen. Was war los? Ein Volksfest? Man hörte Gelächter, Geschrei, und die Hitze nahm zwischen den aufgeheizten Mauern der Stadt immer noch zu.*

*Plötzlich sahen Masseo und Rufino berittene Soldaten, die sich eine Schneise durch die Menge bahnten.*

*„Macht Platz, Leute, macht Platz!"*

*Zwischen den Soldaten wurden drei Männer in einem Käfig, der auf einem Ochsenkarren stand, zum Palazzo dei Popoli gezogen. Sie wurden mit stinkendem Abfall beworfen. Die Menschen grölten, schrien und lachten.*

*Einer der drei Männer hatte den Blick nach innen gerichtet, seine Lippen bewegten sich lautlos, er schien nicht wahrzunehmen, was um ihn herum geschah. Der zweite war gezeichnet von Angst und Scham; mit gesenktem Kopf und gebeugten Schultern blickte er zwischen den Gitterstäben in die Menge. Der dritte aber tanzte wie ein ungestümer Bock und sang lauthals wüste Lieder, als würde er seine Erniedrigung und seinen Tod als sein letztes Fest feiern.*

*Hatten diese Männer nicht geraubt und gemordet? Hatte der eine nicht viele Frauen und Mädchen vergewaltigt? „Das hast du nun davon, Dreckschwein!", brüllte eine junge Frau und warf ein faules Ei nach ihm. „Schweine! Verbrecher!", brüllte das Volk. „In der Hölle sollt ihr schmoren!"*

*Masseo und Rufino wurden an die Ecke eines Hauses gedrängt. Rufino war wie gelähmt vor Schreck und Faszination. Die Hitze der Körper hatte ihn erfasst, und er spürte die Begierde und die Lust, die von der wütenden Menschenmasse ausging, zwischen den Schenkeln.*

*In diesem Augenblick begann Masseo zu reden. Ganz leise*

*fing er an, wie von selbst fielen die Worte aus seinem Mund, aber nur wenige Menschen drehten sich um und hörten ihm zu.*

*„Mit sechs Worten seines Mundes erschuf Gott die Welt", sprach Masseo, „ihr wisst es, die Erde, die Gewässer, die Gestirne, die Pflanzen, die Tiere, und zuletzt schuf er den Menschen. Als sein Abbild, als Mann und Frau schuf er ihn. Dann schwieg Gott. Mit Christus ist die Vollendung gekommen. Erst wenn die Zeit erfüllt ist, bricht Gott das Schweigen und das Siegel, das er über seinen Mund gelegt hat. Wann wird es sein? Wann kommt Gott selbst? Wird er auf seinem Wort wie auf einem Boot in unsere verstockten Herzen schwimmen? So spricht Gott: Ich bin ein flammendes Ja!"*

*Masseo sah sich verwirrt um. Die meisten Leute, die sich zu ihm herumgedreht hatten, waren längst wieder weitergegangen. Zwei, drei nickten ihm gutmütig zu. Ein frommer Mann, der die Welt verbessern will. Einige lachten.*

*„Immer ist es halb wahr und halb ernst, was die Menschen aufnehmen", hörte er plötzlich eine Stimme. Der Mann, zu dem sie gehörte, lächelte ihn spöttisch an. Auf seiner Nase saß ein Gestell mit Gläsern. Er hatte kurz geschnittenes Haar und war völlig anders gekleidet als üblich, mit grauen Hosen und schlichter Jacke aus gleichem Stoff.*

*„Das siebte Siegel, sagst du", meinte der Mann, „das ist für deine Sache nicht schlecht ..."*

*„Wer bist du?", wollte Masseo fragen, aber er brachte kein Wort heraus.*

*„Die Zeit, lieber Bruder,", sagte der Fremde, „ist lange vorbei, wo ein Einzelner die Gnade hat, schuldig zu werden. Wir sind verstrickt. Wir kommen nicht heraus aus diesem engmaschigen Netz. Wir können die Richtung nicht mehr ändern, und schon gar nicht zurück."*

*Masseos Herz klopfte. Welcher Mensch antwortete da in seine schwerhörigen Ohren? Ein Auswegloser? Einer, der orientierungslos war? Ein Schöpfer künstlicher Welten, gefangen in seinem eigenen Kopf?*

*Trotz der Hitze wurde ihm kalt. Er blinzelte in den brennenden Himmel. Offenbar hatte er schon eine Weile mit seiner Predigt aufgehört und schwieg. Niemand hörte mehr zu. Er hatte vergessen, was er gesagt hatte. Es kam ihm vor, als hätte er mit jemandem gesprochen, aber sicher war er sich nicht. Er würde später Rufino fragen. Jetzt war er zu müde, zu erschöpft. Waren die drei armen Männer, die man zur Hinrichtung gezerrt hatte, schon tot?*

*Ich habe nichts bewirkt, dachte er traurig und schämte sich. Die Verbrecher sind tot, die Predigt ist ins Leere gesprochen. Dann aber erinnerte er sich an Francesco, der gewiss über ihn gelacht hätte. „Danke Gott auch für dein Unvermögen und für den Spott, den du erntest, Bruder Masseo", hätte ihm Francesco geraten. Trotzdem ängstigte Masseo die Gewissheit, dass es ihm nicht gelungen war, den Menschen etwas sehr Wichtiges mitzuteilen. Ich bin zu alt, dachte er, ich verstehe die Zeiten nicht mehr.*

*Die Knie wurden ihm weich und schwach. Er rutschte, den Rücken an die Mauer gepresst, langsam zu Boden.*

*Ob wenigstens Rufino seine Botschaft verstanden hatte? Rufino war jung, fast noch ein Kind, das tröstete ihn, aber wie sollte Rufino verstehen, was er selbst nicht verstand? Masseo hatte seine eigenen Worte geträumt und vergessen. Wie Seifenblasen waren sie auf dem Boden zerplatzt.*

*Er spürte Rufinos Arm unter seinen Achseln. Obwohl er die Augen weit geöffnet hatte, konnte er ihn nicht mehr erkennen. Ein dichter, dunkler Schleier hatte sich vor seinen Blick gelegt, in dem orangerote Fackeln tanzten.*

*„Die Sonne hat mir heute das Gehirn angesengt", wollte er*

sagen und dazu lachen, um Rufino zu trösten, aber seine Lippen gehorchten ihm nicht mehr.

Da fühlte er die Stimme des Dämons wie Feuer in seinen Ohren brennen:

„Ich bin ein Ja zu euch, ein flammendes Ja!"

Masseo wiederholte diesen Satz, fast lautlos, aber doch verständlich ins Ohr seines bestürzten Gefährten, in dessen Armen er starb. Das gab er Rufino mit, seinem Sohn, in Perugia, für die traurige, einsame Reise in der von Gott verlassenen Welt.

## Alltag

Christof lässt sich in den Lehnstuhl fallen und schließt die Augen. Er hat Dienst gehabt und letzte Nacht fast nichts geschlafen. Sein Mund fühlt sich trocken an, die Augenränder brennen, der Brustkorb zieht sich zusammen und verkrampft sich. Eine schmerzliche Sehnsucht nach Sonne, Urlaub, Freizeit ergreift ihn. Er möchte wieder mehr leben, genießen, nicht nur arbeiten. Umbrien, Orvieto, der Torre. Wie lange liegt die Seminar-Woche nun schon zurück? Es kommt ihm unendlich lang vor, und gleichzeitig kann er die Bilder und Eindrücke vor seinen inneren Augen zu intensivem Leben erwecken. Er spürt fast die Hitze zwischen den Häusern. Er hört das Streichen der Zikaden und das Sirren der Schwalben. Er sieht den Eichenwald, die Weingärten, die Olivenbäume, die Sonnenblumen. Dann plötzlich die Fassungslosigkeit über Pietros schrecklichen Selbstmord. Christof geht den Erinnerungsweg wieder zurück, vom Grab ins Verlies zu den Toten, und von dort die ausgelegten Blütenmuster entlang ins leuchtende Gelb des Sonnenblumenfeldes hinein. Vom Entsetzen in die Erlösung. Der Sprung in die Liebe.

Sein Herz pocht, wenn er an Sylvia denkt.

Seine Hände zittern leicht. Einem plötzlichen Impuls folgend holt er Pietros Kellerbuch, das ihm Giovanna am Tag vor der Abreise gegeben hat, und schlägt es auf. Immer wieder liest er darin.

4. 9. 1983
*Ich habe verwendet: San Giovese und Canaiolo. Der Herr segne die Rebstöcke in seinem Garten. Die Sonne mache ihn süß und schwer. Ich will sein Knecht sein.*

Einen Augenblick lang schaut Christof zum Fenster, das er weit aufgemacht hat. Grau in Grau hängt der Nieselregen herab, kühle, feuchte Luft dringt ins Zimmer.
Pietro. Der verrückte, alte Mann. Pietro hat das Protokoll über seinen Wein von Anfang an mit Notizen über sein Leben verbunden, so als wären er und sein Wein eins, ununterscheidbar.
Seltsam, denkt Christof, ich habe Pietro nie gesehen. Ein Kreis-Ratespiel fällt ihm ein. Wenn die Person eine Pflanze wäre, oder ein Tier, oder ein Küchengerät, welches wäre sie dann? Wenn die Person ein Wein wäre, welcher Wein wäre sie? Hilde etwa wäre ein fruchtiger, kräftiger Weißwein, ein grüner Veltliner zum Beispiel. Theo hat etwas von der Verschlossenheit mancher Franzosen an sich. Und umgekehrt? Wenn der Wein eine Person wäre? Wie würde dieser Mensch aussehen? Wie hat Pietro ausgesehen?
Unwillkürlich atmet er tief durch die Nase und glaubt den schweren, dichten Duft von Beeren und Erde zu riechen. Er erinnert sich an die rote, betörende Flüssigkeit, in der plötzlich Lichtpunkte aufsprangen und das Rot des Weines warm und lebendig machten, als würde ein See von der Sonne durchflutet.

2. Jänner 1984
*Die Süße in der Dunkelheit des Kellers geläutert. Mein Sonnenblumenwein, mein Größter, für den sie mich verspotten wie dich, Herr, reift jetzt im Fass ...*

War dieser Wein Pietros Antwort auf die Welt? Sein Beitrag? Ein Geschenk, das Flügel verleiht?

Christof fühlt die Müdigkeit und Schwere in seinen Gliedern und konzentriert sich auf das aufgeschlagene Buch. Pietros kindliche Handschrift berührt ihn, macht ihn traurig. Ein wenig ungeschickt, aber gewissenhaft hat Pietro Buchstaben für Buchstaben hingemalt. Was er geschrieben hat, ist nicht schwer zu entziffern, aber es ist schwer zu verstehen, schwer zu begreifen.

*Mein Sonnenblumenwein, mein Größter, für den sie mich verspotten wie dich, Herr, reift jetzt im Fass. Er atmet das Licht in seinem Herzen. Ich habe ihm drei Mal täglich die Blätter der Sonnenblumen an die Wurzeln gelegt. Ich weiß, dass er die Kraft des Himmels in sich trägt. Maria, Giulio, Alessandra, Masseo, Giuseppe, Andrea, Mercato stehen mir bei. Für dich, Giulio, ältester Freund.*

Christof steht auf, um sich ein Glas Wasser zu holen. Sein Herz schnürt sich zusammen. Er liest die Namen von Toten. Sie sind Pietros Freunde gewesen. Ihretwegen hat man den alten Mann gesucht. Auch wenn ihr Tod lange zurückliegen musste, sogar er selbst und die anderen in der Gruppe verdächtigten Pietro, sie nicht nur begraben, sondern vielleicht getötet zu haben. Christof liest die Schrift eines Toten. Es ist ein beklemmendes Gefühl, das plötzlich auch sein eigenes Leben betrifft.

*15. September 1984*
*Ich bemuttere die Weinstöcke auf dem Hang. Ich fürchte um sie. Sie sind nicht würdig. Aber sie sind der Garten des Herrn. Er möge, wenn er einsam ist, wandeln in ihm. Mein Großer aber reift in seinem Fass. Ich stehe viele Stunden im Keller und bete für ihn.*

Pietro war vielleicht verrückt, aber Christof beneidet ihn um die Kindlichkeit seines Glaubens, um seine Nähe zu Gott. Dennoch hinterlässt Pietros Leben in ihm eine Mischung aus Rührung und Trauer. Er ist ein Mensch, den man gerne bei der Hand nehmen möchte und ein wenig streicheln. Ihm irgendetwas Gutes tun, damit es seine Einsamkeit durchbricht. Aber diese ist undurchdringlich, fast unendlich dicht. Christof wünscht sich, er hätte mit ihm reden können oder hätte ihn zumindest gesehen. So wie Marion. Zwischen den Sonnenblumen. Zwischen den Stämmen der Bäume. Auf dem Friedhof in Prodo, eine Schaufel in der Hand, vor einem Grab.

Zärtlich streicht er über die vergilbte Seite des Buches mit dem abgegriffenen Leineneinband und blättert nach vorne. Der große Wein, der im Fass reift.

Alkohol benebelt die Menschen, würde Sylvia sagen, macht sie gewalttätig oder stumpf ...

Er kann den Menschen Flügel verleihen. Flügel und Himmel ... Armer und reicher Pietro.

*3. Juni 1988*
*Drei gute Jahre, mehr nicht. Im Winter werde ich den Ersten auf Flaschen ziehen. Viele Jahre muss ich für ihn beten und ihn behüten. Die Sonnenblumen, meine Geliebten, beten im Wind und wachsen der Kraft der Sonne entgegen. Maria, ich trage ihre Blätter täglich zu euch.*

Pietro brachte Blumen zu seinen Toten. Die Blumen als Boten des Lichts.

Das Verlies des Torre als Grab.

Schmunzelnd erinnert sich Christof, wie Theo und er schaudernd vor den Grabnischen gestanden waren. Drei waren leer. In der einen offen der Schädel und die Knochen, die anderen noch mit lose aufeinandergeschichteten Steinen verschlossen. So ähnlich haben die Felsengräber bei Jerusalem ausgesehen.

Welchen Aufwand betreiben die Lebenden doch mit ihren Verstorbenen!

Ob Pietro die Toten einbalsamiert hat? Seine Toten. Er musste sie herausziehen aus ihrem Grab. Den Sarg aufbrechen. Sie irgendwohin schleppen. Ob er sie noch einmal wusch? Liebkoste? Sie dann in die Nischen bettete, die er in die Mauer geschlagen hatte. Er hat sie mit dem Rücken an die Wand angelehnt und ihre Beine aufgestellt.

Christof hat seine Mutter nach dem schrecklichen Unfall nicht einmal mehr anschauen dürfen. Plötzlich fällt ihm ein, dass die frühen Christen die Toten nicht der gefräßigen, nassen Erde preisgeben wollten. Man bedeckte die Toten mit Steinen. Sie sollten dem Himmel nahe sein, nicht der Verwesung.

Wer von Pietros Toten ist zuerst gestorben?

Er blättert ein paar Seiten weiter nach vorn.

*4. Juli 1990*
*Ich bin der Gärtner der Toten. Bei einem Grab die Blumen einsetzen und pflegen, bedeutet, den Toten zu streicheln. Meine Toten aber leben mit mir.*

Hat Pietro der Verwesungsgestank nicht gestört?

Christof ist froh, dass lebendige Menschen und keine Toten um ihn herum sind. Er schaut auf die Uhr, es ist neun. Sylvia wird nach der Arbeit nach Hause kommen, so gegen zwölf, hat sie gesagt. Sie leben erst seit kurzer Zeit zusammen. Er freut sich auf sie.

Der Abreisetag. Die Fremdheit zwischen ihm und ihr.

Eine endlose Fahrt. Bennos ständiges Bremsen und Fluchen. Er selbst redete viel. Sylvia schwieg. Kein Lächeln, keine Berührung, nichts. Keine Reaktion, nur Abweisung.

Und dann ein Satz: „Nun, hast du heute keine Schokolade dabei?" Seine Panik, es könnte alles vorbei sein.

Und plötzlich vor dem Wohnblock, in dem seine Zweizimmerwohnung liegt, steigt sie mit ihm aus und schaut ihn an: „Kann ich heute Nacht bei dir schlafen?"

Sein Herz machte einen Sprung, es ist gestolpert vor Glück. „Das Herz stolpert vor Glück." Er hat diesen Satz in einem Gedicht gelesen und sich die Wendung gemerkt.

Er spürt das Glück, aber gleichzeitig ist ihm bang. Beziehungen sind ihm unheimlich. Der Wechsel von Nähe und Distanz, von Fremdheit und Nähe macht ihm zu schaffen. Gewöhnt man sich allmählich daran?

Oder besteht darin das Geheimnis der Liebe?

Christof erschrickt, als ein leichter, grauer Vogel auf die Fensterbank springt. Der Vogel hüpft ein paar Mal hin und her, dann fliegt er wieder davon. Der Regen ist stärker geworden und rauscht in den Blättern. Oder ist es der Wind? Er nimmt einen Schluck Wasser. Kaffee wäre ihm lieber, aber im Augenblick ist er zu müde, um in die Küche zu gehen und Kaffee zu kochen.

Gedankenverloren blättert er in Pietros Buch. Die Schrift verschwimmt zu einer fließenden, dunklen, verschnörkelten Linie, die nichts mehr bedeutet. Aber er will nicht einschlafen und konzentriert sich erneut.

4. August 1996
*Ich habe ihn gekostet. Ich war neugierig. Es ist noch zu früh. Ein oder zwei Jahre muss er noch reifen, wenn nicht noch mehr. Aber das Licht Gottes fließt schon in ihm. Giulio kann es bezeugen. Ich war im Torre bei ihm.*

Im Torre bei ihm?

Der Torre. Damals noch ein halb verfallener Turm, heute ein originelles und luxuriöses Feriendomizil. Wie lange ist es her, seit Marcelli den Turm herrichten ließ? Hat Giovanna nicht etwas von zwei Jahren gesagt?

*3. März 1997*
*Maria, Giulio, sie reißen unsere Wohnstatt auf, Marcelli, der Teufel. Francesco, bitte für uns. Wie kann ich meine Lieben beschützen!*

*7. März 1997*
*Giovanna ist schwach. Marcelli ist taub. Der Mammon zerstört die Seelen der Menschen. Worte sind stumm, leblos, kalt.*

*15. März 1997*
*Der Frost komme zurück. Der Winter. Der Vater im Himmel sei uns gnädig. Er verschließe die Erde. Um Winternächte mit einem Flaum von Schnee bitte ich. Blumen tauen den Frost der Einsamkeit auf.*

*16. April 1997*
*Giulio, Maria, Alessandra, Masseo, Giuseppe, Andrea, Mercato, am Tage der Auferstehung bittet für mich. Ich werde euch mit meinem Leben beschützen. Wie Jesus bin ich bereit, mein Leben hinzugeben für meine Freunde. Bald, meine Freunde, wird uns die Frucht der Erde und des Himmels verbinden.*

Die Frucht der Erde und des Himmels ... Wieso eigentlich nicht? Christof legt das Buch auf den Tisch, steht auf, geht in die Küche und nimmt sich eine Flasche Rotwein aus dem Weinregal. Himmlische Frucht. Es ist eine Flasche Rosso von Caparzo aus Montalcino, ein Freund hat sie ihm als Geschenk mitgebracht. Freilich ist es verrückt, nach einer schlaflosen Nacht am frühen Vormittag Rotwein zu trinken. Aber der Wein duftet weich und rund, als er ihn im Glas schwenkt.

„Alles Gute, Pietro, mein Freund", flüstert er und trinkt einen kräftigen Schluck. Der Wein rinnt ihm weich die Kehle hinunter und wärmt mit einem Schlag seinen Magen. Er lehnt sich, das Glas in der Hand, entspannt in den Lehnstuhl zurück. Die Ruhe der Toten, ihr Frieden.

Das also hat Pietro mit seinem Wein gewollt. Verbinden, heilen. Von der Sonne gewiegt sein. Seine Großmutter fällt ihm ein, die runde, fröhliche Frau, die er als Kind geliebt hat. Sie starb, als er neun Jahre alt war. Er hat lange nicht mehr an sie gedacht. Langsam schaukelt er seinen Oberkörper hin und her. Er nimmt das Buch zur Hand und legt die Beine auf den Tisch. Ich bin unvernünftig, denkt er, ich werde noch müder werden.

*25. April 1997*
*Ich wache über euch wie ein Hund. Ich werde eure Gräber verschließen.*

Eine einfache Bleistiftzeichnung ist dieser Passage beigefügt. Sie zeigt ein Rechteck mit sieben Kästchen, zwei links und zwei rechts, zwei hinten und eines vorne. In jedes Kästchen ist sorgfältig ein Name und das genaue Todesdatum geschrieben: Giulio Salante, gest. am 2. 2. 1955; Maria Brodi, gest. am 10. 2. 1954 im 75. Lebensjahr; Andrea Parotti, gest. am 14. Mai 1958; Mercato Filio, gest. am 15. 10. 1968; Alessandra Perato, gest. am 25. 9. 1963 bei einem Unfall, Masseo Perato, gest. am 25. 9. 1963; Giuseppe Pagio, gest. am 4. 12. 1969.

Bevor die Gruppe aus Umbrien abgereist war, hatte man zwei der Toten bereits identifiziert und wusste, dass sie bei einem Unfall gestorben und ordnungsgemäß auf dem Friedhof begraben worden waren. Wann und warum hatte Pietro begonnen, die Leichen vom Friedhof in Prodo in den Torre zu bringen?

Pietro hat diese Menschen so sehr geliebt, dass er sie zu sich geholt hat. Vielleicht aus einer tiefen Verbundenheit und Sehnsucht heraus. Oder doch aus Angst?

Astrid, die kleine Tochter eines von Christofs Freunden,

stellt manchmal alle Puppen und Tiere, die sie liebt, in einer Ecke zusammen und baut einen Wall aus Polstern um sie herum. Dann setzt sie sich darauf und spielt, dass sie ihre Puppen verteidigen muss. Die Welt stürzt zusammen, die Sterne fallen vom Himmel, erklärt sie. Ihr Gesicht glüht. Sie ist wie in einem Krampf, der sich erst allmählich, nach mehreren Stunden, wieder löst, und erst dann gelingt es den Eltern, sie zum Essen oder zum Schlafengehen zu bewegen.

Das Leben ist ein Rätsel, denkt Christof. Zu viele Fragen, aber keine Antwort, die satt macht.

Er greift sich auf den Bauch und glaubt seinen Magen knurren zu hören. Keine Antwort, die satt macht? Es gibt tausende gefrorene, ungenießbare Worte. Gibt es auch gebackene Worte? Die wie Brot sind? Antworten, die endlich satt machen würden? Ist Pietros Wein eine Brücke über dem Abgrund des Lebens, eine Antwort über den Tod hinaus?

Vielleicht hat ihn der Sonnenblumenwein getröstet, ihm Flügel verliehen, Flügel, aber satt gemacht hat er ihn nicht.

Christof sucht die Stelle im Buch, an der Pietro von seiner Krankheit spricht.

*14. August 1998*
*Ich bin krank. Ich muss ins Krankenhaus nach Orvieto zur Untersuchung. Mein Wein ist reif. Er ist voll Licht und Vollkommenheit.*

*10. September 1998*
*Der Arzt sagt, es ist Krebs, im Darm. Er will mich operieren. Ich weiß, ich werde sterben. Er hat es zugegeben, als ich ihn fragte. Maria, Giulio, bald bin ich bei euch. Warum steigt diese große, unendliche Finsternis in mir auf?*

Also ist auch Pietro verzweifelt gewesen! Wie ihn wohl dieser Arzt über seine Krankheit aufgeklärt hat?

*30. September 1998*
*Es lässt mir keine Ruhe. Ich bin beim Pfarrer gewesen. Ich habe ihn gefragt, was mit Toten geschieht, die nicht in geweihter Erde begraben sind. Ich traue den Priestern nicht; wegen dem, was sie Giovanna angetan haben. Trotzdem sind sie die Hüter des Herrn. Der Teufel und die Finsternis breiten sich in mir aus.*

*4. 12. 1998*
*Ich bin jeden Tag viele Stunden bei euch. Aber ihr erzählt mir nichts über das Totsein.*

*7. 12. 1998*
*Am Tag vor der Empfängnis der heiligen Jungfrau. Giulio, erinnerst du dich? Sie ist uns beiden erschienen. Sie brachte das Licht. Sie entzündete in mir das heilige Licht vom Wein, der die Kraft des Himmels in sich trägt. Giulio, bitte rede mit mir. Die Finsternis nimmt immer mehr zu.*

*8. 1. 1999*
*Maria, meine gute alte Maria, die du immer gut zu mir warst. Zu Giulio auch. Verstehst du denn nicht? Diese wächserne Leere in deinem Gesicht. Die Augen geöffnet, das Kiefer heruntergefallen, sodass der Mund weit aufgesperrt war. Ich dachte, du würdest gleich zu atmen beginnen, obwohl du so fremd warst. Dein Körper war eine abgeworfene Schale. Warum dachte ich dann, dass du jeden Moment das Kiefer zuklappen würdest? Dass du mich beißt? Du warst böse auf mich. Maria, ich spürte deinen verwirrten, irrlichternden Geist, der um dein Grab in Prodo herumstrich. Ich spürte dein verzweifeltes Zucken und Flirren um mich herum. Viele Jahre habe ich es gespürt. Deshalb, Maria,*

*deshalb holte ich dich zu mir. Dich als erste. Und ich sah, dass es gut war. Ich habe deine Grabkammer im Torre gebaut, und du bist sofort ruhig geworden, Maria, bei mir hast du Heimat und Frieden gefunden. Aber jetzt habe ich Angst. Heimat und Frieden finden die Menschen allein bei unserem Herrn, der sich für uns geopfert hat.*

Wieder ist es seine Großmutter, an die Christof denkt und die ihn mit ihrem Leben und mit seiner eigenen Kindheit erfüllt. Eine Zeit lang ist es ihm, als würde er ihren Geruch wahrnehmen können. Dann sinkt die Erinnerung langsam wieder zurück. Die Frau, die seine Großmutter war, lebt schon seit Jahrzehnten in der anderen Welt. Wie seine Mutter. Haben sich seine Großmutter und seine Mutter verstanden? Hätte Sylvia seine Mutter gemocht? Die Ruhe der beiden Frauen muss unendlich tief sein. Niemand wird sie mehr stören. Es ist, als würde man seit Millionen von Jahren unter einem Gebirge schlafen.

Die Fürsorglichkeit, die Pietro bewegt hat, seine erste Tote zu sich in den Torre zu holen, tut beinahe weh.

Plötzlich beginnt Christof zu lachen. In der Nacht, als seine Großmutter gestorben ist, hat er von einem Hund geträumt, einem struppigen, dicken, lustigen Hund, der ihm auf den Schoß hüpfte. Er musste schon damals lachen. Es war ein fröhlicher Traum, und beim Aufwachen ist ihm klar gewesen, dass seine Großmutter auf diese Weise von ihm Abschied genommen hatte.

10. 2. 1999
*Ich habe lange gekämpft. Ich muss sie zurückbringen. Muss sie loslassen. Muss sie der Erde übergeben, die geweiht ist. Ich bin eigensüchtig gewesen. Die heilige Jungfrau hat es mir gesagt. Ich wollte, was ich mit Maria getan habe, nicht noch einmal tun.*

*Maria brauchte mich, als sie tot war. Giulio nicht. Giulio ist ein fröhlicher Toter gewesen. Ich habe ihn trotzdem zu mir geholt, weil ich es nicht aushalten konnte, dass er nicht mehr bei mir war. Ich brauchte ihn so sehr. Ich bin eigensüchtig gewesen. Gestohlen habe ich Giulio, gestohlen aus dem Garten des Herrn. Das ist meine Sünde, das ist meine Schuld. Ich muss warten, bis die Erde aufgetaut ist. Ich bringe euch alle zurück. Erst dann kann mein Wein zur Vollendung reifen.*

Christof hat diese Passage schon oft gelesen. Es gibt keinen Zweifel. Jeder noch so leise Verdacht gegen Pietro Bernardo war vollkommen unbegründet. Das also war Pietros ver-rückte Welt. Solche Gründe für sein Verhalten hätte niemand vermutet. An so etwas hat niemand gedacht.

Ob die Untersuchungsergebnisse des freundlichen, gemütlichen Polizisten letztendlich in diese Richtung gewiesen haben?

Christof nimmt sich vor, wieder einen Brief an Giovanna zu schreiben. Er hat ihr schon bald nach seiner Ankunft in Salzburg geschrieben und ihr für ihr Vertrauen gedankt. Er weiß nicht, warum sie ihm nicht geantwortet hat. Er würde gerne wissen, wie es ihr geht.

Wahrscheinlich sind die Toten auf den Friedhof zurückgekehrt und liegen jetzt im Garten des Herrn.

Was hat Pietro nicht alles bei uns ausgelöst!, erinnert er sich. Es war absurd. Wie wir plötzlich mit unserer eigenen Grausamkeit konfrontiert wurden! Wie die Fantasie mit uns durchging! Dieses seltsame Gemisch aus Erschrecken und Lust …

Und als ob aus der Erinnerung die Gegenwart fließen würde, fantasiert er, dass Sylvia nackt und gefesselt vor ihm steht. Mit verbundenen Augen. Ihm vollkommen ausgeliefert.

In diesem Moment zuckt er zusammen. Er spürt den Druck von Fingern über seinen Brauen, an der Nasenwurzel, an seinen Backenknochen. Jemand hält ihm die Hände vors Gesicht. Ein

Mund drückt sich an seine Wange, und am Lachen erkennt er, dass es Sylvia ist.

„He, eine Mörderin steht hinter dir", lacht sie dicht an seinem Ohr, aber er braucht eine Weile, bis er sich von seinem Schreck erholt hat.

„Du lieber Himmel, hast du mich erschreckt!", stöhnt er, während sie weiter lacht und sich zu ihm auf die Lehne setzt.

„Ich habe früher aus gehabt. Aber du solltest die Tür absperren, wenn du so schreckhaft bist."

Sie drückt sich an ihn und sieht dann das Kellerbuch, das aufgeschlagen auf dem Couchtisch liegt. Einige Zeit lang betrachtet sie es.

„Was liest du denn da?", fragt sie schließlich neugierig.

Christof schließt die Augen. Plötzlich erscheint es ihm absurd, dass er mit Sylvia noch nicht darüber geredet hat. Dass er ihr nicht schon längst alles erzählt hat. Ein Jahr lang hat er das Geheimnis gehütet. Und hat Giovanna das gleiche nicht Pietro versprochen? Die Stille in ihm wird dichter, und er spürt, wie einsam ungeteiltes Wissen macht. Er ist so glücklich, dass Sylvia bei ihm ist. Er ergreift ihre Hand, beugt sich vor und beginnt dann laut den Text, der aufgeschlagen vor ihm liegt, zu übersetzen.

*28. April 1999*
*Noch ruht ihr im Torre. Ich habe Angst, dass meine Kraft nicht ausreicht. Ich bete täglich. Der Wein aus Sonnenblumen stärkt mich. Aber ich bin schwach und habe große Schmerzen. Das ist die Sühne. Francesco, Giulio, Maria, Alessandra, ich bitte euch, steht mir bei.*

Christof spürt, wie Sylvias Hand leicht unter der seinen zusammenzuckt. Sie sieht ihn erstaunt und fragend an. Er übersetzt unbeirrt weiter.

*4. Mai 1999*
*Gott sei Dank, Maria ist zurück. Ich habe die halbe Nacht gegraben. Sie bittet für mich.*

*28. Mai 1999*
*Mein Freund, mein geliebter Giulio. Ich habe geweint, als ich dich, in ein Tuch gehüllt, im Arm hielt. Deinetwegen bin ich schuldig geworden, sagt die Jungfrau. Deinetwegen zum ersten Mal. Deinetwegen weine ich. Ich habe deinetwegen die Menschen gehasst. Deinetwillen wird mich der Herr segnen. Ich habe in dieser Nacht auch Alessandra in ihr altes Grab zurückgelegt.*

„Was soll das?" Sylvia greift nach dem Buch und betastet den Einband, die Seiten. Ist das einer von Christofs dummen Scherzen? Sie fühlt eine eigenartige Beklemmung.

„Was liest du da vor? Erfindest du wieder Geschichten für mich? Wer hat dir das gegeben?"

Seltsamerweise lacht Christof nicht. Er bricht nicht in sein schallendes, lautes Lachen aus, sondern nimmt ihr das Buch wieder aus der Hand.

*10. Juni 1999*
*Marcelli hat Fremde in den Torre geholt. Junge, laute Menschen mit einer älteren Frau. Ich habe ihr aus dem Sonnenblumenfeld in die Augen gesehen. Sie mag mich. Ich muss die Sonne in eure Finsternis bringen. Die Blüten. Den Wein. Ich bin so müde, Masseo. Ich führe die Frau zu euch. Sie wird es vollenden.*

„Verstehst du, Sylvia, Pietro hat uns absichtlich ins Verlies geführt!"

Sie schüttelt ungläubig den Kopf. Nur langsam begreift sie, dass Christof ihr nichts vormacht.

„Es ist das Kellerbuch von Pietro Bernardo", erklärt er, „aber eigentlich ist es ein Tagebuch. Bevor wir abgereist sind, hat Giovanna es mir gegeben."

Sylvia hat schon lange nicht mehr an Pietro gedacht. Die Erinnerung an ihn verbindet sie mit ihrer schrecklichen Panik, ihrer Angst, ihren alten Verletzungen, die sie mit Mühe aus ihrem Bewusstsein verdrängt hat. Von Pietro und den Toten blieb nicht viel mehr übrig als eine Geschichte, die sie auch in einer Zeitung hätte lesen können. Aus Orvieto hat sie vor allem das Positive mitgenommen.

Verärgert steht sie auf.

„Und? Was steht sonst noch drin? Weißt du jetzt mehr? Hatte er einen religiösen Wahn?"

Ihre Stimme klingt hart. Sie hat Pietro ihre eigene Angst nicht verziehen. Keinem Täter würde sie die Angst der Opfer jemals verzeihen.

„Pietro war kein Mörder, Pietro ist ein Liebender gewesen!", sagt Christof leise und beginnt zu erzählen, wie sich für ihn alles darstellt, seit er das Buch gelesen hat. Einzelne Abschnitte liest er ihr vor.

Einige Zeit sagt Sylvia nichts. Ihr Mund fühlt sich trocken an. Die Zunge klebt ihr am Gaumen. „O. k.", sagt sie schließlich, „er hat es selbst nicht geschafft, die Toten auf den Friedhof zurückzubringen. Er führte uns dorthin. Er wollte, dass wir die Toten entdecken. Aber ich verstehe nicht, warum er sich umgebracht hat. Noch dazu auf diese schreckliche Weise."

Christof zögert. Er denkt an die Wundmale des Franziskus, und ihm graut plötzlich vor dem blutigen Gott. Dann nimmt er sich aber zusammen und liest leise, fast tonlos weiter:

*Sonne, Wärme, das goldene Strahlen,*
*dein Bund ...*
*Rot die Erde, dunkel in Weinen und Schmerzen gehüllt.*
*Vom Kreuz herab tropft dein Blut zu den Toten.*

*Ich jage dir nach, suche dich dort, wo dich niemand findet.*
*Im dunkelsten Schweigen stürze ich mich in deinen Ruf.*

Sylvia greift nach Christofs Glas, trinkt einen Schluck und räuspert sich. Dann sagt sie aber nichts, sondern drückt sich, den Blick aufs Fenster gerichtet, enger an Christof. Sie hält ihm das Glas wieder hin. Das Nassgrau scheint immer dichter zu werden. Früher hätte sie sich fortträumen müssen aus dem schrecklichen Tief aus Kälte und Regen, das sich hartnäckig über Österreich hält. Der Wein wärmt. Von draußen dringt das Brummen der Autos herein. Sie beginnt zu lachen, denn plötzlich ist es ihr, als würde sie aus der Vielzahl der Geräusche das knackende, hektische Reiben von Hunderten Scheibenwischern herausfiltern können.

# Epilog

*Es war einmal ein Wort, das lebte mit seinen sechs Geschwistern bei Gott. Sie schlüpften gemeinsam in Gottes Herz umher, ruhten in schattigen Winkeln aus, kletterten auf Bäume, spielten an Bachufern, leiteten Wasser um, bauten Dämme und Burgen und zerstörten sie wieder, als plötzlich eines der Wörter aus Neugier in Gottes Kehle vordrang und dort stecken blieb. Jetzt wurde es ernst. Gott räusperte sich, dann sprach er es aus, und siehe: es wurde die Welt.*

*Was war geschehen? Gottes Blick wurde weit vor Staunen, als ihn auch schon das zweite Wort im Hals kratzte und schwupps: flog es aus seinem Mund, und Wasser wurde von Wasser und der Atmosphäre geschieden. Gottes staunender Blick sah, dass das Meer, das er aussprach, tief und klar war. Er freute sich, und beinahe sang er schon, als sich das dritte, vierte, fünfte Wort aus seinem Herz in seinen Mund hineinlösten, und von dort besiedelte Gott die Welt: Sonne, Mond, Sterne, Erde, Pflanzen, Fische und Vögel. Mit dem sechsten Wort fielen die Tiere und unter ihnen der Mensch aus Gottes Mund. Gott war glücklich. Eine zärtliche Liebe mischte sich in das Staunen, mit welchem er seine Welt besah.*

*Gleichwohl war er müde geworden. Ja tatsächlich, es war anstrengend, ein Schöpfer zu sein, auch wenn man nichts weiter zu tun brauchte als zu sprechen. Man darf nicht vergessen, dass sich die sieben Worte seit Ewigkeiten in Gottes Herzen gebildet hatten, Gottes Gedanken mahlen in langsamer Zeit, und so spürte Gott trotz aller Freude über die Entstehung der Welt etwas Wehmut. Das Herz tat ihm weh vom Verlust. Es war leer geworden, und deshalb schluckte er heftig und bestimmt, als sich das siebente Wort, das jüngste, neugierig wie es war, den Brüdern hinterher durch die göttliche Kehle zwängen wollte. Wahrscheinlich wollte Gott nicht auch noch dieses verlieren. Ich befürchte, er hat mit seinem Zaudern der Welt den letzten, entscheidenden Schliff vorenthalten, der alles zum Guten gelenkt hätte, sozusagen von Anbeginn an. Jedenfalls behauptete Gott stur und steif, auch ein Gott bedürfe nach sechs ausgesprochenen Worten der Ruhe, und sandte statt dem siebenten Wort die Stille und das Schweigen in die Welt.*

*Und das siebente Wort blieb bei Gott.*

*Am Anfang war es zornig und krallte sich böse in Gottes Herz fest. Es sprang umher und tobte, sodass Gott das autogene Training erfand, um sich zu beruhigen. Dann weinte das Wort über den Verlust seiner Geschwister, und Gott lernte am eigenen Herzen, was es hieß, traurig zu sein.*

*Dann aber, als es allmählich heranwuchs, blickte es gemeinsam mit Gott bestürzt aus dessen Augen heraus und sah den verwandelten Brüdern zu, die draußen den Kreislauf der Natur webten und die Geschichten der Menschen formten. Angst und bang wurde ihm bei dem, was es sah. Oft weinte es über das Elend der Welt. Manchmal hing es ängstlich in den Herzfalten Gottes und war froh, noch nicht ausgesprochen worden zu sein.*

*Was würde Gott tun, um seine Welt zu vollenden?*

*Würde er in einer gewaltigen Bewegung der Verneinung die Welt zurückatmen zu sich selbst?*

*Was heißt hier Welt? Es geht um eine kleine, blaue Kugel in der Unendlichkeit des geschaffenen Alls, die um einen feurigen, schönen Stern rollt.*

*Die sechs Geschwister sehnen sich nach dem letzten, dem*

*siebenten Wort, das sie vollendet. Am meisten aber sehnt sich der Mensch, es zu hören. Er krallt sich, wenn er träumt, in Gottes Bart und presst seine aufgebrochenen, wunden Lippen an Gottes ewigen Mund, damit es Gott endlich, endlich in seine Seele hineinatmen würde: dem Ende entrissen, aus der Endlichkeit gerettet, aus der Zahl, die unendlich ist, befreit und erlöst.*

*Aber Gottes Schweigen hält immer noch an.*

# Über die Autorin

Die Autorin, 1958 in Tamsweg/Salzburg geboren, beschäftigt sich seit ihrem Studium der Germanistik und Theologie und ihrer psychotherapeutischen Ausbildung mit Philosophie, Psychologie, anderen Kulturen und Religionen.